YINGKE® 盈科

盈科全国业务指导委员会系列丛书

刑事辩护实务

证据、类案、合规与理念

盈科律师事务所／编

周　浩／著

法律出版社 LAW PRESS · CHINA

北京

图书在版编目(CIP)数据

刑事辩护实务 ：证据、类案、合规与理念 / 盈科律师事务所编 ；周浩著. -- 北京 ：法律出版社，2022

ISBN 978 - 7 - 5197 - 7113 - 3

Ⅰ. ①刑… Ⅱ. ①盈… ②周… Ⅲ. ①刑事诉讼－辩护－研究－中国 Ⅳ. ①D925.210.4

中国版本图书馆 CIP 数据核字(2022)第 172731 号

刑事辩护实务：证据、类案、合规与理念
XINGSHI BIANHU SHIWU: ZHENGJU、LEIAN、HEGUI YU LINIAN

盈科律师事务所 编
周 浩 著

策划编辑 朱海波
责任编辑 朱海波 谢瑞忠
装帧设计 汪奇峰 臧晓飞

出版发行 法律出版社
编辑统筹 法律应用出版分社
责任校对 李 军
责任印制 刘晓伟
经 销 新华书店

开本 710 毫米×1000 毫米 1/16
印张 17.25 **字数** 299 千
版本 2022 年 11 月第 1 版
印次 2022 年 11 月第 1 次印刷
印刷 固安华明印业有限公司

地址：北京市丰台区莲花池西里 7 号(100073)
网址：www.lawpress.com.cn
投稿邮箱：info@lawpress.com.cn
举报盗版邮箱：jbwq@lawpress.com.cn

销售电话：010－83938349
客服电话：010－83938350
咨询电话：010－63939796

书号：ISBN 978－7－5197－7113－3
定价：58.00 元

凡购买本社图书，如有印装错误，我社负责退换。电话：010－83938349

盈科全国业务指导委员会系列丛书编委会

总　主　编　李　华

出版统筹　郭　琪　丁　萌　张思媛　张静彤

本书编著者

周　浩

YINGKE® 盈科

目 录
CONTENTS

第一编 Part 1 证据辩护

第一章 | 刑事辩护的证据思维 / 003
一、否定不利证据 / 003
（一）证据的印证 / 004
（二）不得作为定案根据的证据 / 004
（三）证据的关联性 / 005
二、削弱证据体系 / 005
三、还原案件全貌 / 007
第二章 | 证据规则与证据辩护 / 009
一、证据 / 009
二、证据规则 / 009
三、证明规则 / 012
（一）证明标准与排除合理怀疑 / 013
（二）刑事推定与反证明 / 014
四、证据审查 / 014
五、证据辩护 / 017
第三章 | 证据鉴真与证据辩护 / 019
一、证据鉴真 / 019
二、证据鉴真的三种形式 / 020
（一）笔录制度：证据链条的基础 / 020
（二）见证人、拍照、录像制度：辅助鉴真 / 021
（三）辨认、鉴定：鉴真识别 / 021
三、证据鉴真与证据辩护 / 022

第四章 | 捕前辩护的证据思维 / 025
一、按图索骥，抓住证据 / 025
二、以子之矛，攻子之盾 / 026
三、利用证据组合，揭示案件真相 / 027
第五章 | 电子数据与刑事辩护 / 029
一、审查基础：存储介质 / 029
二、审查链条：收集、提取 / 031
（一）关于截屏、打印件 / 032
（二）关于情况说明 / 032
（三）关于电子数据检查 / 033
三、审查终点：真实性 / 034
第六章 | 电子数据检查环节要点分析 / 036
一、关注电子数据检查环节 / 036
二、电子数据检查审查要点 / 037
第七章 | 司法会计鉴定如何审查 / 041
一、审查形式要件 / 041
二、审查鉴定基础 / 041
三、鉴定程序审查 / 042
四、鉴定意见审查 / 043
（一）区分鉴定意见与审计意见 / 043
（二）鉴定意见的明确性 / 044
第八章 | 辨认笔录审查要点 / 045
一、一起证据不足的贩卖毒品案 / 045
二、排除辨认笔录的六种情形 / 046
三、辨认笔录质证要点 / 046

第二编 Part 2 类案辩护

第一章 | 帮助信息网络犯罪活动罪有效辩护的三个视角 / 051
一、“明知”的认定 / 051

二、被帮助者的“犯罪” / 053
(一)被帮助者犯罪与否证据不足的情形 / 053
(二)被帮助者未达到犯罪程度的情形 / 054
三、此罪与彼罪 / 055
第二章 | 网络非法期货犯罪,非法经营 or 诈骗? / 057
一、非法经营罪 / 057
二、诈骗罪 / 058
三、开设赌场罪 / 060
四、结语 / 062
第三章 | 开设赌场,怎么辩护? / 063
一、主犯与从犯 / 063
二、开设赌场与赌博罪 / 065
三、开设赌场与帮助信息网络犯罪活动罪 / 066
第四章 | 销售假冒注册商标的商品罪辩护要点 / 069
一、“假冒注册商标的商品”的认定 / 070
二、鉴定意见的认定 / 071
三、“明知”的认定 / 072
第五章 | 虚开增值税专用发票罪有效辩护的三个方向 / 074
一、犯罪的边界 / 074
二、政策的激励 / 076
(一)补缴税款与企业维系 / 076
(二)优势地位与共同犯罪 / 077
三、人员的分化 / 077
(一)识别接受指派的人员 / 077
(二)区分主犯、从犯 / 078
第六章 | 内幕交易罪辩护攻略 / 080
一、内幕信息 / 080
(一)就“众人皆知”抗辩来看 / 081
(二)就“不确定”抗辩来看 / 081
二、“知悉+利用” / 082
三、内幕信息敏感期 / 083

第七章｜网络诈骗犯罪，辩护切入口在哪？ / 086
一、网络诈骗与电信诈骗 / 086
二、主犯、从犯的认定 / 088
（一）受雇佣、被管理的情形 / 088
（二）核心成员不在案的情形 / 089
三、犯罪数额的认定 / 089
（一）扣除非参与期间的犯罪数额 / 089
（二）扣除事实不清的犯罪数额 / 090
四、此罪与彼罪 / 090
（一）非法期货类案件，诈骗与非法经营 / 091
（二）网络赌博类案件，诈骗与赌博 / 091
第八章｜透过无罪案例看骗取贷款罪 / 093
一、信贷资金的安全性 / 093
二、重大损失的现实性、实际性 / 094
三、错误认识的因果性 / 095
第九章｜"特异体质"命案的罪与罚 / 098
第十章｜"无证收购玉米案"的指导性意义 / 102
一、入选指导性案例，有助于限缩非法经营罪 / 102
二、"堵截条款"：非法经营罪扩张的肇因 / 103
三、解决路径：同类解释"堵截条款" / 104
第十一章｜醉驾致人伤亡的司法认定 / 106
第十二章｜毒品犯罪的司法认定 / 110
一、吸毒者在"运输"毒品过程中被查获的认定 / 110
二、毒品犯罪主观明知的认定 / 111
第十三章｜制造毒品罪未遂形态的司法认定 / 114
一、两起制造毒品罪（未遂）典型案例 / 114
二、制造毒品罪（未遂）的认定 / 115
三、制造毒品罪（未遂）的证据条件 / 116
第十四章｜自动投案的三种特别情形 / 118
一、现场等待型的"自动投案" / 118
二、形迹可疑型的"自动投案" / 119
三、传唤到案型的"自动投案" / 119

第三编 Part 3 犯罪边界

第一章 | 私募基金距离非法集资有多远？ / 125
一、监管要求与红线意识 / 125
（一）私募基金的登记、备案 / 125
（二）私募基金的募集方式 / 126
（三）私募基金的募集对象 / 126
二、私募乱象与穿透审查 / 126
（一）私募活动中的乱象 / 127
（二）穿透审查识别私募乱象 / 127
三、私募基金与非法集资 / 128
（一）登记、备案与“非法性”的认定 / 128
（二）变相公开与“公开性”的认定 / 129
（三）私募代销与“社会性”的认定 / 129
第二章 | “第四方支付”，犯罪边界在哪？ / 131
一、“第四方支付”的定位 / 131
二、“第四方支付”的犯罪边界 / 132
三、“第四方支付”的罪名认定 / 133
第三章 | “套路贷”明知的认定思维 / 137
一、警惕以“入职时间长”推定“套路贷”明知 / 137
二、防范以高利贷明知代替“套路贷”明知 / 138
三、区别不同人员的“套路贷”明知 / 139
第四章 | 准确识别 P2P 涉刑案件 / 141
一、P2P 涉刑须满足的要素 / 141
二、P2P 涉刑的诉讼证明 / 143
第五章 | 辩护人距离伪造证据罪有多远？ / 145
一、伪造证据罪的“证据”，是否包含被告人供述 / 145
二、慎重认定“引诱”被告人作虚假供述 / 146
三、窃听获取会见内容，不得作为证据 / 147

第六章｜敲诈勒索与维权索赔的界限 / 149

一、案情回顾 / 149

二、何为敲诈勒索罪 / 150

三、何为维权索赔 / 150

四、敲诈勒索与维权索赔 / 150

第七章｜损害商誉罪与批评性言论的界限 / 153

一、损害商誉罪的三个样本 / 153

（一）訾某损害商品声誉案【（2007）二中刑初字第01763号】 / 153

（二）施某损害商品声誉案【（2016）浙01刑终12号】 / 154

（三）汪某损害商业信誉、商品声誉案【（2016）甘12刑终2号】 / 154

二、批评性言论的边界 / 155

三、两起案件是否超越限度 / 156

第八章｜伪造货币罪的边界 / 158

一、伪造货币罪保护什么 / 158

二、伪造货币的，是否也需考察社会危害性 / 159

三、伪造货币罪成立，是否需具备意图流通的目的 / 160

第九章｜气瓶是枪？ / 162

第十章｜“抢帽子”交易的刑法规制 / 166

一、“抢帽子”交易的认定 / 166

二、“以其他方法操纵证券市场”的理解 / 167

三、贯彻罪刑法定，需再细化证券法规 / 168

第十一章｜为吸食者代购毒品，犯罪边界在哪？ / 170

一、审判实践的演变 / 170

二、代购者与居间介绍人 / 171

三、代购毒品的认定 / 172

第十二章｜界分介绍贿赂罪与行贿罪帮助犯 / 174

一、（2015）佛中法刑二初字第57号判决 / 174

（一）法院查明的三起事实 / 174

（二）法院认定的不同结果 / 175

二、裁判要旨：强调居间 / 175

三、界分介绍贿赂罪与行贿罪共犯 / 176

（一）介绍贿赂罪的评价范围 / 176

(二)把握界分要点 / 177
第十三章 | 集资诈骗案:"借新还旧" = 非法占有目的? / 179
第十四章 | 贪污罪的边界问题 / 184
一、以"虚假支出"掩盖公款去向,不宜直接认定非法占有目的 / 184
二、没有平账或销毁账目的,宜推定行为人具有"利用意思" / 186

第四编 Part 4 刑事合规

第一章 | 刑事合规本土化探索 / 191
一、第一期试点探索情况 / 191
二、第二期试点探索情况 / 193
三、第三方评估机制的探索 / 194
(一)第三方机制的建立 / 195
(二)第三方机制的适用 / 195
(三)第三方机制的启动 / 196
第二章 | 刑事合规与刑事风控 / 197
一、刑事合规与刑事风控 / 197
二、刑事风控的合规思维 / 198
三、刑事合规的风控思维 / 200
第三章 | 从典型案例看刑事合规实践探索 / 203
一、检察机关的主导性 / 203
二、合规不起诉与合规从宽 / 204
三、涉案企业合规方式 / 206
四、涉案企业刑事合规考察内容 / 207
第四章 | 跨境电商刑事合规路径 / 209
一、跨境电商监管政策 / 209
二、跨境电商走私方式 / 210
(一)"刷单"走私 / 211
(二)"低报价格"走私 / 211
(三)"推单"走私 / 212

三、跨境电商刑事合规路径 / 213
第五章 | 数据刑事合规问题 / 216
一、魔蝎科技获刑：信息非法留存 / 216
二、网络爬虫：刑事边界 / 217
（一）获取数据的权限 / 218
（二）获取数据的性质 / 218
三、数据问题：合规审查 / 219
（一）数据交易方面 / 219
（二）数据获取方面 / 220

第五编 Part 5 司法理念

第一章 | 诉权与裁判权的碰撞 / 225
一、诉讼构造与价值选择 / 225
二、禁止不利益变更原则 / 226
三、反思余某平交通肇事案 / 228
第二章 | 反思冤案：避免无辜者被冤枉 / 231
一、冤案事件始末 / 231
（一）德岛收音机商杀人事件 / 231
（二）袴田事件 / 232
（三）长崎事件 / 232
二、冤案暴露出的问题 / 232
三、反思冤案：避免无辜者被冤枉 / 234
第三章 |《公正的审判》：关注刑事被告人的权利 / 236
一、缘何保障被告人权利 / 236
二、正当程序革命 / 236
（一）证据排除规则 / 237
（二）律师协助 / 237
（三）不得强迫自证其罪 / 237
（四）刑事被告与不利证人进行对质 / 237

（五）正当程序的判断 / 238
三、阿拉梅达县的三层刑事司法 / 238
四、被告人权利与公共安全的平衡 / 238
第四章 | 法官荣获二等功引思：无罪判决是怎样形成的？ / 240
一、司法者的担当与无辜者的命运 / 240
二、程序正义筑牢防范冤案之藩篱 / 241
三、认真对待证据裁判 / 243
第五章 | 疑罪从无：认罪判无罪 / 245
一、证据不足，判处无罪 / 245
二、自愿认罪，不影响无罪判决 / 246
（一）证据确实、充分的标准 / 246
（二）孤证不能定案 / 247
三、认罪认罚，应严格坚持证据裁判 / 247
第六章 | 无罪的基本：证据裁判 / 249
一、疑点在何处 / 249
二、证据如何裁判 / 250
（一）鉴定意见的审查与认定 / 250
（二）有罪供述的审查与认定 / 250
（三）现场指认录像、指认笔录的审查与认定 / 251
第七章 | 警惕刑事辩护变“形式”辩护 / 253
一、正当程序应有之义：律师辩护 / 253
二、律师辩护全覆盖确定的两项规则 / 254
三、律师辩护全覆盖任重道远 / 255
（一）律师准备好了吗 / 255
（二）审判阶段的辩护空间有多少 / 256
（三）绕不开的《刑法》第306条 / 256
第八章 | 律师执业的刑事风险 / 257
一、“套路贷案件”，涉嫌共犯最常见情形 / 257
二、悬在刑事律师头上的“利刃”：辩护人妨害作证罪 / 259
三、处理案件要拿捏有度，有所为，有所不为 / 260

第一编

证据辩护

第一章 刑事辩护的证据思维

为了证成罪名的成立或完成重罪的指控，控方需要建构一套完备的证据体系，站在当事人的立场，围绕控方的证据体系，找出问题的症结所在，提出有力的、合理的、有针对性的质疑，否定控方证据的价值，这就是证据辩护。

当前刑事司法实践中，证据辩护的重要性越来越凸显。很多刑事案件，都是通过证据辩护的有效运用，才取得了罪轻或无罪的结果。考虑到刑事辩护的有效性，充分研究证据辩护，探讨刑事辩护的证据思维，就有着特殊的意义。

证据辩护，关键在于运用证据规则，通过否定和质疑在案证据，或找到案外有利证据，实现出罪或罪轻的效果。具体来看，重点是要做到三点：一是针对单个证据的准入资格，即证据的证明能力展开审查；二是就证据的证明价值进行细致的分析，即研判证据的证明力和证据体系的完整性；三是以证据的全面性为依托，就案件证据进行查漏补缺。

一、否定不利证据

以《刑事诉讼法》为基础，结合《最高人民法院关于适用〈中华人民共和国刑事诉讼法〉的解释》（以下简称《刑诉解释》），再辅之以相关的规范性意见，基本上概括地构建了我国刑事司法中的证据规则。虽然以上相关证据规定散乱地分布在不同的规范之中，未能形成专门的证据规则。但是，这些规定实际上已经形成了以证据审查和证据认定为核心的证据规则。作为辩护人，我们应当对证据规定给予充分的重视，并能够灵活地运用到案件办理过程中，就证据问题提出有效质疑和纠错。

（一）证据的印证[①]

在辩护过程中，我们对证据印证规则的运用，一般有以下情形：一是找到、指出在案证据之间存在不可调和的矛盾；二是发现在案证据未能做到相互印证；三是在案证据前后反复、矛盾；四是在案证据虽有反复，但指向的是被告人不符合犯罪所要求的事实，有不能排除的合理解释。

举例来看，最高人民法院指导性案例第 656 号陈某军故意伤害案，就是因为证据之间相互不能印证，同一证据出现前后反复、相互矛盾的问题，最终判处被告人无罪。在场的多名证人中，只有证人刘某一人作证称见到陈某军用右手持镐把抡了被害人一下，但没看清具体打在哪。法院经审理认为，本案虽有刘某证言，但未能做到证据之间相互印证，未能解决排除证据先后矛盾的问题，不能形成完整的证据链条，认定被告人不构成故意伤害罪。归根结底，本案否定了刘某的证言，运用到的证据规则重点是证据印证和证据矛盾，即刘某的证言与其他证据之间存在矛盾，未能得到相互印证；刘某的证言前后反复、相互矛盾。

（二）不得作为定案根据的证据

证据规则中有关于“不得作为定案根据”的相关规定，相当于在效果上径自否定了证据的准入资格和证据的证明价值。

《刑诉解释》第 98 条规定：“鉴定意见具有下列情形之一的，不得作为定案的根据：……（三）送检材料、样本来源不明，或者因污染不具备鉴定条件的。”鉴定意见具备证明价值，关键在于检材的可靠性，但若检材本身就不具备可靠性，那以此为依托的鉴定意见自然就成了“无水之源、无本之木”。笔者曾经办理的一起非法吸收公众存款案件就是如此。辩护人通过有效运用证据规则，将犯罪数额大幅降低，实现罪轻辩护效果。

控方指控被告人涉嫌非法吸收公众存款罪，犯罪数额为 6.2 亿元。经过审查，控方认定犯罪数额的关键证据是一份司法会计鉴定。但是，该司法会计鉴定的基础，作为检材的会计凭证不可靠、不客观：一是会计凭证未能准确区分非法吸收公众存款和正常往来借款；二是会计凭证记载显示有工程款转借款的现象；

① 关于被告人供述的印证规则，有多个相关的证据规定，“被告人的供述和辩解与同案被告人的供述和辩解以及其他证据能否相互印证，有无矛盾；存在矛盾的，能否得到合理解释”“被告人庭前供述和辩解存在反复，庭审中不供认，且无其他证据与庭前供述印证的，不得采信其庭前供述”。

三是会计凭证系手工记录,记载类别随意。

因为检材的问题,法院同意辩护人提出的重新鉴定申请,并采信第二次鉴定的数额,将犯罪数额认定为7000万余元。本案中,关键就是通过对检材的有力质疑,运用审查鉴定意见的证据规则,实现了罪轻辩护效果。

(三)证据的关联性

还需指出的是,审查证据要关注证据关联性的有无和大小。有些证据虽然不存在合法性、客观性的问题,但是关联性非常微弱,不足以证实案件事实。

最高人民法院指导性案例第1272号康某良故意杀人案,就曾着重指出要关注证据的关联性和关联程度。原审认定康某良犯故意杀人罪的主要证据是从现场马扎上检出了其和徐某某的混合DNA。这份DNA能否锁定被告人实施杀人行为?显然是不能的。因为马扎是随意移动之物,况且徐家马扎曾出借给其他邻居使用,被告人与徐家是邻居,被告人有接触马扎之可能,不能彻底排除作为邻居的康某良接触徐家马扎的可能性。本案经重新审判,安徽省高级人民法院宣告康某良无罪,根本上来说就是DNA证据关联程度薄弱,根据证据的关联性规则,还不能排除其他合理可能。

证据规则,是关于证据审查和证据认定的基本规定,决定着证据能否成为定案根据。除去以上规定,还有证据合法性规则、证据鉴真规则等。因此,审查案卷证据,进行证据辩护,关键是以证据规则为指引,找出证据问题,否定不利证据。

二、削弱证据体系

“以审判为中心”诉讼制度的构建,要求检察机关的刑事指控体系,须做到以证据为中心。既然是以证据为中心,则不论是证据审查还是证据体系的搭建,都要围绕证据来展开。面对控方搭建的证据体系,辩护人同样要以证据为中心,找出证据的薄弱点,指出证据体系的问题所在。

例如,笔者在办理一起诈骗案过程中,起诉意见书最初指控被告人的犯罪数额为300万元,检察院指控的犯罪数额则变更为30万元左右,被告人最终被法院判处缓刑。在审查起诉阶段,辩护人通过阅卷发现本案认定犯罪数额的关键证据是一个账本的打印件。经过审查分析,该份打印件记载的账目不完整,页数也不完整。然而,更为重要的是,这份打印件的来源存在程序性瑕疵,即办案人员不是通过扣押和封存硬盘的方式，收集提取其中的电子数据，而是直接通过拍照打印的方式固定证据。

《关于办理刑事案件收集提取和审查判断电子数据若干问题的规定》第10条规定："由于客观原因无法或者不宜依据第八条、第九条的规定收集、提取电子数据的，可以采取打印、拍照或者录像等方式固定相关证据，并在笔录中说明原因。"根据规定，以打印拍照的方式提取、固定证据，不是不可以使用，但是要有限制条件，并需办案人员进行说明。可是，本案中的账本打印件不存在上述情况，证据来源上存在程序性瑕疵。办案单位如果能够进行合理说明，作出合理解释，或许会消除掉证据提取上的瑕疵问题。然而，办案人员随后出具的情况说明，不仅未能对程序问题作出补正，还确认了被告人犯罪所得事实不清。

本案中这种结果的出现，根本原因是搜集、提取、固定证据的方式不够妥当。因为证据收集方面的程序瑕疵，直接后果就是证据来源出现问题。一旦证据来源有瑕疵，则会影响该证据能否作为定案根据，这正是辩护人要关注的问题。

最高人民法院指导性案例第579号吴某义故意杀人案，就是因物证"血掌印"来源不清，撤销死刑，发回重审。裁判理由中重点指出，"审查证据来源的客观性，是审查证据对案件事实的证明效力的重要环节，是决定该证据是否能够作为定案依据的基本要求。原则上来源不清或来源存疑的物证，不能作为定案依据"。

证据的薄弱点，不单是单个证据的问题，还存在整个体系不足以支撑待证事实的情形，即不能形成完整的证据链条，综合全案证据还是不能排除合理怀疑，结论不具有唯一性。

例如，笔者曾办理的一起帮助信息网络犯罪活动罪案，检察院决定对被告人不起诉，就是因为在案证据尚不能证实行为人明知他人实施犯罪还为其提供帮助。这起案件办理过程中对全案证据进行整合性分析后，只能得出行为人可能知道他人实施违法行为，但不能知晓他人的行为是否升级到犯罪的程度。最后，检察院认为现有证据不能证实行为人主观上"明知"，以"事实不清、证据不足"为由，决定本案不起诉。

"事实不清、证据不足"，是辩护人证据辩护的一个有力支撑。"事实不清、证据不足"的辩护贯穿于整个刑事诉讼程序，不少案件在审查批捕阶段就因证据不足而不被批准逮捕。笔者曾经办过一起职务侵占案，就是整个证据体系尚未充足证实行为人有侵占公司钱款的行为,因为行为人有委托转款和转账凭证,在案证据不能排除行为人有股权代持的合理怀疑,最终不被批捕。

在刑事诉讼过程中,当待证事实在证明过程中出现不确定的因素时,应当作出有利于被告人的认定。这是"事实不清、证据不足"的应有之义。现有证据是否存在合理的疑问,证据体系是否尚未形成完整的链条,当被辩护人重点纳入证据辩护的视野。

三、还原案件全貌

只有在全案证据,包括对被告人有利的、不利的证据,全部收集在案的情况下,才能够还原案件的真相。如果对被告人有利的证据未能出现在法庭,那么得出的裁判结论必然是片面的。有时候,当我们审查案卷证据时,发现案件事实基本上没有问题。可是,我们还是要看一看,是否还有哪些不在案的证据,是否存在未被收集的证据。

对被告人有利的证据,未能收集在案,主要是基于两种情况:一是办案机关未能注意到对被告人有利的证据;二是对被告人有利的证据未能随案移送。就办案机关未注意到还有对被告人有利的证据而言,需要辩护人走访调查了解案件情况,进而掌握到还有新的证据,可以自行收集、调取,有困难的则可以提供证据线索,申请办案机关调查收集。

例如,有一起故意伤害案件,就在案证据来看,认定故意伤害罪没什么问题。案件起因系琐事纠纷,李某某将王某某摔倒在地,致王某某左膝受伤,经鉴定为轻伤一级。实际上,本案还存在需要进一步了解的情况。经过走访调查了解到受害人多次进出医院,并且看似伤情比较严重。就此,看到了一个可能,即受害人的症状和轻伤症状不是太相符,或许其身体存在陈旧疾病或伤情。考虑到受害人多次就医的细节,就有必要申请办案单位到医院调取受害人病历。办案单位收集到受害人病历后,发现受害人有严重的骨质疏松症状。在发现受害人病历这样的新证据后,检方重新组织鉴定,第二次鉴定的结果为轻微伤。经综合审查两次鉴定结果,检察院认为,现有证据不足以认定故意伤害致人轻伤的结果,决定对被告人不起诉。

不同于办案单位没有注意到对被告人有利的证据而未收集,对被告人有利的证据未被随案移送,则是办案单位已然是收集在案的证据,未随案移送到下一环节的办案单位。

对被告人有利的证据未随案移送的原因多种多样。辩护人要做的是，找到证据已被收集但是案卷中确实不存在该证据的线索，就此要求办案单位调取、提供该证据。《刑诉解释》第 57 条规定："辩护人认为在调查、侦查、审查起诉期间监察机关、公安机关、人民检察院收集的证明被告人无罪或者罪轻的证据材料未随案移送，申请人民法院调取的，应当以书面形式提出，并提供相关线索或者材料。人民法院接受申请后，应当向人民检察院调取。人民检察院移送相关证据材料后，人民法院应当及时通知辩护人。"

例如，在一起诈骗案的办理过程中，我们就是通过查看收集在案的被告人手机中提取的微信聊天记录，发现受害人的一句话"你之前发的聊天记录，不用再发了"。但是，经过审查案卷，确实没有发现被告人和受害人这样的聊天记录。随后，辩护人向法院申请调取聊天记录，办案部门向法院提供一份聊天记录，原来是受害人报案时提供的证据，但是该证据并未随案移送。正是基于这份新证据的出现，被告人的犯罪数额从 50 万元以上降低到 50 万元以下，量刑从 10 年以上变更为 4 年左右。

由此可见，不论是找到未随案移送的证据，还是将未收集在案的证据找出来，辩护人均要细致审查案卷材料，对案件的证据进行整体分析，查漏补缺，才能找到证明被告人无罪或者罪轻的证据。

总结来看，证据辩护的根本是对证据进行纠错或质疑。为让证据辩护实现有效性，就需对案卷证据认真研判，逐个分析证据是否能够作为定案根据，审查同一证据、不同证据之间的联系、区别，对全案证据作整体把握。

第二章　证据规则与证据辩护

英国著名证据法学家威廉·特文宁指出,“在法律实践中,最重要和最困难的任务之一是事实调查”。正是因为真相调查的困境,司法证明活动才会出现错误的结果,一个无罪之人可能被判处有罪,一个有罪的人也可能逍遥法外。为了避免一概发生错误结果,尽可能让事实认定过程被公正、恰当地引导,刑事司法活动中的证据规则逐步获得完善。

一、证据

司法证明是以案件事实认定、调查真相为指引的认知活动。查明案件真相,完成司法证明,防范冤错案件,就要坚持重证据、重调查研究的基本思路。“认定案件事实,以证据为基础”,坚持的是有一分证据说一分话。没有证据不得认定案件事实;证据不足也不得认定案件事实。

《刑事诉讼法》第50条第1款规定:“可以用于证明案件事实的材料,都是证据。”证据必须经过查证属实,才能作为定案的根据。由材料到证据再到定案根据,显然是一种层层递进的关系。能把事实变得更为可能或不可能的材料,可以称得上证据。

证据能否成为定案根据,还要经过判断,即查证属实:证据是否依法收集,有无证据资格;证据与案件事实有无关联;证据对案件事实有无证明价值。

二、证据规则

面对各式各样的证据,司法者如何进行审查与判断,是证据规则的重要内容。一般来讲,证据规则,是指导司法者对证据的证据能力和证明力进行审查判断的规范性规定。

近年来,证据规则内容不断完善,散见于诸多司法文件当中。虽然较为杂乱、笼统，不是很完备。但是，我们也初步确立了证据排除规则、口供印证规则、关联性规则、意见证据规则、最佳证据规则等证据规则。

当前的证据规则，重点要关注的是三点：

第一，证据排除规则。

《刑事诉讼法》因证据违法性严重程度不同，将排除规则区分为非法证据排除规则与瑕疵证据排除规则。非法证据是以法定的方式宣示证据收集的非法性，直接使得证据不再具备证据资格，根本不具备法庭准入资格。通常所说的非法证据排除规则是《刑事诉讼法》第 56 条确立的，以刑讯逼供等非法方式收集的口供应当排除。

遗憾的是，“盛名之下，其实难副”。常见刑事案件往往难以启动排非调查程序，更遑论排除有罪供述。然而，宣判无罪的再审案件，多呈现出排除非法证据的情形，比如“张氏叔侄案”中，控辩审三方均认可，不能排除公安机关以非法方式收集证据，被告人有罪供述应被排除。

须关注的是，即便将侦查阶段的非法口供排除，被告人在逮捕前或审查起诉期间，面对不同讯问主体所作重复性供述也难以被排除。指导性案例第 1141 号吴某、朱某娅贪污案就是如此。法院将被告人到案初期的四份有罪供述作为非法证据予以排除，但同时保留了被告人在审查逮捕提讯期间的有罪供述。目前来看，司法者普遍还是认为，在讯问主体不同的情况下，不存在影响自愿性供述的因素。

不同于非法证据严重侵犯人身权利，瑕疵证据违法性较为轻微，只是收集证据的过程存在形式上的瑕疵，经过补正或作出合理解释的，可以采用，不能补正或者作出合理解释的，则不得作为定案根据。

《刑诉解释》第 86 条、第 90 条、第 95 条，分别就物证、书证、被告人供述、证人证言的瑕疵情形作出明确规定，收集程序、方式有瑕疵的，经补正或者作出合理解释的，可以采用。事实上，瑕疵证据本质上也是非法证据，同样会受到程序制裁，只是法律给予其补救的机会，附条件采用。事后经过补救还不能合理解释的，瑕疵证据应当被作为非法证据排除，不得再作为定案根据。

指导性案例第 763 号王某喜强奸案，对如何适用瑕疵证据规则，有规范性的参考意义。本案在收集被害人内裤方面存在多处瑕疵：(1)提取内裤未制作提取笔录或者通过扣押清单记录提取情况；(2)被害人内裤未随案移送，也未采用照片形式复制移送;(3)被害人内裤遗失。对于这些瑕疵,公安机关出具收集、保管、移送方面的情况说明。最终,法院认为,公安机关的说明材料未能合理解释违法收集证据的情形,遂将此瑕疵物证排除。

第二,关联性规则。

关联性规则,是说证据与待证事实有关。《刑事诉讼法》第 50 条第 1 款对证据概念作出规定,"可以用于证明案件事实的材料,都是证据"。正是这一定义,涵盖着关联性规则的要求,它清楚地表达出,证据只有与待证事实相关,才能获得证据资格。

证人证言、被害人陈述等言词类证据,内容自身通常就会表现出与待证事实的关联性。物证、书证、电子证据等证据,虽然客观性较高,稳定性可以得到较高程度的保障,但是关联性通常需要被深入地审查。

《刑诉解释》第 86 条第 1 款规定:"在勘验、检查、搜查过程中提取、扣押的物证、书证,未附笔录或者清单,不能证明物证、书证来源的,不得作为定案的根据。"《人民法院办理刑事案件第一审普通程序法庭调查规程(试行)》第 49 条第 1 款规定:"通过勘验、检查、搜查等方式搜集的物证、书证等证据,未通过辨认、鉴定等方式确定其与案件事实的关联的,不得作为定案的根据。"这两条规定是物证、书证适用关联性规则的具体要求。

确定物证、书证的关联性,一方面要借助证据收集程序的完备性辅助证明;另一方面则要靠同一性认定或鉴真规则保障。若是物证、书证来源存疑;证据保管链条缺失、不完善;物证、书证受到污染或是同一性存疑,必然导致关联性的缺失。

贵州遵义法院办理的张某涉嫌贩卖毒品案,就是利用证据收集程序无法保障,否定物证关联性的典型案例,适用依据是"未通过辨认方式确定搜查扣押的物证与案件事实的关联"。案件大体是,办案人员从被告人处查获并扣押毒品嫌疑物,经鉴定,分别含有海洛因成分和甲基苯丙胺成分。侦查过程中因辨认程序不规范,导致辨认笔录被排除,从而使得查获并扣押的毒品嫌疑物来源不明,未能被确证与待证事实相关联。

还需指出的是,关联性不只是有无的问题,还有程度强弱之别。比如,某非法持有枪支案,从枪支上提取的汗渍生物信息,可以直接锁定被告人,如经审查发现提取汗渍过程中汗渍曾被污染,就不能确证汗渍与被告人相关联;如果提取过程规范合法，可案发现场是开放的，存在多人接触之可能，关联性就会比较弱。

第三，口供印证规则。

被告人供述满足合法性的情况下，摆在司法者面前的难题是如何判断口供的真实性与可靠性。口供印证规则，关注的是言词类证据的证明力问题，目的在于弥补言词证据的易变性和不稳定性，主要适用于被告人翻供、证人改变证言的场合。

《刑诉解释》第96条就口供印证作出规定，"被告人庭审中翻供，但不能合理说明翻供原因或者其辩解与全案证据矛盾，而其庭前供述与其他证据相互印证的，可以采信其庭前供述。被告人庭前供述和辩解存在反复，但庭审中供认，且与其他证据相互印证的，可以采信其庭审供述；被告人庭前供述和辩解存在反复，庭审中不供认，且无其他证据与庭前供述印证的，不得采信其庭前供述"。面对被告人不同时期的供述反复，司法解释明显是给予不同的对待：被告人庭前供述稳定，当庭翻供，庭前有罪供述的证明力还是较强，会被优先采纳；被告人庭前供述出现反复，不论当庭供认与否，被告人有罪供述的证明力都会变得较为薄弱。

司法解释借此还确立口供印证规则：不论是当庭翻供，还是庭前翻供，都须与其他证据相互印证，才能被采信。最高人民检察院指导性案例第27号王某雷不批准逮捕案，就指出要严格审查被告人供述的口供印证，具有指导意义。在王某雷的有罪供述中，对作案工具有斧子、锤子、刨锛三种不同说法，但去向均未查明；供述的作案工具与尸体照片显示的创口形状不能同一认定，最终有罪供述未被采纳，检察院作出不批准逮捕决定，同时还引导公安机关调查取证抓获真正的犯罪嫌疑人。

要注意的是，"相互印证"是主观判断的问题，印证到何种程度，目前仍然不明朗，不同的罪名也有区别，司法实践贯彻的不是很彻底。不少宣告无罪的案件在最初的审判中，都曾指出被告人供述与其他证据相互印证。所以，不能看到两个信息源指向同一事实，就是印证，还是要判断这两个信息源自身有无问题，印证的信息是不是足以影响案件事实的认定，以及分析清楚出现印证的原因是什么，譬如供证顺序不同，印证效果也是不一样的。

三、证明规则

当经过证据规则的筛选，适格的、有价值的证据进入到证据"集团"当中，此时如何运用全部证据认定事实,就成为证明规则解决的问题。通常来说,证明规则包括孤证不能定案规则、疑罪从无规则、刑事推定规则等多个方面。重点则是证明标准与刑事推定。

(一)证明标准与排除合理怀疑

证明标准,是查明待证事实的目标。事实清楚,证据确实、充分,是《刑事诉讼法》确立的证明标准。事实清楚,证据确实、充分,可以说是刑事证明的完美状态,是证明标准的最高要求。然而,百分百地要求回溯案件真相,可能不是很现实。

根据《刑事诉讼法》第 55 条规定,证据确实、充分,应当符合三个条件:(1)定罪量刑的事实有证据证明;(2)据以定案的证据均经法定程序查证属实;(3)综合全案证据,对所认定事实已排除合理怀疑。事实上,前两个条件只能说是证据量的要求,第三个条件才是证明标准的内在含义,即"综合全案证据,对所认定事实已排除合理怀疑"。

全国人大法工委刑法室对"合理怀疑"作出的解释:对于事实的认定,已没有符合常理的、有根据的怀疑,实际上达到确信的程度。所以,排除合理怀疑是司法者主观上的确信,"只可意会、不可言传"。

司法者如何考量内心确信,排除合理怀疑的可操作性规则到底是什么?

指导性案例第 682 号、第 779 号,还有于某生申诉案(检例 25 号)、陈某申诉案(检例 26 号)等案件,代表着最高司法机关的立场,相继确认的"矛盾排除法"可以说是"排除合理怀疑"的客观化努力,为"排除合理怀疑"提供一定的司法指引,具体内容包括:(1)主要证据之间不存在矛盾、不一致的地方;(2)各项证据相互印证,合理解释消除证据之间存在的矛盾;(3)将被告人供述作为主要证据的,以客观性证据或其他证据检验补强口供等言词证据;(4)从证据角度排除符合常理的、有根据的怀疑;(5)证据指向的案件结论具有唯一性。

面对不同的案件,法官内心确信程度可能有所不同,故意杀人案、强奸案、投毒案等案件"内心确信"的要求较高,贪污贿赂案件则有所区别。

值得注意的是,在"捕诉合一"的背景下,审查逮捕的证明标准应当重新审视,可以趋同于审查起诉的证明标准;被告人认罪认罚的,不能因认罪认罚而人为降低证明标准。

(二)刑事推定与反证明

刑事推定，是司法证明的替代方法，目的在于解决刑事证明困难的处境。刑事推定将事实区分为基础事实和推定事实，基础事实一旦成立，根据经验法则和逻辑推理，裁判者就要接受推定事实。换言之，基础事实和推定事实之间是逻辑或经验上的关联，二者之间具有因果上的高度盖然性，不须再用证据直接证明。因此，推定事实不具有绝对性，是可以被推翻的，允许辩方进行证伪或反说明，因为逻辑或经验不能直接证明事实。

刑事司法中，刑事推定广泛存在，比如“非法占有目的型”犯罪、“持有型”犯罪，还有毒品类犯罪等。

最高人民法院于 2015 年 5 月 18 日印发的《全国法院毒品犯罪审判工作座谈会纪要》规定：“贩毒人员被抓获后，对于从其住所、车辆等处查获的毒品，一般均应认定为其贩卖的毒品。确有证据证明查获的毒品并非贩毒人员用于贩卖，其行为另构成非法持有毒品罪、窝藏毒品罪等其他犯罪的，依法定罪处罚。”该规定运用的就是推定规则，基础事实是行为人贩毒，并从其住所、车辆等处查获毒品，推定事实是从贩毒人员住所、车辆等处查获的毒品也是其贩卖的毒品。

潘某龙、高某贩卖毒品案[《人民司法(案例)》]，两被告人第一次购买 5 克毒品并用于贩卖，第二次购买毒品后即被民警从住处查获 6.12 克。案件指出：(1)现场检测报告、吸毒成瘾认定意见书表明，两被告人吸毒成瘾；(2)两被告人在案供述均称第二次购买的冰毒，是用于共同吸食；(3)两被告人先后进行的是两次独立的毒品购买行为，购买行为有时间间隔、购买的毒品为不同的两批次。据此，合议庭认定，查获的 6.12 克毒品是用于吸食，不是用于贩卖。

本案的意义是，在刑事推定的场合，对推定事实的反说明，只须达到“确有证据证明”的程度，就可推翻推定事实。要指出的是，“确有证据证明”不是“事实清楚、证据确实充分”要求的“排除合理怀疑”，而是一种“高度可能性”。

四、证据审查

证据能否成为定案根据，证据体系是否符合证明标准，是控辩审三方最为关心的问题。运用证据规则，鉴别证据真伪，认定案件事实，关键是坚持一个前提、两个抓手、三个方法。

首先，一个前提是全面收集、移送证据。

《刑事诉讼法》第 52 条规定:“审判人员、检察人员、侦查人员必须依照法定程序,收集能够证实犯罪嫌疑人、被告人有罪或者无罪、犯罪情节轻重的各种证据。”只有全面收集、移送证据,才能让司法者充分认识案件的全貌,否则,必然是一叶障目。

于某生申诉案(检例第 25 号)再审改判无罪的因素之一,就是再审复查时收集到被告人的无罪证据。比如:(1)手写“现场手印检验报告”的证据,能够证实现场存在的 2 枚指纹不是于某生及其家人所留,但侦查机关并未将该情况写入检验报告;(2)侦查机关曾对有关人员及传呼机信息问题进行了调查,并调取了通话记录,但案卷中并没有相关调查材料及通话记录。

聂某斌案更是如此,被告人供述、证人证言、书证都存在缺失。(1)聂某斌 1994 年 9 月 23 日 18 时许被抓获,到 9 月 28 日卷内出现第一份有罪供述笔录,共有 5 天时间,原审卷宗缺失这 5 天的讯问笔录;(2)案发之后前 50 天内证明被害人遇害前后情况的证人证言缺失;(3)聂某斌所在车间案发当月的考勤表缺失,导致认定聂某斌有无作案时间失去重要原始书证。

刑事司法活动中,证据收集、移送不全面的情形很多,利于被告人的证据往往被有意或无意地忽视。为此,我们应当坚持一个前提,就是仔细审视案件中的蛛丝马迹,循迹寻根溯源,充分查证案件是否有遗漏证据的情况,否则就为案件的不公正处理埋下隐患。

其次,两个抓手是证据能力和证明力。

刑事司法过程中,任何一个证据要想转变为定案根据,必须接受证据能力和证明力的审查。只有合法收集的证据,才具备证据能力,才能获得庭审准入资格。证明力则是分析判断证据对案件事实能否起到证明价值以及证明程度大小问题。证据能力与证明力之间,同样存在相应的逻辑顺序,即先判断证据的合法性与否,有无资格进入庭审,接下来再判断证据的证明价值。

证据能力和证明力审查不严,使得案件成为错案的不在少数。所以,针对单个证据的审查和研判,关键是抓住两点:证据能力和证明力。《刑事诉讼法》规范相关证据证据能力和证明力的规定比较多。比如:(1)以刑讯逼供等非法方法取得的被告人供述、证人证言应当予以排除;(2)证人的意见证据不得作为证据使用;(3)收集程序违法导致物证、书证来源不明,不能作出合理解释的,不得作为定案根据。

鉴于证据能力排除困难的现状，聚焦于证明力的审查尤为重要。在证据能力无法排除之时，还应当就证据的证明力作出精细的分析。不同的证据有着不同的风险，证明力审查要点也有区别。比如，物证客观性、稳定性较高，但是失真风险则较大，所以更为关注的是同一性认定或鉴真程序。

被害人陈述作为言词证据，客观性不足，还常受自身利害影响。指导性案例第396号，对被害人陈述的分析具有代表性，指出分析被害人陈述的证明力，应当结合案发的时间、地点、条件、环境，注重对细节的分析，看细节能否陈述清楚，是否符合逻辑，前后是否存在矛盾之处。通常根据记忆规律，离案发时间越近的陈述，记忆应该越清晰，真实性就越强。

证人证言与被害人陈述类似，同样要结合案发的特定场景，进行细致的分析，以及证人证言是否反复，与被告人供述是否存在矛盾等方面。

最后，三个方法是比较、分析、整合。

案件之中，摆在司法者面前的，有有利于被告人的证据，也有不利于被告人的证据。即便在一个证据之中，也会同时夹杂着有罪信息和无罪信息。《刑诉解释》第139条规定："对证据的真实性，应当综合全案证据进行审查。对证据的证明力，应当根据具体情况，从证据与待证事实的关联程度、证据之间的联系等方面进行审查判断。"

面对杂乱无章的证据还有散乱的信息，可以从三个角度进行客观的、全面的审查和判断。

1. 暴露矛盾。在单独分析证据本身内容，查看证明力有无削弱的基础上，还要把单个证据放在全部证据环境中去比较。比对同一证据的前前后后，特别是被告人供述、证人证言自身内容是否反复，有多个鉴定意见的是否有所不同。还要比较不同证据之间是否有矛盾，矛盾之处是什么。

2. 比对分析。通过比对分析，可以将相同的证据或不同的证据，纳入整个系统之中精细分析，分析出相同证据先后之间、不同证据之间，是否相互印证，是否存在主要矛盾和细节矛盾，以及矛盾是否合理，矛盾是否可以排除，是否与其他证据相互印证。

3. 整合研判。有罪信息、无罪信息，以及矛盾与区别通过有序的方式排列展示出来之后，就要整合起来判断证据体系是否符合证明标准，具体有两个方面：正面论证与反面质疑。正面论证是判断证据能否共同地指向同一待证事实。反面质疑则是看暴露出来的矛盾和疑点能否得到合理的解释、有根据的排除,指向案件的结论是否具备唯一性。

总而言之,我们不能只抓住单个证据看案件,还要以宏观视角分析整个证据体系是否成立,是否共同指向同一待证事实,结论是否具有唯一性。

五、证据辩护

刑事司法,是关于证据的艺术。证据站得住脚,经得住查,裁判才有价值。对辩护人来讲,站在裁判者的视角,循迹审查全案证据,逆向运用证据规则和证明规则,将是证据辩护的着力点。

第一,调取证据让裁判者看到案件全貌。在案证据的不全面,会让证据体系陷入自说自话的陷阱之中。辩护人若是能够发现新证据,通过证据之间的较量,往往会彻底击溃旧的证据体系,打破案件最初的格局,重构新的案件事实。

有一起诈骗案,行为人以收取中介费为名骗取他人多笔钱款。起初看控方指控的犯罪事实,证据基本是能够吻合的。但是,在一次会见的过程中,辩护人了解到,本案还有已经收集的证据未全面移送的情形。随后,通过法庭调取到新证据——一份未见过的微信聊天记录。正是这份聊天记录的出现,客观地展示出被告人曾为被害人提供中介服务,以及付出过真挚努力。新证据的出现,使得控方原有的证据体系出现裂缝。不利于被告人的证据不能再获得口供印证效果,证明力变得薄弱。与此同时,有利于被告人的证据,反而获得了新证据的支撑。

第二,削弱证据价值获得量刑突破。经过证据审查,削弱证据价值,有时不一定会实现无罪的效果,但或许会突破量刑的桎梏。举三个例子:

一是集资诈骗案。此类案件多以司法会计鉴定定案。辩护人若能够削弱司法会计鉴定的证据价值,指出案件总体上兑付投资者比例较大的问题,即便有部分钱款去向讲不清楚,也多会实现将集资诈骗罪变更为非法吸收公众存款罪的效果,因为非法占有目的证据不达标。

二是贪污案。实践中,私分国有资产,还是伙同贪污,常常伴随着贪污罪与私分国有资产罪之争。案件的定性,虽是实体问题,但要靠证据来揭示,特别是私分国有资产要求的公开性。对于这种案件,证据辩护,不一定能将重罪变轻罪,但或会突破量刑幅度。

三是电信诈骗案。电信诈骗案的认定，关键是确定被害人和诈骗数额的多少。实践中，诈骗团伙成员，多利用网络电话同被害人接触，并常常更换 IP 地址，证据难以固定周全。一般而言，通话记录、通话时间、通话内容类证据方便收集，能够确定二者之间的关联性，但这种关联还是比较薄弱。如果还能有相应的转账记录、记账凭证或诈骗组织的内部信息等证据，就可以形成闭合链条，相互印证。但这些证据如有部分缺失或是不能相互印证，就无法确证某个被害人为这个团伙所诈骗。

第三，整合全案，排除合理怀疑。分析单项证据，但不局限于单个证据，而是在整个证据体系或全案大环境中，整体考量待证事实的证成与证伪，或许会发现案件结论并不具有唯一性。从表面上看，在案单个证据好似都是适格证据，也有自身的证明力，能够证实部分待证事实。可是，整合案件证据，就全局来看，在案证据搭建出的证据体系可能仍然是不充分的。

笔者最近办理的一起骗取贷款案，就是此种情形。虽有提供虚假资料，改变贷款用途的情形，但结合全案证据来看，依然不能满足骗取贷款罪要求的行为“欺骗性”和结果“损失性”。检方最终以事实不清、证据不足为由，决定不起诉。

充分运用证据规则，熟练掌握证据审查思维，是辩护人打造知识体系的关键。唯有如此，才能将证据辩护落到实处。

第三章　证据鉴真与证据辩护

法庭上出示的证据,是否为控方所指称的证据;出示证据与案发时的证据是否具有同一性;出示证据能否如实反映证据所记载的内容等诸如此类的问题,是证据鉴真面对的主要问题。

一、证据鉴真

实物证据虽看似客观、稳定,但须经历人收集、固定、保管、流转才会出现在法庭上,其在任何一个流程被损坏、保管不善被污染或是证据来源不明,都会影响事实认定,进而影响案件最终走向。

因此,实物证据真实与否,必须经过审查过程,即对证据进行前置性审查,就此确认证据的准入资格,保障证据能力。否则,实物证据一旦欠缺证据同一性或是证据链条保管不够完整、证据动态有污损变化,该证据就往往会失真,不再具备关联性或真实性,这正是证据鉴真的要求。

理论上,证据鉴真发端于英美证据法,其设立之初是因为假定控方的证据不真实,要附条件审查控方提供的证据资格。简单来讲,证据鉴真就包括两个方面,一是庭审出示证据保管链条完整,未受过污染;二是庭审出示证据的内容未失真,没有删改、伪造的情形。

美国《联邦证据规则》第 901 条 a 款规定,"为满足某个证据之鉴真或辨认的要求,主张者须提出证据足以支持这样的事实,该证据即主张者所声称的证据",照此来看,控方向法庭出示实物证据,就有责任证明"庭审出示的文件或物品为真",即证明庭审出示、宣读、播放的某一实物证据,与控方"所声称的那份实物证据"是一致的。只有法庭上出示的证据材料是真实可靠的,是未被掉包、篡改、伪造、污染的,才能满足鉴真的要求,从而具备可采性。

在我国刑事诉讼语境下,没有证据鉴真的直接表述,也不存在证据鉴真方面的具体规则和体系。但是,实际上,物证、书证等实物证据相关审查要求类似于证据鉴真的具体方法,有着与证据鉴真相同的目标,即通过证据审查确认证据之关联性、保障证据之真。

《刑诉解释》、《关于办理刑事案件收集提取和审查判断电子数据若干问题的规定》(以下简称《电子数据规定》)、《办理毒品犯罪案件毒品提取、扣押、称量、取样和送检程序若干问题的规定》(以下简称《毒品规定》)、《人民法院办理刑事案件第一审普通程序法庭调查规程(试行)》等诸多规范就证据来源问题、证据同一性以及证据保管链条都有部分涉猎,应当引起充足的重视,可以证据鉴真的思维对待。

二、证据鉴真的三种形式

美国《联邦证据规则》列举了多种证据鉴真的方法,有两种较为常规:一是有明显标识的特定物之鉴真方法,对特定物"独特性辨认"鉴真。比如,故意杀人案中案发现场提取的条纹花衬衣,非法持有枪支案中具有特定标识的枪支,盗窃案中有显著特色的手表。二是通过"证据保管链条"鉴真。比如,毒品犯罪案发现场发现的白色粉末毒品,受贿案中收集的现金,网络犯罪案中被扣押的电脑、手机,要有固定、收集、提取、出示的整个保管链条。

回到我国司法实践,虽未直接言明鉴真方法,但相关司法解释也基本确定了上述两种方式。"辨认"和"证据保管链",在侦查活动中,更多地体现在固定、辨认、证据动态过程中形成的笔录、见证辅助、鉴定等方面,也即通过这些方式完成证据鉴真,确保证据来源的可靠性、证据的同一性、证据保管链完整性、证据的真实性。

(一)笔录制度:证据链条的基础

物证、书证的收集、扣押,须附有相关笔录,且要规范性制作。应当说,办案人员收集证据和流转证据过程中形成的笔录证据贯穿于证据的收集和保管环节,能够证实证据的起获和来源以及证据的流转和动态变化,是证据链的关键和基础。《刑诉解释》《毒品规定》《电子数据规定》都将勘验、检查、搜查是否附有相关笔录、是否规范制作相关笔录、是否准确地记录实物证据或存储载体外观特征作为重点考察对象。

《毒品规定》第 5 条、第 7 条,明确指出笔录对证据同一性、证据来源、证据链完整性的必要性,“毒品的提取、扣押情况应当制作笔录,并当场开具扣押清单”“对查获的毒品应当按其独立最小包装逐一编号或者命名,并将毒品的编号、名称、数量、查获位置以及包装、颜色、形态等外观特征记录在笔录或者扣押清单中”。

《刑诉解释》第 86 条第 1 款规定,明确欠缺相关笔录的排除规则,“在勘验、检查、搜查过程中提取、扣押的物证、书证,未附笔录或者清单,不能证明物证、书证来源的,不得作为定案的根据”,以及不规范制作笔录情形下的补正规则,“对物品的名称、特征、数量、质量等注明不详的,不能作出合理解释的,该物证、书证不得作为定案的根据”。

(二)见证人、拍照、录像制度:辅助鉴真

相较于笔录证据,见证人、拍照、录像更为中立,因为笔录制作来源于办案人员。见证人的见证或拍照、录像方式能够完整记录证据收集过程,更加直观可见,是笔录证据之外证据鉴真的辅助方式。

《刑诉解释》明确要求物证、书证、电子证据勘验、检查、搜查、提取、扣押要规范制作笔录,笔录上要有见证人签名。该规定意味着见证人制度的确立,缺乏见证人签名,又不能作出合理解释的,标志该物证、书证、电子证据的收集、提取方式存疑,也就是证据来源或证据保管链条出现问题,不得作为定案的根据。

《毒品规定》第 10 条和第 20 条分别就毒品的提取、扣押和封装、称量的拍照、录像作出规定,目的在于确保毒品在证据保管链中不会失真,“照片和录像资料应当反映提取、扣押和封装活动的主要过程以及毒品的原始位置、存放状态和变动情况”“照片和录像资料应当清晰显示毒品的外观特征、衡器示数和犯罪嫌疑人对称量结果的指认情况”。

(三)辨认、鉴定:鉴真识别

辨认或鉴定,都是为了识别证据与待证事实的关联性,解决证据的同一性问题,不过鉴定更加侧重技术色彩。一般而言,辨认解决的是具备独特外表特征的特定物,包括人身、场所、物品的辨认。比如,有明显外在特征的作案工具。对于种类物的辨认,往往不能实现证据同一的认定。比如,掩饰、隐瞒犯罪所得案中从嫌疑人住处收集、扣押的茅台酒,外部特征、生产批次、年份不是特别明显,即便通过辨认也难以确定涉案物品就是本案的涉案物品。

因此，需要注意区别特定物和种类物，否则会影响辨认的具体效果。鉴定，则常常是由于缺乏辨认条件或者是要对物品结构、成分等专业问题进行科学分析。比如，一把带血的刀，对刀身残留的血迹进行鉴定。

“物证、书证是否为原物、原件，是否经过辨认、鉴定”“现场遗留与犯罪有关的具备鉴定条件的血迹、体液、毛发、指纹等生物样本、痕迹、物品，是否已作DNA 鉴定、指纹鉴定等”，是《刑诉解释》关于确证物证、书证同一的具体规定，为的是解决证据来源和关联性问题，同样是证据鉴真的特定方式。

三、证据鉴真与证据辩护

证据鉴真作为证据资格检验前置程序，事关证据资格准入，直接影响控方证据体系与证明目的。所以，证据鉴真的有效运用，是证据辩护的一个主要方面。那么，围绕证据辩护的目的，拆解单一证据，审查证据鉴真过程，分析证据材料能否转化为证据，就要重点查验证据来源、证据保管链条、证据同一性。

第一，注意审查笔录制作的规范性。

物证、书证等实物证据，因为轻易地就可以被污染、改变、掉包、毁坏，所以要有完整的证据链条，从证据的发现、收集、提取直到向法庭出示。刑事诉讼过程中，完整的证据保管链，主要是由办案人员制作的笔录来证明。因此，相关笔录证据就会直接影响证据的来源、收集、保管。勘验、检查、搜查、扣押、封装、提取、送检、辨认任何一个环节没有制作笔录或是制作笔录不规范出现瑕疵、问题，就会造成实物证据来源不明或证据同一性认定出现问题，还会影响以此证据作为检材的不可靠，进而导致鉴定意见的不真实。

一方面，我们要审查相关笔录是否同步制作；另一方面，我们要审查相关笔录的制作是否符合法定规范。比如，搜查、扣押、提取笔录制作不规范或是未制作笔录，必然造成物证来源不清，进而在其后的保管环节无法作出同一性认定，丧失证据关联性。

卓某坛贩卖毒品案就是如此。搜查当天未同步制作扣押笔录，在间隔一日后才补充制作，办案人员对此无法作出合理解释。并且，搜查、扣押笔录的见证人为派出所巡防队员，其参与过侦查抓捕工作，违背《刑诉解释》见证人规定。最终被法院认定，“本案物证（毒品），没有合法真实的相关提取扣押笔录、清单，不能证明物证的真实性、合法性，应予以排除；与物证有关的毒品检验报告，因相关毒品无法证明与本案的关联性,予以排除”。

第二,注意取证活动的规范性。

审查办案人员制作的笔录之外,我们还应注意分析办案人员取证活动是否符合规范要求,这也是证据审查的关键。

以办案人员组织辨认活动来看,《公安机关办理刑事案件程序规定》第 260 条第 1 款明确规定:“辨认时,应当将辨认对象混杂在特征相类似的其他对象中,不得给辨认人任何暗示。”可见,辨认活动的规范性要求,一是要混杂辨认,二是辨认对象的陪衬物要特征相似,三是侦查人员不能给辨认人暗示。如果辨认活动明显不符合上述规范要求,陪衬物特征没有相似性,如茅台酒与二锅头,或是侦查人员有明显暗示嫌疑,辨认活动见证人不适格的,就往往会因侦查活动不当导致证据资格有问题。

以搜查、提取活动来看,《毒品规定》第 4 条第 1 款要求,“侦查人员应当对毒品犯罪案件有关的场所、物品、人身进行勘验、检查或者搜查,及时准确地发现、固定、提取、采集毒品及内外包装物上的痕迹、生物样本等物证,依法予以扣押”。侦查人员若是从搜查发现到固定、提取时间过长的,则违背该规定的要求,不能完整证明涉案毒品与嫌疑人之间的关联性。

刘某萍贩卖毒品案中,侦查人员搜出疑似毒品后,没有当场、当时、当面提取、封装,而是将疑似毒品重新放入涉案汽车内,并将涉案汽车开回办案中心,直至 21 个小时后的第二天下午才进行搜查、封装,侦查活动明显不规范,最终法院以取证程序不规范,未认定该起犯罪事实。

第三,关注证据动态变化。

物证、书证等实物证据,失真的主要风险在于收集、保管和鉴定环节是否发生改变或受到破坏。因为,收集、保管和鉴定的衔接过程,具有动态性,若是中间有间隙或者未能被固定或记录,就会使得证据关联性不足,证据来源出现问题。

曾轰动一时的“快播案”,有个焦点问题是扣押服务器的来源和保管过程是否合法,服务器内容是否有被污染的可能。很明显,控辩双方争议的就是,证据的动态流转是否会引起证据保管链条的断裂。该案中,有四台服务器从被扣押到移交公安机关,历经四次流转,其间的扣押、保管、移送是否完整、是否有记录,办案人员在证据动态流转过程中是否存在瑕疵,都会影响到证据的同一性认定。

当年聂某斌案改判无罪,理由之一,也是这个问题,核心物证的动态流转出现空白。相关侦查人员称，从犯罪现场提取的衬衣不容易辨认，便对这个衬衣进行了水洗，水洗完之后，再让聂某斌辨认。这说明，从物证的提取到物证的辨认，中间经历了水洗的过程，可是该过程没有任何记录和证明，有着明显的真空，已经破坏了证据的保管锁链，导致核心物证花衬衣来源不明。

另外，还要特别指出，证据动态流转对跨境电子证据的收集、提取有着更为严格的要求，即控方必须证明从境外获取的电子设备、存储介质、电子数据保管链条完整，未受到污染。电子数据的保管链条完整性则更多地依靠电子数据鉴定。

比如，最高人民检察院发布的指导性案例（检例第 67 号）就曾指出，"以中国驻肯尼亚大使馆确认外方起获物证的具体时间，将此时间作为电子数据无污损鉴定起始基准时间，对电子数据重新进行无污损鉴定，以确保电子数据的客观性的"。若无污损鉴定意见的鉴定起始基准时间晚于犯罪嫌疑人归案时间太久，这个流转环节过长，就无法再确定此期间电子数据是否被增加、删除、修改。

综上来看，证据鉴真，关系证据来源和同一认定，随着庭审实质化的推进，将愈发成为法庭调查的核心。作为辩护人，只有熟练掌握鉴真思维，有力运用证据鉴真规则，才能细致、深入、全面地挖掘证据问题，充分发挥证据辩护的效果。

第四章　捕前辩护的证据思维

刑事案件中，检察院的不批准逮捕率要远远高于不起诉率和无罪判决率。这意味着，随着案件的时间推移，辩护人要想“叫停”刑事案件的难度会变得越来越大。作为辩护人，我们应当将辩护视野全面贯彻到逮捕之前，充分利用捕前辩护，竭力将案件堵截在刑事逮捕的大门之外，尽可能早地实现“出罪”目标。在审查批捕环节，除却情节轻微、危害不大或积极退赔取得相关人员谅解，可能取保候审的之外，还有因事实不清、证据不足不批捕的案件。此类不批捕案件，因证据问题，往往不会或很难再进入到审查起诉和审判环节。所以，要给予充分的重视，避免将审查批捕环节的辩护流于形式。

目前来看，要想做到证据不足不批捕，主要是充分利用证据攻势，为审查批捕的承办人建构或证成一种无法排除的，具有合理性的真相与事实。刑事案件的认定，要求有证据证明犯罪事实，且排除合理怀疑。然而，在批捕之前，批捕检察官时间紧、任务重，不可能事无巨细。况且，此时的辩护人还未能查阅本案的证据，不能针对性地审查本案全部证据。因此，捕前辩护的证据思维，是以嫌疑人供述和自行收集的材料为基础，去“攻击”案卷中反映出的事实，去“建构”一种新的事实，去呈现案件的真相与全貌。

一、按图索骥，抓住证据

W 先生曾经在 A 公司任职，担任核心部门的总监。之后，W 先生跳槽到与 A 公司有竞争关系的 B 公司。没过多久，W 先生因涉嫌职务侵占罪被刑事拘留，理由是 W 先生将 A 公司的钱款据为己有。第一次会见，我们了解到，5 年前，A 公司曾通过转账向 W 先生支付 110 余万元，W 先生收到款项后，通过微信和现金的方式进行过消费。可是，第二次会见时，W 先生称从未侵占 A 公司钱款，是按照公司意图以微信或现金的方式，向单位员工发放工资、奖金或报销差旅费。

我们知道,认定职务侵占罪,关键是有无非法占有目的。问题是,此时辩护人若单纯地向承办人提及W先生的自我辩解,根本无济于事,不会助推案件不批捕,因为没有任何证据支持这样的自我辩解。

会见的时候,当被辩护人问到有没有账单类的记录时,W先生称多年前自己有个记账本,就怕是找不到了。会见结束后,我们向W先生家属了解情况。未过多久,他们在自家汽车的后备箱中找到一个陈旧的笔记本。通过审查,发现这个笔记本,大概记录着每一笔现金的取现时间、地点,还有交付对象。

看着这个泛着尘土的老旧笔记本和上面有些破损的笔迹,不禁感慨,这应当经得住审查。虽已时过境迁,账目记载的相关人员可能难以联系,记载的用途也不好确定。但是,账目能够证实W先生的辩解,具有相当的合理性,也能使得案件认定的事实出现其他可能性,职务侵占的行为已经不再具备排他性。最终,本案因证据不足,未被批准逮捕。

会见嫌疑人是行使辩护权的基础,只有通过会见沟通,才能帮助委托人树立起罪与非罪的概念,定罪的证据逻辑,从而将委托人转变为辩护人的助手。这种互助辩护的模式下,委托人便可能成为辩护人发掘有力证据的关键。

二、以子之矛、攻子之盾

侵犯公民个人信息罪,是《刑法修正案(九)》修改后的规定。认定本罪的关键与难点是怎么理解公民个人信息。根据司法解释的规定,公民个人信息,是指以电子或者其他方式记录的,能够单独或者与其他信息结合识别特定自然人身份或者反映特定自然人活动情况的各种信息,包括姓名、身份证件号码、通信通讯联系方式、住址、账号密码、财产状况、行踪轨迹等身份识别信息和活动情况信息。

就此来看,公民身份信息的最大特点是识别性。如果行为人非法出售的信息根本不具备识别性,不能单独或者与其他信息相结合识别特定自然人的身份,就不能满足公民个人信息的犯罪要素,也就无法构成侵犯公民个人信息罪。

Z先生因出售公民个人信息涉嫌侵犯公民个人信息犯罪,被羁押在S市看守所。通过会见了解到,本案有一个特点,引起我们的注意。Z先生出售的信息,不是成形的信息,比如教育培训机构获取的学生信息、房产中介获取的公民信息。事实上,其出售的大部分涉案信息是通过网络渠道获得后再“加工”而成的信息,也就是说本案的个人信息可能是虚假信息。

假如是虚假信息,就不可能具备识别性,自然不能具体对应到特定公民个人的身份。为了力证这种可能性,我们要掌握 Z 先生获得的信息和出售的信息。鉴于案件尚在侦查阶段,无法阅卷,且行为人存储涉案信息的手机被扣押在看守所,我们只能再另想办法。

由于涉案信息是以 Excel 表格的形式通过手机微信发送给买家的,并且 Z 先生的电脑当时正登录着微信,通过查看 Z 先生的电脑,发现存储涉案信息的 Excel 表格被电脑自动存储。通过录屏的方式将 Excel 表格完整复制,并刻录了一张光盘。随后,以抽样检查的方式,做了大量信息核实工作,发现涉案信息中的联系方式几乎是空号,不能联系到具体的个人。在此情况下,涉案信息中的联系方式不过是一串数字,不再具备侵犯公民个人信息罪的识别性特征。之后,我们尽快将线索和嫌疑人的辩解提交给承办人。最后的结果,与之前预想的一样,Z 先生未被批捕。

众所周知,犯罪事实的认定要有证据证实。如果我们通过获取新的材料,有效攻击案卷中的证据,进而否定犯罪构成要素,使其根本不能成立。这样的案件,自然不能符合刑事犯罪追诉的起点——有犯罪事实的发生。

三、利用证据组合,揭示案件真相

看到受害人的陈述时,你会认为里边有多少是真相,又有多少是“故意”编造的所谓“事实”。芥川龙之介在他的短篇小说《竹林中》,深刻地探讨了这个问题。多少人目睹了事件,就有多少不同的供词。事实上,没有人能够说出真相的全貌,也没有人说的全是真话。

笔者曾在办理一起诈骗案的过程中,警方指控 S 先生以虚假项目诓骗投资人 H 的投资款用于赌博,涉嫌诈骗罪。然而,S 先生告诉我们,他没有诈骗。笔者问他当时的情况究竟是什么? S 先生向我描述的是一个崭新的故事。

S 先生与受害人 H 在赌场相识,受害人 H 放的是高利贷。S 先生因无钱再赌,向受害人 H 借了 50 万元,用来赌钱。当时未签任何借条,受害人 H 将 50 万元转账到 S 先生账户。之后双方补签一份协议,协议写明 S 先生找受害人 H 拿钱,是为投资项目,款项的用途是投资项目。可是,事后 S 先生用现金还款 10 万元,还将自己的工资卡(每月有固定工资)抵押给受害人 H 用来还款,并手签一个借条,交给受害人 H。之后,受害人 H 曾通过微信将借条的照片发送给 S 先生,但被 S 先生删除。

事实如果真像 S 先生所讲,本案就是借款纠纷而非刑事诈骗。问题是,S 先生赌博成性,承办人估计早已听够了这样的辩解。要想突破这个案件,关键还是找到足够的证据揭示本案的真相。

一是 S 先生家属假借谈赔偿问题,同受害人 H 接触,套取可能存在借款的言辞,特别是有工资卡抵押、借条的情形;二是申请承办人捕前讯问嫌疑人;三是申请调取 S 先生工资的银行交易记录;四是申请承办人询问受害人 H;五是申请承办人向 S 先生的工作单位调查核实。同时,我们主动收集,并向检察院提供可能存在借款事实的相关证据。

起初,第一次同批捕承办人沟通时,其已经流露出被告人认罪,没有不捕的可能性。可是,通过系列地自行收集证据以及申请承办人调查核实的相关情况,最终形成闭合锁链,打破了检察官对案件的最初认识,揭示本案可能存在的真相,是借款而非投资,获得不批捕,变更强制措施。

虽然在审查起诉或是审判阶段,我们也可以通过调取 S 先生微信的后台数据,证明存在借款的可行性,但是尽早搭救委托人免于危难,更是辩护人的职责所在。

侦查机关将案件移送审查批捕,批捕检察官面对眼前的案卷材料,必然会形成一种先入为主的初步认识。因此,在批捕前辩护过程中,作为辩护人,我们要想办法,去积极地发现、识别、寻找、调取案件现有证据之外的其他证据材料,或引起批捕检察官对真相的兴趣而去主动调查核实相关情况。在此基础之上,我们只有通过运用这些新材料再重构新的事实,才能打破承办人对案件的固有认识,实现因证据不足不批捕的辩护效果。

第五章　电子数据与刑事辩护

随着互联网发展的深入，刑事案件中，以电子数据呈现出的证据形态变得越发多样，比如电子邮件、即时通信、App应用程序、网站浏览页面、电子设备存储的文件、电子交易记录、通信记录、系统日志、物流信息、IP地址、地理位置信息等。电子数据的逐渐增多，内容的日渐丰富，意味着电子数据今后将在证据体系中扮演更为重要的角色，甚至成为"证据之王"。

因此，围绕电子数据是不是受到污损，数据内容是不是完整可靠，存储介质是否保存完善，来源是否清晰，收集、提取是不是符合法律规范，就成为审查与判断电子数据的关键点，同时也成为有效辩护的着力点、突破点和挖掘点。

一、审查基础：存储介质

电子数据，对存储介质有强烈的依附性。因此，有存储介质的，审查电子数据的基础和开端就是审查存储介质。审查原始存储介质，我们可以证据鉴真的思维来对待。证据鉴真是解决证据的准入资格和证据能力的问题，判断证据是否具备同一性和真实性。一般而言，通过查验存储介质的来源、搜查、扣押和保管链条，判断存储介质是否来自案发现场，有无独特性标识，有没有制作规范性的搜查、扣押笔录，证据流转环节是否受到破坏，进而做好电子数据审查的基础工作。

《人民检察院办理网络犯罪案件规定》第31条第1款要求，对电子数据是否完整，要注重审查，原始存储介质的扣押、封存状态是否完好。未扣押、未封存原始存储介质或扣押笔录未制作、封存不完善的，未进行独特性标识记录，就会违反该项规定，存在收集、提取电子数据方面的瑕疵。如果这些瑕疵未能补正或作出合理解释，就可以适用瑕疵证据规则，就此原始存储介质收集、提取的电子数据即不得作为定案根据。

第一，未制作封存笔录。

《电子数据规定》第 8 条第 1 款规定："收集、提取电子数据，能够扣押电子数据原始存储介质的，应当扣押、封存原始存储介质，并制作笔录，记录原始存储介质的封存状态。"电子数据相关案件中，较为普遍的情形是，对扣押的原始存储介质，如电脑、手机扣押后，不封存、不制作笔录、不记录封存状态或是延迟封存。

如汤某某非法经营案，就因未对涉案手机封存，而导致部分犯罪数额无法被认定。此案中，侦查机关未对涉案手机制作封存笔录；只制作扣押决定书没有制作扣押笔录，扣押决定书上记载的内容反映不出涉案手机是否予以封存。基于此两点，法院认为公诉机关出示的证据不能证明对涉案手机进行了封存，进而导致电子数据的提取过程存在瑕疵，部分犯罪数额不予认定。①

第二，封存不完整。

《电子数据规定》第 8 条第 2 款规定："封存电子数据原始存储介质，应当保证在不解除封存状态的情况下，无法增加、删除、修改电子数据。封存前后应当拍摄被封存原始存储介质的照片，清晰反映封口或者张贴封条处的状况。"

黄某侵犯公民个人信息案，是电子数据存储介质封存重大瑕疵的典型案例，因电子数据收集、提取不符合规范，551 万条信息未被认定，大幅降低量刑。该案中，检方指控事实包括两项，一是指控被告人购买个人信息 14,000 余条，二是指控被告人购买个人信息 551 万条。然而，指控被告人购买 551 万条的证据存在重大问题，存储 551 万条信息的电脑主机封存不完善，未以完整的封存状态移送，保管链条出现状况。"经当庭查看，主机机箱正面下半部、机箱右侧贴有封条，但主机机箱正面上半部没有封存是一个空洞，明显有缺少零件。"最终，法院因电子数据真实性、完整性存在问题，只认定被告人购买个人信息条数为 14,000 余条，551 万条未被认定。②

第三，未记录外部标识。

《人民检察院办理网络犯罪案件规定》第 36 条第 1 项规定："提取原始存储介质中的数据内容并予以固定的，注重审查以下内容：(一)是否记录原始存储

① 参见(2018)甘 0524 刑初 4 号刑事判决书。

② 参见(2018)豫 1628 刑初 374 号刑事判决书。

介质的品牌、型号、容量、序列号、识别码、用户标识等外观信息,是否记录原始存储介质的存放位置、使用人、保管人。”

记录原始存储介质的独特性标识,是为了证实原始存储介质的同一性和与案件的关联性,比如手机、电脑、硬盘的序列号、型号、容量等。如果未记载独特性标识,则意味着原始存储介质的来源,与案件的关系,是不是办案单位从案发现场扣押或封存的那部手机、电脑都会存在疑问。

杨某某走私国家禁止进口的货物、物品案中,就有这方面的问题。检方指控,被告人杨某某出资向印度等地供应商购买国家禁止进口的冻牛肉、牛副产品,通过走私货物承运商陈某某走私入境后运至重庆销售,共计3600余吨。此案中,关键证据是相关邮箱、微信、手机、电脑内提取、收集和固定的电子数据。其中,部分电子数据未予采信,因为查获的手机等物品未进行封存,电脑未记载串号,未记录独特性标识,证据来源存在疑问。法院认为,“侦查机关扣押的王某某的手机、电脑,与王某某笔录中记载的查获的物证不相符,手机、电脑证据来源不明,对从上述手机、电脑中取得的证据不予采信”。[①]

如上所述,原始存储介质,如有不完整、受到破坏、来源不明的,必然会影响电子数据真实性、完整性。因此,针对涉案的存储介质,审查要点在于存储介质的扣押、扣押笔录、封存状态、来源、独特性、证据动态流转、有无污损、破坏等方面。

二、审查链条:收集、提取

《人民检察院办理网络犯罪案件规定》要求,审查电子数据,应注意,电子数据的收集、提取、保管的方法和过程是否规范;查询、勘验、扣押、调取、冻结等的法律手续是否齐全;勘验笔录、搜查笔录、提取笔录等取证记录是否完备;是否由符合法律规定的取证人员、见证人、持有人(提供人)等参与,因客观原因没有见证人、持有人(提供人)签名或者盖章的,是否说明原因;是否按照有关规定进行同步录音录像等。

固定电子数据,可以从原始存储介质提取,也可以在线提取。由原始存储介质提取数据,比如即时通讯信息、电子邮件、网站页面等。这方面存在的问题,集

① 参见(2016)渝01刑初20号刑事判决书。

中地表现为三个方面。

（一）关于截屏、打印件

即时通信信息、电子邮件，较多的是以截屏、打印件的形式存在。问题是，以截屏、打印件状态呈现出来的电子数据，形式是否合法，内容是否完整，应予以注意。

《电子数据规定》第10条规定："由于客观原因无法或者不宜依据第八条、第九条的规定收集、提取电子数据的，可以采取打印、拍照或者录像等方式固定相关证据，并在笔录中说明原因。"据此来看，收集、提取电子数据的方式是阶梯型的，只有因客观原因或不宜以更适宜的方法固定电子数据，才能以打印、拍照方式进行，并要在笔录中注明原因，否则径行以截屏、打印件的方式收集、提取方法存在合法性问题。

赖某某非法持有毒品、贩卖毒品案，就是如此，因电子数据提取存在问题，贩卖毒品罪的事实最终未被认定。检方指控，吸毒人员董某某给原审被告人赖某某发送微信信息，要求购买甲基苯丙胺（俗称冰毒）和甲基苯丙胺片剂（俗称麻古）后，又发200元的微信红包支付毒资给赖某某。赖某某领取红包后，在约定地点将一包冰毒和一颗麻古卖给董某某。

在此案中，关键证据是以截屏、打印件形式固定的手机微信聊天内容。法院最后认为，赖某某贩卖毒品案事实不清、证据不足，理由有两点：

一是截屏、打印件不是《电子数据规定》要求的保护电子数据完整性的方法，同时也未制作笔录，由电子数据持有人签名或者盖章。

二是截屏、打印的微信聊天内容形成时间与《办案说明》存在重大矛盾，无法作出合理解释。办案单位在2017年5月15日出具的《办案说明》，载明"嫌疑人相关通信聊天记录已经灭失，无法恢复"，但是2017年5月18日办案单位却从赖某某手机上截取微信聊天内容，来源显然不明，难以作出合理解释。①

（二）关于情况说明

办案单位出具的情况说明，在电子数据相关案件中较为常见，是侦查机关补充材料或作出解释的通常做法。问题是，是不是办案单位但凡出具情况说明就

① 参见（2018）渝03刑再5号刑事判决书。

可以合理解释案件中的疑问。显然,不能一概而论。

前述提及的黄某侵犯公民个人信息案和赖某某非法持有毒品、贩卖毒品案都存在情况说明的问题。在黄某侵犯公民个人信息案中,办案机关收集和提取电子数据,未制作笔录;在未制作笔录的情况下,没有见证人签字,应当录像而没有录像;扣押的原始存储介质,未封存、未移交,后移交时发生变化,电脑主机发生损坏;在电子数据完整性、真实性有问题的情况下,没有就专门问题做鉴定。存在以上瑕疵的情形下,办案单位出具说明,"公安机关对扣押黄某的电脑主机进行了封存,办案民警从黄某电脑主机内勘验、检查出的公民信息刻录成光盘。制作过程在勘验检查笔录中有记录,未专门制作笔录,并进行全程录音、录像,但因执法记录仪损坏,致使录音、录像未随案移交"。

《电子数据规定》第 27 条规定:"电子数据的收集、提取程序有下列瑕疵,经补正或者作出合理解释的,可以采用;不能补正或者作出合理解释的,不得作为定案的依据:(一)未以封存状态移送的;(二)笔录或者清单上没有侦查人员、电子数据持有人提供人、见证人签名或者盖章的;(三)对电子数据的名称、类别、格式等注明不清的;(四)有其他瑕疵的。"就此来看,只有情况说明能够合理解释电子数据的瑕疵问题,才可以采用,否则不得作为定案根据。黄某某侵犯公民个人信息案中的情况说明,以执法记录仪损坏为由解释办案单位未制作笔录、未录像、电脑主机保管不完善,显然是不能说明情况,解决不了电子数据真实性、完整性存疑的问题,故不得作为定案根据。

赖某某案中的情况说明,"嫌疑人相关通信聊天记录已经灭失,无法恢复,故无法对赖某某涉嫌容留他人吸毒及贩卖毒品的行为进行佐证",则在形成时间上与在案其他证据存在无法解释的矛盾,不能说明案件问题,最后不得作为定案根据。

遇到情况说明的,还是要统合全案证据进行分析,看是否有矛盾,是否能补正或解释电子数据真实性、完整性的问题,否则同样会根据瑕疵证据规则,不得作为定案根据。

(三)关于电子数据检查

电子数据检查,是固定电子数据的常规手段。对扣押的原始存储介质或者提取的电子数据,可以通过恢复、破解、统计、关联、比对等方式进行检查。电子数据检查,有相应的规范要求,如《电子数据规定》第 16 条第 2 款要求的,"电子数据检查,应当对电子数据存储介质拆封过程进行录像,并将电子数据存储介质通过写保护设备接入到检查设备进行检查;有条件的,应当制作电子数据备份,对备份进行检查;无法使用写保护设备且无法制作备份的,应当注明原因,并对相关活动进行录像”。

孙某某开设赌场案中,就因为电子数据检查环节的问题,大幅度降低赌资数额的认定。此案中,《电子数据检查笔录》缺少相应签名,“电子证据检查人员”一栏为空白状态,“电子证据检查记录人员”一栏的签字是打印体。法院以收集不符合规范,电子数据检查有瑕疵,《电子数据检查笔录》内容具有不确定性,不予采信,部分犯罪数额未被认定。①

因此,收集、提取、固定电子数据,要符合相应的规范要求,这是合法取证的内在涵义。以上案例暴露出的证据问题,不是个案,在司法实践中是常见现象,应当引起注意,给予格外关注。虽然指出这些问题并非必然有效,但能否发现、是否指出,是辩护人的基本态度问题。

三、审查终点:真实性

电子数据存储介质或收集、提取环节有瑕疵,电子数据记载内容与在案证据相互矛盾、冲突或是电子数据内容收集片面,指向的都是真实性和完整性的问题。可以说,围绕电子数据的审查,最终落脚点是电子数据真实性和完整性。

根据证据基本规则,如证据的全面性、证据的矛盾性、证据的准入和价值、证据的整合与分析,都是判断电子数据真实与否的重要方面。举例而言,就证据全面性来看,若手机内提取的即时通信信息、邮箱内提取的电子邮件,内容不完整有欠缺,必然影响电子数据的真实性。

电子数据还有自身的特点,比如原始存储介质或收集、提取、固定不符合规范要求,有瑕疵的,司法实践中多会通过鉴定的方式解决。但是,要注意的是,不是但凡有电子数据鉴定就可以补正电子数据收集和提取存在的失范性问题。审查电子数据鉴定,终归还是要聚焦到电子数据本身。作为电子数据的检材以及存储检材的原始存储介质是电子数据鉴定的基础和依据。检材有无污染、冻结后有无操作、检材有无独特性、检材是否完整、检材保管链条如何、存储介质保

---

① 参见(2017)吉0523刑初197号刑事判决书。

管、来源问题，都是电子数据鉴定应重点关注的审查要点。

此外，电子数据鉴定是不是符合技术要求，是否有技术问题，同样要严肃对待，必要时可以引入有专门知识的人辅助审查，就真实性和完整性提出有针对性的意见。

综上来讲，电子数据对刑事辩护的重要性不言而喻。作为辩护人，我们应当将电子数据作为挖掘辩点的“富矿”，从中看出问题、找出辩点、提炼出有利证据，做好辩护准备。

第六章　电子数据检查环节要点分析

网络信息时代,只要使用电脑、手机就会留下相应的电子痕迹。电子数据被称为难以磨灭的痕迹证据,越发成为刑事案件中最普遍的证据种类,广泛充斥在各类犯罪类型当中,起着证明犯罪的关键作用。

着眼于当下司法实践,审查电子数据,不能只审查数据的证明价值,还要重点查验电子数据的保管链条和来源,特别是电子数据检查环节是否符合法定程序。

一、关注电子数据检查环节

最高人民检察院第十八批指导性案例(检例第 67 号)明确指出,电子数据重点审查客观性,通过审查存储介质的扣押、移交等法律手续及清单,核实电子数据存储介质在收集、保管、鉴定、检查等环节中是否保持原始性和同一性。电子数据客观性审查,重点是强调存储介质在收集、保管、鉴定、检查环节中的程序合法,确证电子数据来源可靠、未受到污损。其中,电子数据检查环节,目的是发现和提取相关案件线索与电子数据,连接着电子数据存储介质和电子数据提取过程,是整个电子数据收集环节的中间环节,严重影响电子数据自身的客观性。

因此,电子数据检查的程序和方法,不仅决定着电子数据存储介质是否保持同一性,也会决定电子数据本身是否客观、真实、完整。可以说,电子数据检查环节,相当于收集、提取电子数据的前置程序,是搜集证据的必要手段。

《公安机关办理刑事案件电子数据取证规则》(以下简称《电子数据规则》)第 43 条规定:“对扣押的原始存储介质或者提取的电子数据,需要通过数据恢复、破解、搜索、仿真、关联、统计、比对等方式,以进一步发现和提取与案件相关的线索和证据时,可以进行电子数据检查。”根据《电子数据规则》,检查电子数据,应当制作《电子数据检查笔录》。电子数据检查笔录,就是将电子数据检查环节具体形态进行固定,是网络犯罪中较为常见的一类笔录。

《刑事诉讼法》第128条规定:"侦查人员对于与犯罪有关的场所、物品、人身、尸体应当进行勘验或者检查。"通常来说,在犯罪案发现场,勘验、检查笔录重要性不言而喻。勘验、检查笔录对物证、书证的收集有着溯源的作用,可以直接决定证据能力的有无,是证据审查的前端。

事实上,电子数据检查笔录,就是勘验、检查笔录中的一种特定情形。电子数据检查对应着物理空间的勘验、检查笔录。电子数据想成为证据,同样要被发现和挖掘。况且,电子数据更多地表现为虚拟空间的一种数字痕迹。收集、提取程序一旦存在瑕疵,不能补正或者作出合理解释的,就不得作为定案的根据,或是根本无法保证电子数据真实性,则更不得作为定案根据。

因此,电子数据检查环节,变得更为重要。其可以为收集、提取证据提供线索,还可以证明电子数据的来源、收集程序、方法和证明价值,是提取电子数据保真措施的一个重要环节,也是认定电子证据同一性的关键所在。

要注意的是,电子数据检查和电子数据鉴定是不同层面的问题。《电子数据规则》第44条规定:"电子数据检查,应当由二名以上具有专业技术的侦查人员进行。必要时,可以指派或者聘请有专门知识的人参加。"第55条第1款规定:"为了查明案情,解决案件中某些专门性问题,应当指派、聘请有专门知识的人进行鉴定,或者委托公安部指定的机构出具报告。"很明显,电子数据检查被归于侦查活动,是侦查人员进行的证据收集、调查活动,不同于有专门知识的人进行的解决专门性问题的鉴定活动。换言之,电子数据检查笔录和鉴定意见分别属于《刑事诉讼法》第50条规定的八类证据之中的检查笔录和鉴定意见。这意味着电子数据检查笔录审查判断方法不同于鉴定意见,我们不能将二者混为一谈,不能以鉴定意见的审查判断方法应对电子数据检查笔录,同时还应注意甄别是否存在以鉴定意见代替电子数据检查的情况。

二、电子数据检查审查要点

审查电子数据检查笔录,目的在于查明电子数据的检查过程是否合法,由此明确经由电子检查提取、收集的电子数据来源是否可靠,是否经得起同一性的质疑或满足证据的保真措施。

《电子数据规定》第16条第2款规定:"电子数据检查,应当对电子数据存储介质拆封过程进行录像，并将电子数据存储介质通过写保护设备接入到检查设备进行检查；有条件的，应当制作电子数据备份，对备份进行检查；无法使用写保护设备且无法制作备份的，应当注明原因，并对相关活动进行录像。"

《计算机犯罪现场勘验与电子证据检查规则》第 26 条规定："办案人员将电子证据移交给检查人员时应同时提供《固定电子证据清单》和《封存电子证据清单》的复印件，检查人员应当依照以下原则检查电子证据的完整性：（一）对于以完整性校验方式保护的电子数据，检查人员应当核对其完整性校验值是否正确；（二）对于以封存方式保护的电子设备或存储媒介，检查人员应当比对封存的照片与当前封存的状态是否一致；（三）存储媒介完整性校验值不正确、封存状态不一致或未封存的，检查人员应当在《电子证据检查笔录》中注明，并由送检人签名。"第 32 条规定："电子证据检查结束后，应当及时制作《电子证据检查工作记录》。《电子证据检查工作记录》由《电子证据检查笔录》、《提取电子数据清单》、《封存电子证据清单》和《原始证据使用记录》等内容构成。"

上述三条规定，基本勾勒出电子数据检查环节的审查要点。譬如，检查电子数据方式、方法；检查电子数据完整性；检查电子数据封存状态；制作电子数据检查笔录。具体来看：

第一，检查电子数据程序合法性。

电子数据检查步骤不正确，往往会使得电子证据客观性和真实性不足。比如说，办案人员在未移交检查人员检查电子数据的情况下，擅自操作存储介质或电子设备，并自行提取电子证据。很明显，办案人员的操作手法，意味着电子设备在送检之前就被违规拆封，这使得办案人员移交检察人员之后的电子数据检查环节都存在问题。这样的证据收集方式，当然完全违背相关电子数据规定，其获得的电子证据也就存在重大程序问题。

正确的电子数据检查步骤：一是办案人员将电子证据移交给检查人员；二是电子数据存储介质拆封过程进行录像，确保电子数据检查前后的同一性和原始性；三是将电子数据存储介质通过写保护设备接入检查设备进行检查，确保电子数据不会被污染，避免被删除、更改；四是有条件的，应当制作电子数据备份；五是无法使用写保护设备且无法制作备份的，应当注明原因，并对相关活动进行录像；六是检查人员在结束电子证据检查后，还应当及时制作《电子证据检查工作记录》。《电子证据检查工作记录》由《电子证据检查笔录》《提取电子数据清单》《封存电子证据清单》《原始证据使用记录》等内容构成。

第二,检查人员和办案人员分离原则。

电子证据检查,应当遵循办案人员与检查人员分离的原则。检查工作应当由具备电子证据检查技能的专业技术人员实施,办案人员应当予以配合。

《计算机犯罪现场勘验与电子证据检查规则》第26条规定:“办案人员将电子证据移交给检查人员时应同时提供《固定电子证据清单》和《封存电子证据清单》的复印件,检查人员应当检查电子证据的完整性。”

第三,核对完整性校验值是否正确。

完整性校验值,是指为防止电子数据被篡改或者破坏,使用散列算法等特定算法对电子数据进行计算,得出的用于校验数据完整性的数据值。

核对完整性校验值,就是为了确定电子数据的完整性。问题是,有些案件中,侦查人员未对电子数据存储介质进行完整性校验方式保护,而是对提取的电子数据进行数据压缩,并在笔录中注明压缩文件的完整性校验值。这是两个完全不同的类型,我们应当注意查验电子数据是否采取完整性校验值保护,还是只将已经提取的电子数据记录完整性校验值,有一定的迷惑性。

第四,不能只看是否扣押,关键是有无封存。

办理案件过程中,我们通常都会看到案卷中相关的扣押决定书、扣押清单。但是,审查电子证据不能止步于此,有相关扣押手续不意味着电子数据检查就是完整的。电子数据检查不只是要看原始存储介质的扣押手续,重点还要有相应的封存手续,然而司法实践中常常欠缺封存状态的证明。

《电子证据规则》第10条规定:“能够扣押原始存储介质的,应当扣押、封存原始存储介质,并制作笔录,记录原始存储介质的封存状态。”有些案件中,由扣押到检查,往往有数月之余。碰到这种案件,一定要格外审查,电子数据是否有封存手续,还是移交裸露的电子设备。在未被封存的情况下,任何人都难以保证原始存储介质和检查设备的同一性,电子数据有被篡改、增加、删除的可能性,存在重大瑕疵。司法实践中,普遍存在以扣押代替封存的情形,或是仅有检查人员说明封存,而非最初扣押时由侦查人员封存,此类现象我们要特别注意。

第五,封存状态的审查。

封存状态是为了满足电子数据的完整性和同一性,避免被篡改,保证在不解除封存状态的情况下,无法增加、删除、修改电子数据。执行扣押的主体是侦查人员，电子数据检查的主体则是不同于侦查人员的网安人员或其他具有网络技术背景的侦查人员。

不同主体之间在移交原始存储介质时，要有相应的封存状态，也就是由封存状态向解封状态再向封存状态有个过渡过程，都需要痕迹的记录，比如封存照片、封存录像或其他能够证实封存状态的记录。

《电子数据规则》第 47 条规定："检查前解除封存、检查后重新封存前后应当拍摄被封存原始存储介质的照片，清晰反映封口或者张贴封条处的状况；检查具有无线通信功能的原始存储介质，应当采取信号屏蔽、信号阻断或者切断电源等措施保护电子数据的完整性。"《电子数据规定》第 8 条有着同样的要求。

因此，封存应当具备这样的条件。在检查前后，原始存储介质应当有完整的封存状态，采取足够的封存措施，如封口、封条是否清晰可见，封存照片与当前封存的状态是否一致。特别是，对无线通信功能设备，有更为严格的要求，须以切断信号等措施保护电子数据的完整性。

综上来说，电子数据检查环节，作为电子数据保管链条的重要一环，对电子证据的客观性、完整性有着根本作用。电子数据检查一旦存在瑕疵，比如封存状态疏漏，封存记录错误，检查程序不合法、不规范等，就会直接关联电子数据本身的客观性，这必然影响案件的最终走向，应当引起充分的重视。

第七章 司法会计鉴定如何审查

司法会计鉴定的审查与认定，依据的规范性文件主要是《司法鉴定执业分类规定（试行）》《司法鉴定程序通则》《人民检察院司法会计工作细则（试行）》《刑诉解释》。特别是《刑诉解释》第97条、第98条明确指出鉴定意见要着重审查的内容。

在非法吸收公众存款案件中，案卷材料庞杂，资金出入纷繁，司法会计鉴定因其科学性、技术性、客观性，往往起着举足轻重的作用，成为定罪量刑的关键证据。

司法会计鉴定作为"科学证据"，在办案人心中有着根深蒂固的地位。要想有效指出鉴定意见的不可靠，不是一件很容易的事情。但是，每类证据都有自身独特的风险，关键是以锱铢必较的精神进行审查识别。

一、审查形式要件

《刑诉解释》第97条第4项规定："鉴定意见的形式要件是否完备，是否注明提起鉴定的事由、鉴定委托人、鉴定机构、鉴定要求、鉴定过程、鉴定方法、鉴定日期等相关内容，是否由鉴定机构盖章并由鉴定人签名。"

鉴定形式要件审查，主要是对司法鉴定意见书进行文本上的形式审查。审查重点：一是鉴定人和鉴定机构资质审查，准确识别鉴定事项是否超出鉴定范围。二是鉴定人签名、盖章。缺少的，不得作为定案根据，是硬性规定，可以直接援引《刑诉解释》第98条的排除规则。三是缺乏鉴定过程和鉴定方法，是目前司法会计鉴定中较为普遍的情形。

二、审查鉴定基础

鉴定材料是鉴定的前提与基础。司法会计鉴定的鉴定基础是，鉴定委托人依法提供的鉴定所涉及的财务会计资料，如会计报表、总分类账、明细分类账、记账凭证及所附原始凭证、银行对账单等相关材料。

《刑诉解释》第 98 条第 3 项明确规定：送检材料、样本来源不明，或者因污染不具备鉴定条件的，不得作为定案的根据。司法会计鉴定的检材，主要是公安部门依法收集的书证材料。鉴定意见的可靠性，必然依托于书证等检材的可靠性。因此，审查鉴定基础，重点是审查检材来源的合法性、检材提取的合法性、检材构成的可靠性。

检材来源的合法性，是指检材何时从何人、何处，收集、调取、扣押，均须有一定的证据证实。这是书证的同一性认定或鉴真过程体现在司法会计鉴定中的必然要求。有的案件中，检材来源不明。举一个例子，一起非法吸收公众存款案的鉴定委托事项中明确标示着检材由办案部门提供。可是，通过审查鉴定机构与鉴定委托人的移交物品清单却发现，检材的来源并非由鉴定委托人提供，而是由鉴定机构擅自调取。

检材提取的合法性，是指提取检材的过程符合法律规定。有的案件中，检材收集的程序和方式不符合规范要求。比如侦查部门用以证实检材提取过程的勘验、检查、搜查、扣押均未附加相应的笔录、清单，收集过程严重违反法律规定，这当然严重影响鉴定意见可靠性的认定。

检材构成的可靠性，是指相关财务会计资料充足、可靠、不片面，也不存在相关资料被污染的情形。非法吸收公众存款的案件，额外重视会计资料的全面性。《人民检察院司法会计工作细则（试行）》第 24 条第 2 项规定：“鉴定意见不得依据犯罪嫌疑人供述、被害人陈述、证人证言等非财务会计资料形成。”

实践中，有司法会计鉴定依托的检材仅有非财务会计资料，或是有电子账册，而没有手工凭证，或依靠的会计账簿与电子账簿出现矛盾，或是账本、账簿缺乏原始转账凭证等情形。

检材的污染，则是相应的会计资料出现过修改、编辑、混同等情形。比如，有的会计资料中发生公司吸收的投资款与正常债权发生混同，有相互抵消的情形，且没有明确分类标准，还有的会计资料呈现出挂账人与实际收付人不一致，会计账目处理不一，导致资金往来不清楚。

三、鉴定程序审查

《刑诉解释》第 97 条第 5 项、第 10 项规定了鉴定程序的审查事项，“鉴定程序是否符合法律、有关规定”“鉴定意见是否依法及时告知相关人员,当事人对鉴定意见有无异议”。司法鉴定程序是鉴定委托、鉴定受理、鉴定实施、出具鉴定意见书的整个过程的步骤、方式和规范性要求。

审查鉴定程序是否合法,比较突出的有三点:

一是鉴定委托人是否要求或者暗示司法鉴定机构、司法鉴定人按其意图或者特定目的提供鉴定意见的情形。非法吸收公众存款案件,司法会计鉴定应是对涉案单位累计吸收借款金额、涉及人数、还款金额、支付本金情况进行鉴定,但有鉴定机构是直接作出非法吸收公众存款鉴定,并有就此与委托人多次沟通的情形。

二是鉴定人检验、提取、记录、勘查的过程是否作了客观记录。《司法鉴定程序通则》第 27 条规定:“司法鉴定人应当对鉴定过程进行实时记录并签名。”鉴定人无视财务会计资料的提取过程,不能严格把关,往往导致不相干的财务会计资料进入到鉴定中。

三是鉴定意见是否依法及时告知。笔者曾经遇到过一起案件,鉴定人在侦查机关的委托下作出 1 号、2 号、3 号补充鉴定意见。通过审查发现,被告人知晓的是 1 号鉴定意见,检察院指控依据的则是 2 号鉴定意见。问题是,2 号作出时间晚于被告人的最后一次供述,办案部门也未制作相应的告知笔录或讯问笔录,应当被认定为《刑诉解释》第 98 条“违反有关规定的其他情形”,不得作为定案的根据。

四、鉴定意见审查

司法会计鉴定,是运用司法会计学的原理和方法,通过检查、计算、验证和鉴证对会计凭证、会计账簿、会计报表和其他会计资料等财务状况进行鉴定。经过一系列的鉴定过程,鉴定人和鉴定机构最终要出具明确的鉴定意见。

审查鉴定意见,关键在于审查鉴定机构出具的是鉴定意见而非审计意见,以及鉴定意见的明确性。

(一)区分鉴定意见与审计意见

实践中,司法会计鉴定与审计意见经常出现相混淆的情形。如以司法审计、审计报告、审计鉴定、审计意见的形式替代司法鉴定。之所以要区分二者,是因为二者对财务会计资料的要求不同以及对意见的表述标准不同。

司法鉴定要求真实、完整、充分的鉴定材料,鉴定材料不完整、不充分,不能满足鉴定需要的,鉴定机构不得受理,且要满足意见的明确性。相较而言,审计则不需要这么高的要求，只要满足审计需要的资料即可。另外，审计报告的形成不是对所有的材料进行详尽的检查，还可以抽样检查形成审计结论。

有效区分司法会计鉴定意见与审计意见，可以避免出现“挂羊头卖狗肉”的情形。具体要看鉴定意见是否以审计代替鉴定，比如有的鉴定意见中，鉴定委托、鉴定过程、分析说明均是以审计的要求进行，还有的鉴定意见明确指出是根据抽样检查形成，而非逐笔录入每笔资金进行详尽审查。

（二）鉴定意见的明确性

《刑诉解释》第 97 条第 7 项规定：对鉴定意见要着重审查鉴定意见是否明确。司法会计鉴定意见是具有专门知识的鉴定人对案件涉及的财务会计资料及相关材料进行检验，分析判断得出的意见。

既然是专业分析的判断意见，就应是唯一的、排他的意见，而非模棱两可、莫衷一是的意见。比如有的鉴定意见中，充满了明显的“不明确”“不确定”“误差”等问题。还有的鉴定意见用了要求公安机关进一步核查、进一步确认等莫衷一是的说法。这样的鉴定意见显然是不明确的，已经丧失了鉴定的必要性和可靠性，不应再作为定案依据。

审查鉴定意见，要做到从形式到实质，一个不漏。但出于律师在鉴定方面专业技术或方法上的局限性，必要时还要引入专家辅助人或专家意见，借助专家的视角审视鉴定的可靠性、专业性，发现鉴定意见可能存在的问题。

第八章　辨认笔录审查要点

为查明案件情况,在必要的时候,侦查人员会让被害人、证人或者犯罪嫌疑人对与犯罪有关的物品、文件、尸体、场所或者犯罪嫌疑人进行辨认。侦查人员将这一辨认的经过和结果,制作成辨认笔录,并由侦查人员、辨认人、见证人签名。

在刑事诉讼中,辨认笔录系由侦查人员制作的笔录类证据之一,通常只是作为辅助类证据补强其他证据的证明力。但是,在仅有被害人陈述或证人证言,而没有犯罪嫌疑人供述的情况下,由于孤证不能定案,相关证据需要靠辨认笔录加以补强,此时的辨认笔录便成为认定案件事实的核心证据。辩护人在此类案件中,对辨认笔录就应格外注意。

近来,笔者注意到这样一个判决,即没有将辨认笔录作为定案根据,使得公诉机关的指控不能成立。

一、一起证据不足的贩卖毒品案

2012 年 7 月 3 日,公安机关接到群众举报被告人张某涉嫌贩卖毒品,遂展开调查。7 月 20 日,公安机关在遵义市汇川区汇川酒店门口将张某抓获,当场查获毒品嫌疑物零包 8 个,随后又从其住所搜查出毒品嫌疑物 3 包。经称量,从被告人张某处查获并扣押的毒品海洛因嫌疑物净重 539. 3 克,甲基苯丙胺嫌疑物净重 192 克。经鉴定,上述毒品嫌疑物分别含有海洛因成分和冰毒成分。另经尿液检测,被告人张某系吸毒人员。公诉机关指控被告人张某构成贩卖毒品罪。

遵义市中级人民法院经审理认为,公诉机关当庭举出的辨认笔录,因辨认活动的见证人系公安机关聘用人员,且该辨认笔录不能排除明显暗示嫌疑,故不能作为定案根据;证人陈某某的证言,没有其他证据予以印证,也不予采信。在案证据显示，只有证人陈某证言指证张某贩卖毒品，而张某予以否认，又无其他证据予以印证，且现有证据不能证明案发当日张某正在进行毒品交易或者准备进行毒品交易，故该项指控的证据不足。

由于没有将辨认笔录作为定案根据，司法解释对此又是如何规定的，上述案例排除辨认笔录依据是哪一情形？

二、排除辨认笔录的六种情形

《刑诉解释》第105条对辨认笔录的审查、认定与排除作出了详细的规定。辨认笔录具有下列情形之一的，不得作为定案的根据：辨认不是在侦查人员主持下进行的；辨认前使辨认人见到辨认对象的；辨认活动没有个别进行的；辨认对象没有混杂在具有类似特征的其他对象中，或者供辨认的对象数量不符合规定的；辨认中给辨认人明显暗示或者明显有指认嫌疑的；违反有关规定、不能确定辨认笔录真实性的其他情形。

由此可以看到，辨认笔录制作存在违法的情况下，其证据能力将被否认，进而不被采信。在上述案例中，辨认笔录最终被剥夺了作为证据的资格，就是因其违反了该解释所规定的两种情形，即辨认不是在侦查人员主持下进行；辨认前使辨认人见到辨认对象。

结合开篇谈到的案例以及上述司法解释的规定，我们可以看到对辨认笔录的有效质证可以将辨认笔录从定案根据中予以排除，从而削弱整个证据链条的证明力，进而使得全案证据无法达到确实、充分的程度。

三、辨认笔录质证要点

具体来看，根据司法解释的规定，公诉人员出具的辨认笔录能否作为定案根据需要满足以下三点：一是取证主体的合法性，即只能由侦查人员组织辨认；二是取证程序的正当性，即辨认前不得使辨认人见到辨认对象，多名辨认人对同一辨认对象进行辨认时应个别进行，应当进行混杂辨认并使辨认对象具有类似特征和一定数量；三是强调取证方法的合法性，禁止以暗示或诱导的方式形成辨认笔录。

在公诉人出具辨认笔录的情况下，辩护人则可以针对上述三点进行有针对性的质证。

1. 主持辨认。辨认经过的主持人员是否为侦查人员，且不得少于2人。

2. 辨认之前。(1)辨认人是否接触过辨认对象。比如互殴案件中，在派出所经常会出现彼此会面的机会。(2)辨认前，辨认人是否被详细询问辨认对象的具体特征，可以通过询问笔录加以确定。《人民检察院刑事诉讼规则》第224条规定："在辨认前，应当向辨认人详细询问被辨认对象的具体特征，避免辨认人见到被辨认对象，并应当告知辨认人有意作虚假辨认应负的法律责任。"

3. 辨认之时。(1)辨认对象是否符合数量要求。《人民检察院刑事诉讼规则》规定："辨认犯罪嫌疑人时，被辨认人的人数不得少于七人，照片不得少于十张；辨认物品时，同类物品不得少于五件，照片不得少于五张。"《公安机关办理刑事案件程序规定》第260条要求，辨认犯罪嫌疑人时，被辨认的人数不得少于七人，对犯罪嫌疑人照片进行辨认的，不得少于十人的照片；辨认物品时，混杂的同类物品不得少于五件。(2)辨认对象是否被混杂辨认，混杂对象是否属于类似特征。实践中，通常都是由辨认人对照片进行辨认，由此需要注意侦查人员安排辨认对象的特征是否类似，比如仅有一名辨认对象身着Adidas套头衫、戴着墨镜或存在其他个人特征又或者照片明显存在底色等，则显然存在问题。(3)见证人的身份是否符合规定。《刑诉解释》第80条规定："下列人员不得担任见证人：(一)生理上、精神上有缺陷或者年幼，不具有相应辨别能力或者不能正确表达的人；(二)与案件有利害关系，可能影响案件公正处理的人；(三)行使勘验、检查、搜查、扣押、组织辨认等监察调查、刑事诉讼职权的监察、公安、司法机关的工作人员或者其聘用的人员。"

4. 辨认过程。(1)辨认对象是否经过辨认，比如上述案例中，被告人称从未进行过辨认，且从辨认笔录时间来看，辨认人进行过辨认的真实性也存疑。(2)侦查人员是否对辨认人进行过暗示或者明显有指认嫌疑。这一点可以比照针对辨认人的询问笔录加以校验，比如前后几次笔录记载的关于辨认对象的体貌、衣着特征及其他个人特征是否明确、具体，是否前后矛盾。

在辨认笔录可以影响全案事实认定的情况下，该证据可以牵一发而动全身。辩护人一旦发现质疑之处，应全力抓住，直击要害，直接申请排除该非法证据。

《刑事诉讼法》第56条第1款规定："收集物证、书证不符合法定程序，可能严重影响司法公正的，应当予以补正或者作出合理解释；不能补正或者作出合理解释的，对该证据应当予以排除。"《刑诉解释》第126条规定，认定《刑事诉讼法》第 56 条规定的“可能严重影响司法公正”，应当综合考虑收集物证、书证违反法定程序以及所造成后果的严重程度等情况。

在《刑诉解释》对辨认规定排除规则的情况下，只要辨认笔录存在上述情形，辩护人均可以依据上述规定将其作为非法证据或者不能合理说明的瑕疵证据予以排除，进而成立事实不明、证据不足的有利辩护。

第二编

类案辩护

第一章　帮助信息网络犯罪活动罪有效辩护的三个视角

为严密刑事法网,打击网络犯罪帮助行为,《刑法修正案(九)》增设帮助信息网络犯罪活动罪。伴随网络犯罪的高发态势,帮助信息网络犯罪活动罪逐渐演变为较为活跃的罪名。

站在辩护的立场,我们讨论帮助信息网络犯罪活动罪,至少可以从三个方面展开。一是帮助信息网络犯罪活动罪,要求行为人"明知"他人利用信息网络实施犯罪。然而,"明知"与否,是当下司法认定难题之一,常常会存在认识上的分歧,是控辩双方的必争之地。二是帮助信息网络犯罪活动罪,以被帮助者利用信息网络实施犯罪为前提,即本罪的成立须对他人犯罪具有部分依附性。至于依附性的程度,理论上与实务中都有不同看法。三是帮助者与被帮助者的关系问题,是成立共同犯罪,还是单独定罪,不同裁判者给出的裁判结果也多有不同。

一、"明知"的认定

何谓"明知",程度如何?在任一要求主观明知的犯罪类型当中,均有着不小的争议。鉴于网络犯罪的隐蔽性、技术性、新颖性,帮助信息网络犯罪活动罪对"明知"的判断,更是如此。"明知",作为主观层面的问题,既要以表现于外的要素来证实,还要达到事实清楚、证据充分的标准。否则,就会因为缺乏"明知"要件或认定"明知"证据不够充分,而不能被认定为犯罪。

控方认定帮助信息网络犯罪活动罪,必须通过证据证实"明知",通常有综合认定和司法推定两种方式。

第一,运用证据综合认定。

一般来讲,以被告人供述、同案犯供述、证人证言、电子证据等证据材料综合分析,查验被告人是否自认,有无他人指证,客观证据能否反映行为人的主观心态,全案证据结合起来是否能够排除被告人的自我辩解。

具体则是,行为人提供的技术、服务,自身行为是否具备合法性,是否接受他人指使、安排、指挥,有无酬劳、好处费,一对一还是一对多,对他人犯罪情况了解程度,根据常识或行业规范能否判断被帮助者是否从事违法行为,上游犯罪是否证成,对平台上充斥的非法信息、维权、投诉、举报如何处理等。比如,行为人通过沟通、问询、接触能够认识到被帮助者从事犯罪行为的情形下,依然接受委托,向赌博平台或诈骗组织搭建、租售网站,提供结算、发布信息等服务行为。

第二,以推定方法认定。《关于办理非法利用信息网络、帮助信息网络犯罪活动等刑事案件适用法律若干问题的解释》(以下简称《网络犯罪解释》)规定了七种推定明知的情形。以推定方法认定明知的情形,在一对多的场合下较为常见,比如,交易的行为有无异常情况,交易价格有无异常状况,交易地点、场所,提供服务的方式是不是隐蔽,有无销毁数据、通过虚假身份接触,是否逃避监管,有无处理举报等。行为人没有相反证据证实异常情况的,可以认定行为人明知他人利用信息网络实施犯罪。

需要指出的是,认定“明知”虽然有迹可循,但主观心态认定是个经验问题,更是个复杂问题,不同的案件往往会呈现出不同的样态。这正是辩护人要重点关注的内容。因为,不论是通过证据认定“明知”还是推定“明知”,都须符合经验法则,符合证据认定标准。

“明知”证据不足,无法认定行为人犯罪,检察院不起诉的案件并不少见。例如,舟山市普陀区人民检察院作出的一起不起诉决定就指出,构成信息网络犯罪活动罪或诈骗罪均要求行为人在主观上具有“明知”或可以通过在案证据推定其“明知”,而本案证据无法证实被不起诉人高某甲主观上具有明知他人利用信息网络实施诈骗犯罪而提供帮助,因此无法认定其构成帮助信息网络犯罪活动罪。①

实践中,行为人通常会将网络技术是否为犯罪分子所利用解释为,“在公司,按部就班,拿固定工资,不了解公司犯罪情况,公司从事的是日常技术服务,不清楚他人是否从事犯罪”或是“公司服务的客户是不特定的,怎么能确定哪些

① 参见舟普检公诉刑不诉(2018)8号不起诉决定书。

客户是不是从事犯罪”再或“我和他们之间有明确的定价,价格适中,规范有序,又没有一起沟通过,怎么能了解他们是在犯罪”。

事实上,行为人主观上没有“明知”的辩解理由,基本可以概括为四种类型:一是提供技术、服务的中立帮助行为。从自身经历或行业规范来看,对什么人会将技术或服务用来犯罪不知情。二是面向客户的不特定性。行为人没有同客户有更多的交流,只是提供技术或搭建平台,以一般人的视角难以判断出客户从事的行为具有非法性。三是提供的服务行为有明确的交易对价。双方交易的费用正常,交易行为符合市场要求,没有其他获利渠道。四是公司内部正常履职,没有额外报酬。公司职员缺乏犯罪认识,欠缺认识犯罪所需的必要知识,没有认识到自身业务的非法性。

因此,面对帮助信息网络犯罪活动罪,辩护人要充分把握“明知”认定规则,分析证据材料能否证实行为人的“明知”,审核被告人“辩解”是否难以反驳,将辩护做到有的放矢。

二、被帮助者的“犯罪”

帮助信息网络犯罪活动罪,要求行为人为被帮助者实施犯罪提供技术支持,或者提供广告推广、支付结算等帮助行为。本罪的实质是以被帮助者实施犯罪为前提,具备帮助犯的属性。上游犯罪怎么认定,对本罪的成立,具有一定的影响。

(一)被帮助者犯罪与否证据不足的情形

本罪对被帮助者实施犯罪的依附性有多大,是在犯罪层面还是在违法性层面具备共同性,是否以被帮助者的实行行为完全充足犯罪构成为前提,理论上存在不同理解。

但可以明确的是,被帮助者实施的行为是否构成犯罪,在事实不清、证据不足的情况下,帮助信息网络犯罪活动罪当然不能成立。因为,被帮助者是否犯罪查证不清的,帮助者是否帮助他人犯罪同样处于尚未查证属实的境况。安康市汉滨区人民检察院作出的一起不起诉决定就是如此,“本院认为被不起诉人袁某某向‘台湾老大’‘广西KS’寄出银行卡、电话卡的张数、卡号尚未查明,被帮助的上游犯罪团伙如何利用这些银行卡、电话卡,造成何等严重后果尚未完全查明,故本案事实不清、证据不足,不符合起诉条件”。[①]

或许行为人明知他人利用自身提供的技术、服务从事犯罪行为。但是,要注意,若被帮助对象是否利用帮助者提供的技术、服务从事犯罪本就未查证的,帮助与被帮助的关联性存在证据问题,或是被帮助对象是否犯罪尚未查明的,为他们提供帮助行为的帮助者是否犯罪,同样属于事实不清、证据不足。

(二)被帮助者未达到犯罪程度的情形

帮助信息网络犯罪活动罪针对的被帮助对象往往具有多样性,即一对多的情况。如果众多被帮助对象的实行行为尚未达到犯罪的程度,个体行为的危害性不符合标准的,比如未能达到犯罪数额或情节要求,那么帮助者能否构成犯罪。《网络犯罪解释》第12条第2款给出确定结论,即被帮助对象没有达到犯罪程度的,帮助者可以构成犯罪,同时给予了一定限制。该款规定:“确因客观条件限制无法查证被帮助对象是否达到犯罪的程度,但相关数额总计达到前款第二项至第四项规定标准五倍以上,或者造成特别严重后果的,应当以帮助信息网络犯罪活动罪追究行为人的刑事责任。”

很显然,关于帮助者与关联犯罪的依附性问题,《网络犯罪解释》采取的是折中论,即以被帮助者的行为达到犯罪程度为一般原则,以被帮助者尚未符合犯罪为例外。并且,这种例外情形有着明确限制,即确因客观条件限制无法查证被帮助对象是否达到犯罪的程度。对于这种客观条件限制,我们应当采取限缩理解,毕竟帮助者能构成犯罪源于被帮助者的行为具备社会危害性。

首先,被帮助者的行为不是非法行为,而是可以构成犯罪的行为,只是因为证据上的认定,无法查证属实被帮助者的犯罪数额、犯罪情节是否符合标准。

其次,只有被帮助者众多,而个体行为危害性不足以成立犯罪的,才可以超越共同犯罪的依附性。也即帮助者若是为单一被帮助者服务的情形,不应适用该款规定。

最后,被帮助者是否构成犯罪,必须是客观原因无法查证,而非查证后被帮助者的行为确实未达到犯罪程度。比如,现有证据能证实陈某发布的广告导致一名被害人被骗2500元,尚未达到诈骗罪追诉标准,不足以证实陈某帮助信息

---

① 参见安市汉检刑一刑不诉(2020)52号不起诉决定书。

网络犯罪活动情节严重,不符合起诉条件。①

三、此罪与彼罪

帮助信息网络犯罪活动罪的量刑在3年以下。相较于被帮助者实施的犯罪,比如诈骗罪、非法经营罪、开设赌场罪、组织领导传销活动罪、集资诈骗罪等,帮助信息网络犯罪活动罪的量刑都较为轻缓。帮助信息网络犯罪活动罪与其他犯罪的关系,是此罪还是彼罪的共同犯罪,往往成为辩护的有力方面。

帮助信息网络犯罪活动罪的定位,理论上有"帮助犯量刑规则"与"共犯正犯化"之争。根据本罪之罪状描述,不论是采取哪种理论,帮助者成立犯罪,不能完全独立存在,都要依附于被帮助者实施犯罪,要明知被帮助者犯罪。由此,就会存在这样的问题,即都是帮助行为,为何有的案件可以成立被帮助者实施犯罪的共同犯罪,有的案件则被认定为帮助信息网络犯罪活动罪。

司法实践中,有案件以公司内外部人员之间参与工作和认识程度不同,区分共同犯罪和帮助信息网络犯罪活动罪。例如,"章某甲作为公司员工,参与公司平台开发与维护,还提供客户信息和资源给公司使用,并在被捕之前指示高某乙删除数据,其行为是本案得以展开的基础行为,构成非法经营犯罪。高某乙作为外聘人员,在本案中开展的是技术开发服务,构成帮助信息网络犯罪活动罪"。②

也有案件认为,作为公司内部员工,没有与其他人员合谋诈骗,可以认定为帮助信息网络犯罪活动罪。例如,"被告人胡某被汤某招募,提供技术维护,制作网站,不明知他人利用信息网络实施诈骗罪,没有与汤某合谋诈骗,构成帮助信息网络犯罪活动罪"。③

绍兴市中级人民法院的一起诈骗案件,则又有所不同,以"明知可能"认定共同犯罪。帮助者虽未与被帮助者共谋,但明知其可能实施诈骗犯罪,被认定为诈骗罪共同犯罪。"二上诉人虽未与网站购买、使用者共谋实施诈骗犯罪,但明知对方可能实施诈骗犯罪。二上诉人的行为构成诈骗共同犯罪。故二上诉人及其辩护人提出的应以帮助信息网络犯罪活动罪定罪处罚的上诉理由及辩护意见

---

① 参见中检刑刑不诉(2019)1号不起诉决定书。
② 参见(2020)粤20刑终467号刑事裁定书。
③ 参见(2018)鄂11刑终21号刑事裁定书。

不成立。”[1]

由此可见，如何界分此罪与彼罪，司法现状较为混乱，没有章法可循。甚至有的裁判结论未必完全遵循《网络犯罪解释》规定，帮助者与被帮助者没有共同犯罪意思联络，但明知被帮助者可能实施犯罪的，有的被认定为共同犯罪；帮助者与被帮助者有犯罪意思联络，或是合谋，未被认定为共同犯罪，而是被判定为帮助信息网络犯罪活动罪。

总体而言，裁判者认定网络犯罪帮助行为，多是以帮助者认知程度的或然性、片面性、可能性，犯罪内容的概括性、具体性，帮助者自身位置的独立性、耦合性，帮助者与被帮助者有无具体犯罪合谋、意思联络的内容等方面进行综合分析或推断。

因此，作为辩护人，帮助者一旦被指控为与被帮助者共同犯罪的，我们应当以案卷证据为根本，就帮助者对被帮助者实行具体犯罪参与程度、认知程度、意思联络、作案计划、分工情况、利润分配等进行细致的、全面的论证，避免网络犯罪帮助者陷入重罪困境。

---

① 参见(2019)浙06刑终643号刑事判决书。

第二章 网络非法期货犯罪，非法经营 or 诈骗？

近年来，网络非法期货交易案件，呈现高发态势。当下网络非法期货交易，多是未经批准而私自搭建互联网平台，对外宣称具有期货交易资质，模拟期货行情数据，假冒理财师、分析师身份，以高收益的噱头吸引投资者“入金”炒期货。面对此类犯罪，司法认定不一，具有多样性，有的是非法经营罪，有的是诈骗罪，还有的被认定为开设赌场罪。纵观非法期货交易犯罪的演变，有从非法经营罪向诈骗罪靠拢之趋势。是非法经营罪、诈骗罪，还是开设赌场罪？罪名如何选择，如何将重罪变更为轻罪，是摆在辩护人眼前的主要问题，亦是刑事辩护的主要方向。

我们应以诈骗罪、非法经营罪、开设赌场罪的核心区别，结合具体案件的证据情况，准确把握罪与非罪、此罪与彼罪。

一、非法经营罪

非法期货交易犯罪，早期呈现出的样态是，具备现货交易资质的机构，采用标准化合约、高杠杆、集中交易、保证金等期货交易规则，变相从事期货交易。

《期货交易管理条例》第 6 条第 2 款规定：“未经国务院批准或者国务院期货监督管理机构批准，任何单位或者个人不得设立期货交易场所或者以任何形式组织期货交易及其相关活动。”有现货交易资质的机构，未经批准的情形下，设立期货交易场所或组织期货交易的，多会被认定为非法经营罪。因此，此类案件中，将现货交易作为基础，变相开展期货交易的，焦点是区分现货交易与期货交易。如果从事的是现货交易，不存在期货交易，当然就谈不上非法经营犯罪。

《期货交易管理条例》就期货交易和期货合约作出明确规定。期货交易与现货交易的根本区别,集中表现为两点:一是交易目的,是以交割实物所有权为目的,还是交易标准化合约,以价格的波动、变化获取投资利益为目的;二是交易方式,是不是以集中竞价、电子撮合、匿名交易、做市商等方式进行标准化合约交易。

这个阶段的期货交易类非法经营案件,主要是解释期货交易和现货交易的不同样态。例如,玖某大宗贸易公司非法经营案中,判决书就指出,玖某公司只取得现货交易的资质,采用保证金制度、"T+0"交易模式,由投资者以1∶50杠杆比例,买涨买跌交易,玖某交易平台则收取手续费及赚取"头寸",已经完全超出现货交易范畴,是期货交易的内容,即"打着现货的名义做电子期货交易"。①

网络非法期货犯罪,发展至今,更多不再是以现货交易为依托,而是在不具备任何资质的情况下,自行设立封闭的交易系统,模拟期货交易行情的真实数据,组织期货交易,投资者"入金"未进入真正的期货交易市场。

由于"虚拟盘"和"封闭盘"的非法期货交易,表现出电子交易系统封闭,存在人为调控数据之可能,又往往伴随着欺诈与诱导,从而与诈骗罪交织在一起,常常难解难分。鉴于此,网络非法期货类案件,从现货交易与期货交易的区分,一定程度上逐步演变为,怎么区分非法经营罪与诈骗罪。

例如,贵州某公司非法经营案,电子交易系统虽是封闭内盘,但交易系统真实,所使用的行情数据来自彭博有限合伙企业提供的真实国际数据,贵州保利公司及会员单位对此数据并不享有信息优势,无法预测操控,现有证据尚不能证明贵州保荣公司及其下级代理商重庆天之养公司、重庆信腾达公司伙同贵州保利公司在交易平台运行过程中有通过人为卡盘、滑点等手段非法获利的情况。相反,有证据证明客户出入金除需遵守银行规定外,平台并无限制。②

一般来讲,网络非法期货交易,能否被认定为非法经营罪,主要是看平台方、运营者是不是真正地组织期货交易,有无非法占有目的,还是打着期货的幌子行诈骗之实。

二、诈骗罪

如前所述,在现阶段,网络非法期货交易的运营模式,主要是利用互联网设

---

① 参见(2016)苏0412刑初269号刑事判决书。

② 参见(2019)渝05刑终530号刑事裁定书。

立封闭的交易系统，模拟真实的期货行情数据，或是与真实行情的数据毫无关联。客户“入金”不会进入期货交易大盘，而是进入平台控制的第三方账户。

不同的平台情况，更是多种多样。比如，客户“出金”和“入金”方面，有的额外有限制，有的没有限制；在模拟数据方面，有的可以调控数据，有的不能改变数据；在牟利方面，有的是为了赚取客户的手续费，有的则是为赚取客户的“入金”。

模拟期货交易行情，是不是诈骗罪，有不同观点。认定构成诈骗罪，有代表性的案例，是入选《网络司法案例》的贺某诈骗案。该案例指出，虚假平台的软件数据虽是真实的，但是该软件数据只是骗取钱财的手段，被害人的资金没有进入真实的大盘。客户的登录界面实际登录进去的还是模拟系统，从外观上看跟大盘的K线图一样，也实时变化，但其公司的数据是单向传输，大盘的信息可以进入其公司的系统，客户买卖数据信息不会进入真实大盘的数据。被告人隐瞒真相，利用虚假平台，以高收益为诱饵，骗取被害人信任，侵犯他人财产的所有权，符合诈骗罪的构成要件。①

还有的案例认为，依托非法网络交易平台，从社会上招录人员，组织业务培训，虚构有专业指导老师，利用“白富美”和“高富帅”等虚假身份吸引客户投资；在投资操作过程中，各被告人故意隐瞒公司与客户的对赌关系，恶意引导客户实施反向交易产生亏损、频繁交易产生手续费，从而骗取客户资金，并通过向平台申请控制盈利客户的交易达到限制客户盈利的目的，充分证明各被告人具有非法占有的故意。②

与上述案件的认定逻辑不同，没有将此种情形认定为诈骗罪的，并不少见。主张不构成诈骗罪的观点可以归纳为四点：一是客户可以自行交易，没有突然“失灵”；二是客户交易有不确定性；三是被害人的损失与诈骗不存在因果关系；四是投资者认识到交易模式的高风险性。

例如，河北省高级人民法院审理的一起非法经营案件，就认定不构成诈骗罪，“利用大比例资金杠杆和后台数据支持等优势，人为操纵交易量和交易价格，赚取客户亏损资金及交易手续费，但交易市场的大多数客户也是意图通过炒

① 参见(2018)苏12刑终353号刑事裁定书。

② 参见河南省高级人民法院(2018)豫刑终378号刑事裁定书。

买炒卖赚钱，对于交易模式的高风险性及收益的不确定性也有一定认知，客户是否进行交易、作出何种交易仍有不确定性，认定各被告人非法占有目的的证据尚不充分”。①

就诈骗罪与非法经营罪关系问题，《刑事审判参考》第 1238 号指导性案例徐某某非法经营案，有过论证，值得关注。该案例指出，虚构“白富美”女性形象、夸大盈利等方式诱导客户进入平台交易以及建议客户加金，频繁操作的行为不是认定性质的关键；虽引诱客户投资有夸大的成分，但被害人应当能够认识到投资风险；期货市场涨跌瞬息万变，无法准确确定“反向行情”与真实行情相符的概率；不存在所谓的“反向行情”；客户亏损与被告人“反向提示”建议之间的因果关系无法查清。

第 1238 号指导性案例的裁判观点，亦是现有案例未认定成立诈骗罪的主要理由：平台没有自行操控数据；投资者不是受害人；“反向行情”不确定；因果关系无法查清；投资者未产生错误认识，其应当认识到平台运营模式，“入金”不是购买期货而是投资；等等。

利用虚拟平台炒期货，是不是诈骗罪，应当回归到诈骗罪的本质，准确判断有无非法占有目的。不能看到平台向投资者隐瞒交易系统为“虚拟盘”，交易系统未与大盘数据链接，投资者“入金”未真正进入期货交易市场，盈利途径主要是依靠客户“入金”，或是存在部分虚假性，如“虚假形象、夸大能力、虚假盈利截图、虚假理财手”，就可以径行判定构成诈骗罪。特别是，平台没有人为控制数据、控制交易、制造故障、修改规则、限制交易；客户能够自由“出金”“入金”；客户能够自由退出交易并结算账户剩余资金；客户投资期间有赚有赔；投资者认识到“入金”不是购买期货的情况。

三、开设赌场罪

客户以一定的杠杆比率，按照平台提供的国际实时走势、汇率在平台内买涨买跌交易。经过虚拟交易结算，客户如赚钱，平台就赔钱，客户如赔钱，平台就赚钱，平台赚取的是客户赔掉的账户内资金以及客户连续交易产生的手续费。这种“对赌”模式之下，网络平台实际上是以组织期货之名，而在盘内对赌。平台

① 参见河北省高级人民法院(2018)冀刑终 109 号刑事裁定书。

方赚取的不只是客户的手续费，还有客户高杠杆率基础上输掉的账户内资金。

“对赌”模式，是非法经营罪，还是开设赌场罪？不同地区的法院，亦有不同看法。一般来讲，法院多会将这类案件认定为非法经营罪。例如，烟台市芝罘区人民法院审理的一起案件，就是以组织期货的名义，认定为非法经营罪。

“交易软件，自成体系，不与国际、国内任何平台链接，软件上的白银交易数据是自动生成。客户根据软件中的行情涨跌买卖，客户买涨，软件行情也涨，客户赚钱，如果行情是跌，客户就赔钱；客户买的是跌，行情跌，客户赚钱，行情涨，客户赔钱。客户每交易一手就产生 800 元的交易费，其中 60% ~80% 作为佣金由其支付给代理商，其余归其所有。客户赚钱了，除去交易费后支付给客户，客户赔钱了就从第三方账户内将钱客户的钱划到平台账户内。”①

需要注意的是，最高人民法院发布的第 6 批指导性案例中第 146 号指导性案例陈某某开设赌场案，将在法定期货交易场所之外发生的“二元期权”交易行为认定为开设赌场罪。第 146 号指导性案例中，期货交易呈现出的模式是，下载市场行情接收软件和网站自制插件，会员选择外汇品种和时间段，点击“买涨”或“买跌”按钮完成交易，买对涨跌方向即可盈利交易金额的 76% ~78%，买错涨跌方向则本金即归网站（庄家）所有，盈亏结果与外汇交易品种涨跌幅度无关。

裁判观点指出，投资者实则是以未来某段时间外汇、股票等品种的价格走势为交易对象，以标的价格走势的涨跌决定交易者的财产损益，交易价格与盈亏幅度事前确定，盈亏结果与价格实际涨跌幅度不挂钩，交易者没有权利行使和转移环节，交易结果具有偶然性、投机性和射幸性。该交易行为与“押大小、赌输赢”的赌博行为本质相同，实为网络平台与投资者之间的对赌，是披着期权外衣的赌博行为。

相对来讲，期货交易与赌博有着本质的区别，一个是随机、偶发的行为，一个是有市场行情参考基准的投资行为。一般而言，交易“对赌”不大可能被认定为赌博，因为期货交易对赌，有相关产品客观市场表现；有盈亏的不断变化；有交易的判定依据。区别二者，关键在于交易价格是否与盈亏幅度事前确定，盈亏结果是否与价格实际涨跌幅度挂钩，盈亏是否只是参考价格趋势涨跌；本质上是否等

① 参见烟台市芝罘区人民法院 2016 鲁 0602 刑初 512 号刑事判决书。

同于“赌输赢”。

最高人民法院第146号指导性案例的出台，意味着法定期货交易场外发生的盘内“对赌”行为，与“押大小、赌输赢”本质相同的，有被认定为开设赌场罪的可能性。

网络期货交易案件，类型多样，样式百态，打着期货的幌子进行赌博的不在少数。所以，面对此类案件，不应保守旧有认识，要注意识别二者，作出准确判断。

四、结语

非法经营罪、诈骗罪、开设赌场罪，不是铁板一块。结合具体案件，此罪还是彼罪有着较大的解释空间。特别要注意，诈骗罪的认定标准较高，不能说有部分虚构、隐瞒，如虚构“白富美”或“高富帅”，冒充证券分析师，反向行情引导，交易系统没有与真实行情数据相连接，就可以认定为诈骗罪。关键是要判定，非法占有目的有无、欺诈如何、受害人是否陷入错误认识、有没有因果关系等方面。

司法实践中，不乏因为非法占有目的证据不足，没有证据证实投资者陷入错误认识，指控诈骗罪存在证据问题等，而将案件认定为非法经营罪。有鉴于此，我们应充分考虑互联网平台的多样性，可以依据罪名之间的选择适用，以及不同罪名所要求的证据情况，区别对待，就网络非法期货类犯罪的不同类型，制定合宜的、充分的辩护方案。

第三章 开设赌场,怎么辩护?

“开设赌场的,处五年以下有期徒刑、拘役或者管制,并处罚金;情节严重的,处五年以上十年以下有期徒刑,并处罚金。”《刑法修正案(十一)》的出台,标志着开设赌场罪量刑档次轻微调整,3 年的量刑分界线成为过去式。这是《刑法》对近年来网络开设赌场频发的回应,要加大打击力度,提高刑罚尺度。

开设赌场罪刑罚的提高,使得开设赌场罪与开设赌场共同犯罪、赌博罪、帮助信息网络犯罪活动罪的法定刑区间拉开距离,开设赌场罪法定刑明显较重。有鉴于此,辩护人为开设赌场罪辩护,结合案件具体情形,选择罪轻辩护的,可以从开设赌场罪从犯、赌博罪、帮助信息网络犯罪活动罪三个视角展开,通过比较主从犯、此罪与彼罪,提出不同于指控的意见。

一、主犯与从犯

最高人民法院、最高人民检察院、公安部《关于办理网络赌博犯罪案件适用法律若干问题的意见》(以下简称《网络犯罪意见》)第 1 条规定:“利用互联网、移动通讯终端等传输赌博视频、数据,组织赌博活动,具有下列情形之一的,属于刑法第三百零三条第二款规定的‘开设赌场’行为:(一)建立赌博网站并接受投注的;(二)建立赌博网站并提供给他人组织赌博的;(三)为赌博网站担任代理并接受投注的;(四)参与赌博网站利润分成的。”就《网络犯罪意见》规定的网络上开设赌场四种情形来看,建立赌博网站、参与赌博网站分红、为赌博网站担任代理并接受投注的都属于“开设赌场”的实行行为。

相对来说,建立赌博网站、参与赌博网站分红被认定为开设赌场罪往往争议较小,为赌博网站担任代理并接受投注的认定则明显较为复杂。究其原因,主要是司法现状中代理样式、代理权限、代理活动纷杂,境内境外法律、政策不同,担任境外赌博网站代理的隐蔽性,封禁、更改域名、网站的便捷性,证据收集的难度等问题。

基于这种现状，赌博网站代理上线、下线情况，赌博网站代理的权限，是赌博网站代理还是只是为赌博网站做推广，常常难以查证。这种情形下，《网络犯罪意见》就网站代理的认定，规定“有证据证明犯罪嫌疑人在赌博网站上的账号设置有下级账号的，应当认定其为赌博网站的代理”。司法解释采取仅列举一个事例的方式，较为少见，因此就有观点认为只有设置下级账号的才可以认定为代理。对此，不同的司法部门也有着不同的认识。

担任赌博网站并接受投注的，特别是在赌博网站上的账号设置有下级账号的，之所以被认定为“开设赌场”实行行为，根源上是此类代理行为是将开设赌场进行再次延伸，可以说是网络赌场的分会场，具有开放性和蔓延性，等同于开设赌场行为。

因此，认定“代理型”开设赌场罪，必须按照开设赌场的行为从严把握。开设赌场罪的本质在于，行为人对于赌场具有一定的控制性，比如说赌博金额、赌博规则、赌博抽水等。所以，“代理型”开设赌场理应同样如此，赌博网站代理接受赌客的投注，要有账号、投注以及对投注、抽水的控制性。否则，只是名义上的“代理”，不是赌博网站代理。

没有接受投注，通过推广赌博网站，为赌博网站拓宽链接渠道、展示平台；或是帮助赌博网站招揽赌客的；再或是没有证据证明接受投注的，都只能被视为《网络犯罪意见》第 2 条规定的明知是赌博网站，而为其投放广告、发展会员的行为，不是开设赌场罪实行行为，而是开设赌场罪的共同犯罪。根据共同犯罪理论，参与开设赌场帮助行为的，社会危害性通常会小于开设赌场。因此，就受雇于赌博公司的网站推广人员来说，在共同犯罪中被认定为从犯可行性较大。

但是，要指出的是，开设赌场共同犯罪，不必然都被认定为从犯。若是通过运营公司或组建团队的方式为赌博网站推广，因合作推广有独立性和紧密性，推广作用更大的也会被认定为主犯。例如，(2019)闽 02 刑终 540 号判决指出，“被告人吴某出资成立××集团有限公司，并陆续聘请被告人陈某为业务总监、被告人陈某 2 为技术总监，为赌博网站提供互联网接入、投放广告、技术支持及有偿删帖等服务非法获利，吴某、陈某、陈某 2 等三人均构成开设赌场罪，系主犯”。

目前，开设赌场案件常见类型，更多的是为境外赌博网站担任代理。因此，界定是否“代理型”开设赌场，区分主、从犯，是面对此类案件的主要问题。

二、开设赌场与赌博罪

开设赌场案件，有个常见问题，是开设赌场罪与聚众赌博的关系问题。2006 年以前，开设赌场、聚众赌博、以赌博为业是赌博罪并列的三种行为方式，开设赌场被涵盖在赌博罪之中。考虑到开设赌场的社会危害性更大，2006 年《刑法修正案（六）》将开设赌场罪从赌博罪中剥离出来，设置独立罪名，并提高法定刑。

正是出于二者立法沿革上的关联，赌博罪与开设赌场罪有着天然的联系，难以准确认定。司法中的不少案例都是在处理开设赌场罪与聚众赌博的关系问题，回应是此罪还是彼罪。（2014）穗天法刑初字第 2115 号判决书指出，“行为人没有建立赌博网站，仅以营利为目的，通过利用自己掌握的赌博网站的网址、账户、密码等信息，在短时间内组织多人进行网络赌博活动，不属于为赌博网站担任代理，符合聚众赌博的标准，应认定为赌博罪”。

一般来看，认定赌博罪还是开设赌场罪，关键在于区别“代理型”开设赌场与聚众赌博。如果代理人与赌博网站有固定关系的，主要是建立赌客与赌博网站之间的联系，并利用自己的账号接受赌客投注，通常会被认定为开设赌场罪。如果行为人与赌博网站还没有形成固定关系，而是随意地招揽赌客，最后按照人头数获取利益，那只是充当“赌头”，多会被认定为聚众赌博。

到底是赌博罪还是开设赌场罪，上下级法院有时同样会出现不同意见。最高人民法院发布的指导性案例 146 号就是如此，两级法院有着不同的认定，一审法院认为构成赌博罪，二审法院则撤销原判认为本案是开设赌场罪。基本事实未发生改变的情状下，两审法院却作出不同判决，适用不同的罪名，根本上还是如何理解《网络犯罪意见》规定的“为赌博网站担任代理并接受投注”。

一审法院认为，“不接受投注、不兑换筹码、不为下线设置信用额度、不计算赌博结果，下线所投注的金额直接与庄家（龙汇网站）对手交易，不符合开设赌场罪要求的为赌博网站担任代理并接受投注构成要件。以营利为目的，组织、招引、发展会员进行赌博，系龙汇网站网络赌博的“赌头”，系聚众赌博”。二审法院则认为，“接受投注不必需兑换筹码、设置信用额度和计算赌博结果，新会员注册和投注以填写推荐人的账户信息为前提，会员的投注金额是经纪人提取佣金的基础,网站代替人工自动完成充值入金、下单投注、计算盈亏等环节。面向社会公众招揽赌客参加赌博,属于为赌博网站担任代理并接受投注的行为,并且其行为具有组织性、持续性、开放性,构成开设赌场罪”。

比较两审法院的不同裁判要点,终归是因为对“接受投注”的不同理解。指导性案例146号的出台,意味着有关“接受投注”的理解会相对变得宽松,一定程度上是将“网站代理”“接受投注”作了扩大解释。但是,不论如何,辩护人为开设赌场罪辩护,还是要具体结合案件分析看有无构成赌博罪的可能。

如前所述,“代理型”开设赌场之所以会被认定为开设赌场罪,主要是因为此类行为将网络赌场进行延伸,相当于开辟新的分会场,具备了开设赌场罪要求的组织性、持续性和开放性。聚众赌博则不然,其不同于开设赌场罪,不具有开设赌场的延展性、稳定性、连续性。开设赌场罪与赌博罪,二者虽都有组织赌博的意味,但是开设赌场罪是从赌博罪中分离出来,法定刑也一并提高。显然,开设赌场的社会危害性要高于赌博罪。

“以刑制罪”是解释犯罪构成要件的必要方法。因此,我们必须重视开设赌场罪法定刑对其构成要件的反制,即应当以开设赌场罪要求的赌场特点实质理解“为赌博网站担任代理并接受投注”。缺乏赌场特点,尤其是赌场要求的持续性、开放性、控制性,以赌博罪认定更为适宜。如同(2015)衢江刑初字第209号判决指出的“本案各被告人对于涉案游戏平台并无控制力,对于参赌人员的赌博活动也没有控制力,其行为不符合开设赌场罪的特征”。

三、开设赌场与帮助信息网络犯罪活动罪

开设赌场与帮助信息网络犯罪活动罪的界定,亦是开设赌场案件审判中的常见问题,面临不少争议,同案不同判,或是不能准确区分的案件并不少见。

帮助信息网络犯罪活动罪是2015年《刑法修正案(九)》增设的罪名。《刑法》第287条之二第1款规定:“明知他人利用信息网络实施犯罪,为其犯罪提供互联网接入、服务器托管、网络存储、通讯传输等技术支持,或者提供广告推广、支付结算等帮助,情节严重的,处三年以下有期徒刑或者拘役,并处或者单处罚金。”就帮助信息网络犯罪活动罪规制的行为内容来看,其与《网络犯罪意见》第2条规定的开设赌场罪共同犯罪存在部分交集。二者在行为类型上都包括了“提供互联网接入、服务器托管、网络存储、通讯传输等技术支持,或者提供广告

推广、支付结算等帮助行为”。

既然如此，行为人在提供技术服务或帮助的情况下，是构成帮助信息网络犯罪活动罪还是开设赌场罪共同犯罪，需要判断的是行为人的主观明知，即“明知他人利用信息网络实施犯罪”还是“明知是赌博网站。”显然，帮助信息网络犯罪活动罪要求的明知内容相对宽泛，认识到帮助对象实施网络犯罪即可。与之不同的是，开设赌场罪要求明知犯罪的内容更加具体，必须认识到是为赌博网站提供服务。也即，行为人的主观认识程度不同、明知内容不一的，会直接影响是此罪还是彼罪，最终量刑也会轻重有别。

（2016）粤51刑终154号判决书就提供一起典型案例，因主观明知的认定，二审法院将一审法院判决的开设赌场罪改判为帮助信息网络犯罪活动罪。判决书明确指出，“本案现有证据无法证明上诉人温某某5与上诉人张某某1为开设赌场而进行密谋的主观故意，温某某5也未参与建立、研发、出租赌博网站，原审判决将温某某5出租、托管服务器的行为定性为开设赌场罪，定性错误。上诉人温某某5在经营互联网服务器租赁、托管业务过程中，明知他人利用信息网络实施犯罪，仍继续为他们提供互联网服务器租赁、托管业务，获取非法利益，其行为构成帮助信息网络犯罪活动罪”。

没有认识到他人是在从事开设赌场犯罪，只是明知他人从事违法犯罪活动而提供技术服务的，应当只构成帮助信息网络犯罪活动罪。相对来讲，认定“明知他人利用信息网络实施犯罪”，对证据的要求较为便宜，“明知是赌博网站”的认定则更加复杂，特别是未与开设赌场嫌疑人密谋、建立、研发、经营、出租、运作赌博网站的场合。为此，我们应当综合案件证据情况，审慎分析行为人主观明知如何，判断有无成立帮助信息网络犯罪活动罪的可行性。

还需指出的是，开设赌场罪、帮助信息网络犯罪活动罪，都是当下新兴网络犯罪，有一定的新颖性，并且对证据的要求不同。所以，不同地区、不同司法人员在处理上都会有差别。虽然，明知是赌博网站，提供技术服务的是开设赌场罪共同犯罪。但是，也不乏案例将这种情形认定为帮助信息网络犯罪活动罪。例如，（2020）湘0211刑初89号判决就曾将“购买、搭建网站、租赁服务器、通过百度优化赌博关键词，取得流量权重较高的网站、设置广告网页、与赌博网站进行商谈出租广告位，采取网络技术跳转等方式，为赌博网站进行广告推广，从中非法获利”，认定为帮助信息网络犯罪活动罪，而不是开设赌场罪共同犯罪。出现这种情况,或许是有开设赌场的犯罪嫌疑人尚未到案,又或者是未能收集到完备的证据。

综上所述,认定开设赌场罪,存在此罪与彼罪、主犯与从犯、共同犯罪还是实行犯的问题。这些都是辩护人行之有效的参考要素,可以就此提出有针对性的、有见地的意见。

第四章　销售假冒注册商标的商品罪辩护要点

在知识产权刑事司法问题方面，中共中央办公厅、国务院办公厅印发的《关于强化知识产权保护的意见》明确要求"加大刑事打击力度，研究降低侵犯知识产权犯罪入罪标准，提高量刑处罚力度，修改罪状表述，推动解决涉案侵权物品处置等问题。强化打击侵权假冒犯罪制度建设，探索完善数据化打假情报导侦工作机制，开展常态化专项打击行动，持续保持高压严打态势"。

伴随《关于强化知识产权保护的意见》提出的要求，2021 年 3 月 1 日起施行的《刑法修正案（十一）》，对销售假冒注册商标的商品罪修改幅度较大，将条文表述由"销售明知是假冒注册商标的商品，销售金额数额较大的，处三年以下有期徒刑或者拘役，并处或者单处罚金；销售金额数额巨大的，处三年以上七年以下有期徒刑，并处罚金"，修改为"销售明知是假冒注册商标的商品，违法所得数额较大或者有其他严重情节的，处三年以下有期徒刑，并处或者单处罚金；违法所得数额巨大或者有其他特别严重情节的，处三年以上十年以下有期徒刑，并处罚金"。

就条文比对来看，一是取消"拘役刑"，提高最高法定刑，由原来的 7 年改为 10 年，彰显出刑罚的严厉性；二是将犯罪构成标准由"销售金额较大的"改为"违法所得数额较大或者有其他严重情节的"，提高了犯罪构成的覆盖性。不难看出，当前我国知识产权刑事司法领域，将不断地、持续地加大刑事打击力度，形成制度化的司法保护态势。

因此，在当前从严打击的趋势下，作为辩护人，应当指出案件的核心问题所在，才能提出行之有效的辩护观点。

一、“假冒注册商标的商品”的认定

认定销售假冒注册商标的商品罪，首要是认定涉案商品是“假冒注册商标的商品”。假如涉案商品根本就不是“假冒注册商标的商品”，那么自然不构成本罪。

销售假冒注册商标的商品罪，上游犯罪是假冒注册商标罪。因此，何为“假冒注册商标的商品”，应当根据假冒注册商标罪的规定进行理解。《刑法》第213条规定：“未经注册商标所有人许可，在同一种商品、服务上使用与其注册商标相同的商标，情节严重的，处三年以下有期徒刑，并处或者单处罚金；情节特别严重的，处三年以上十年以下有期徒刑，并处罚金。”

而对“同一种商品”的认定问题，《最高人民法院、最高人民检察院、公安部关于办理侵犯知识产权刑事案件适用法律若干问题的意见》（以下简称《侵犯知识产权意见》）第5条作出规定，“名称相同的商品以及名称不同但指同一事物的商品，可以认定为‘同一种商品’”。“名称不同但指同一事物的商品”，是指在功能、用途、主要原料、消费对象、销售渠道等方面相同或者基本相同，相关公众一般认为是同一种事物的商品。认定“同一种商品”，应当在权利人注册商标核定使用的商品和行为人实际生产销售的商品之间进行比较。

而对“相同的商标”的认定问题，《最高人民法院、最高人民检察院关于办理侵犯知识产权刑事案件具体应用法律若干问题的解释》（以下简称《侵犯知识产权解释》）第8条规定：“‘相同的商标’，是指与被假冒的注册商标完全相同，或者与被假冒的注册商标在视觉上基本无差别、足以对公众产生误导的商标。”

因此，涉案商品是不是“假冒注册商标的商品”，应当紧紧围绕上述规定来解释。根据规定，“假冒注册商标的商品”关键在于两点：一是“同一种商品”的问题，二是“相同的商标”的问题。

例如，广东省广州市越秀区人民法院审理的江某甲销售假冒注册商标的商品案，再审法院认为检察机关指控友庄公司实际经营者原审被告人江某甲犯销售假冒注册商标的商品罪，罪名不能成立。究其原因，销售假冒注册商标的商品罪不能成立的根本原因，是（2017）粤0104刑再2号刑事判决书认定的内容，“友庄公司销售的DOMINO喷码机及零配件、耗材与多米诺公司在商标局注册的G7××885号“DOMINO”商标所核定使用的第九类所列商品不是同一种商品。因此,友庄公司销售的 DOMINO 喷码机及零配件、耗材不属于刑事法律所述的假冒注册商标的商品,友庄公司的销售行为不能认定为销售假冒注册商标的商品”。

再如,湖南省长沙市雨花区人民法院审理的陈某瑶销售假冒注册商标的商品案中(此案因程序性问题被二审法院撤销),法院宣告被告人陈某瑶不构成销售假冒注册商标的商品罪的裁判规则值得关注。(2019)湘 0111 刑初 373 号刑事判决书指出,法院认定被告人不构成销售假冒注册商标的商品罪的一个因素,就是行为人不能满足销售假冒注册商标的商品罪要求的一个条件,即涉案商品上的商标与被假冒的商标是否属于“相同的商标”。法院认为,不符合“相同的商标”的理由是,行为人提供的《大冶特殊钢股份有限公司产品合格证明书》所印制的图案与冶钢集团有限公司注册、授权大冶特殊钢股份有限公司使用的第 1547368 号注册商标不属于“与其注册商标相同的商标”。

关于“相同的商标”,主要还是围绕“视觉上基本无差别、足以对公众产生误导”来理解,以普通消费者的注意为前提。譬如,上海市杨浦区人民法院审理的陈某武销售假冒注册商标的商品案,(2011)杨刑初字第 301 号刑事裁定书指出的,“商标虽只有一字之差,读音也相近,但从视觉上仍有明显的辨识性,不属于刑法规定的在视觉上基本无差别的情况,不应认定为‘相同的商标’”。

综上来看,涉案商品是不是“假冒注册商标的商品”,是认定假冒注册商标的商品罪的一个条件。就“假冒注册商标的商品”而言,我们可以从商品和商标的“相同性”方面作深入研判,如果涉案人员不符合这个条件,那么就不能构成本罪。

二、鉴定意见的认定

鉴定意见,在知识产权类刑事案件中,有着举足轻重的作用,是涉案商品被认定为“假冒注册商标的商品”的一个关键证据。《侵犯知识产权意见》第 3 条第 2 款规定:“公安机关、人民检察院、人民法院在办理侵犯知识产权刑事案件时,对于需要鉴定的事项,应当委托国家认可的有鉴定资质的鉴定机构进行鉴定。”

同时,《刑诉解释》第 97 条、第 98 条,对鉴定意见的审查与认定作出了规定。就不得作为定案根据的情形来看,鉴定意见的认定,重点是审查鉴定的主体、鉴定的程序、鉴定意见与其他证据是否矛盾、鉴定意见的真实性、鉴定意见的样本、检材等多个方面。比如,鉴定意见的样本、检材,是不是真实,来源是不是可靠,是不是与扣押清单记载的内容相符；鉴定对象与送检材料，是不是一致；抽样取证的情形下，有没有随机取样的过程。

河北省石家庄市裕华区人民法院审理的赵某某销售假冒注册商标的商品案中，就是如此。(2016)冀0108刑初424号刑事判决书指出，法院认定赵某某不构成犯罪的一个因素就是鉴定存在以上问题：送检样品，没有随机取样的过程，检材样本来源不合法。

再如，鉴定主体是否适格；鉴定形式要件是否具备，有无鉴定人签字；鉴定文书有无载明鉴定方法；鉴定程序有无问题；鉴定方法是否规范、可靠。江西省赣州市中级人民法院审理的叶某销售假冒注册商标的商品案，就是因为鉴定意见存在问题。(2019)赣07刑终268号二审刑事判决书指出，法院以鉴定意见为由，未将涉案商品认定为“假冒注册商标的商品”。本案中，鉴定意见主要有四个方面的问题：一是工商行政机关委托商标注册人进行鉴定，是行政机关委托的鉴定，不符合规定；二是商标注册人不具备鉴定真伪的能力；三是鉴定过程过于随意，不规范、不严谨；四是鉴定方法不科学。

综合来看，就鉴定意见的审查判断，一是关注鉴定意见的形式；二是关注鉴定意见的实质。从形式到实质，就是以全链条、全流程的方式来审查鉴定意见，全面考量鉴定意见的形成过程：鉴定启动、检材来源、送检过程、鉴定资质、鉴定方法、鉴定意见等进行综合认定。

三、“明知”的认定

销售假冒注册商标的商品罪，要求行为人进行销售时明知销售的商品是“假冒商标的商品”。《侵犯知识产权解释》第9条第2款规定：“具有下列情形之一的，应当认定为属于刑法第二百一十四条规定的‘明知’：(一)知道自己销售的商品上的注册商标被涂改、调换或者覆盖的；(二)因销售假冒注册商标的商品受到过行政处罚或者承担过民事责任、又销售同一种假冒注册商标的商品的；(三)伪造、涂改商标注册人授权文件或者知道该文件被伪造、涂改的；(四)其他知道或者应当知道是假冒注册商标的商品的情形。”

行为人是否符合销售假冒注册商标罪所要求的“明知”要素，是办理此类案件最为常见的辩护要点。一般而言，行为人是否具备明知，司法实践中主要运用的是“推定”明知，是《侵犯知识产权解释》关于认定“明知”第4项规定的内容，即“其他知道或应当知道是假冒注册商标的商品的情形”。

我们曾经在办理一起销售假冒注册商标的商品案件时,就是以此为抗辩,主张行为人不具备“明知”要素,具体理由分为四点:一是行为人有明确的购货渠道;二是行为人支付的价款足够合理;三是行为人是委托他人购买;四是卖方出货开票正常。在行为人具备以上四点的情形下,检察院以事实不清、证据不足为由不予批捕,后案件告结。

事实上,“推定”明知是可以反驳的“明知”。控方虽可以基础事实推定行为人具备“明知”因素,但辩护人亦可以就控方赖以作出推定的基础事实进行反驳。比如,可以从行为人销售的时间、经历、认知;交易的价格、流程、手续、发票;购销双方的沟通、购买记录、地点;购买后的情况等多个方面展开探讨。

除此之外,还要注意的是,《侵犯知识产权解释》关于“明知”认定的第 2 项规定,即“销售假冒注册商标的商品受到过行政处罚或者承担过民事责任,又销售同一种假冒注册商标的商品的”。该项规定的内容,往往成为司法实践中指控行为人符合“明知”条件的依据,即以行为人曾受到过行政处罚,又销售同一种假冒注册商标的商品,认定行为人具备“明知”要素。

有鉴于此,我们有必要从行政处罚合法有效性和同一种假冒注册商标的商品两个方面进行充分抗辩。叶某销售假冒注册商标的商品案,同样是如此。本案认定被告人不符合《侵犯知识产权解释》第 9 条第 2 款第 2 项规定:一是工商局以鉴定意见为依据作出《责令改正通知书》,但鉴定意见有误,以此为依据的行政行为是否合法有效存疑;二是被告人收到《责令改正通知书》后,曾向进货商核实过真假,得到的答复是真货;三是没有证据证实被告人受到行政处罚后,还在销售同一种标号的服装。就裁判理由来看,本案之所以能推翻检方的指控,关键是否定了同一种假冒注册商标的商品,即在案证据不能证实行为人受行政处罚后再次销售同一种假冒注册商标的商品;另外,本案否定了鉴定意见,否定了涉案商品的假冒性,失去了行政处罚据以作出的基础,进而对行政处罚的合法性形成了有力质疑。

综上所述,涉案商品是不是“假冒注册商标的商品”;涉案人员是不是具备“明知”要素;鉴定意见是不是真实、可靠,是销售假冒注册商标的商品案中,通常有争议问题的所在。因此,面对销售假冒注册商标的商品案,有必要就这些问题进行细致研判,指出案件存在的疑问。

第五章　虚开增值税专用发票罪有效辩护的三个方向

虚开增值税专用发票罪,是司法实践中较为常见的罪名。特别是在当前税制背景下,虚开增值税专用发票案件,呈现出越来越多之势。面对虚开增值税专用发票案件,辩护要点应关注三个方面:一是把握罪与非罪的界限,二是运用不同时期的刑事政策,三是厘清不同人员的刑事责任。

一、犯罪的边界

虚开增值税专用发票的犯罪边界在哪,根源在于如何理解虚开。何谓虚开,存在两个不同视角,一个是行政法意义上的,另一个是刑法犯罪意义上的。不同的角度,就会给出不同的裁判,这也是虚开增值税专用发票案常常会有所争议的原因。

就行政管理而言,《发票管理办法》规定要如实开具发票。若开具的发票未能如实反映实际经营业务情况,就是虚开发票。比如为他人、为自己开具与实际经营业务情况不符的发票,让他人为自己开具与实际经营业务情况不符的发票,介绍他人开具与实际经营业务情况不符的发票。

一段时期以来,认定虚开增值税专用发票罪,依靠的就是行政管理意义上的虚开,只是形式上考虑虚开发票是否会造成税收的损失,不作深入的、实质的分析。此种认定方式,在增值税专用发票管理混乱的早期,或许尚有一定的积极效果。可是,随着增值税专用发票行政管理趋于严格,管理水平的逐步提高,再结合刑法规制犯罪的体系性和独立性,呼吁具体地、实质地、独立地来判断虚开增值税专用发票罪的声音,变得尤为强烈。

具体则是,要按照虚开增值税专用发票罪所处的位置和罪名沿革,以及与国家税收有无损失的关系问题,以刑法视角解释“虚开”。

2001 年,最高人民法院在《“湖北汽车商场虚开增值税专用发票案”与“泉州市松苑锦涤实业有限公司等虚开增值税专用发票案”的答复》[(2001)刑他字第 36 号]中指出,“经向全国人大常委会法工委和国家税务总局等有关部门征求意见,并召集部分刑法专家进行论证,最高人民法院审判委员会讨论形成一致意见,主观上不具有偷骗税款的目的,客观上亦未实际造成国家税收损失的虚开行为,不构成犯罪”。在此答复之后,最高人民法院的指导性案例以及相关意见,反复肯定了这一观点,明确指出虚开增值税专用发票罪能够出罪的事由,“不具有骗取国家税款目的,未造成国家税款损失”。

2018 年,最高人民法院发布的保护产权和企业家合法权益典型案例中,再次提到一起不予认定犯罪的“张某强虚开增值税专用发票案”。[最高人民法院(2016)最高法刑核 51732773 号刑事裁定书]通过此案例,最高人民法院明确指出,“以其他单位名义对外签订销售合同,由该单位收取货款、开具增值税专用发票,不具有骗取国家税款的目的,未造成国家税款损失,其行为不构成虚开增值税专用发票罪”。

2020 年 7 月,《最高人民检察院关于充分发挥检察职能服务保障“六稳”“六保”的意见》的出台,更是要求依法慎重处理企业涉税案件,注意把握一般涉税违法行为与以骗取国家税款为目的的涉税犯罪的界限,“对于有实际生产经营活动的企业为虚增业绩、融资、贷款等非骗税目的且没有造成税款损失的虚开增值税专用发票行为,不以虚开增值税专用发票罪定性处理,依法作出不起诉决定的,移送税务机关给予行政处罚”。

由此可见,虚开增值税专用发票罪的边界,具体要判断:有没有实际的生产经营活动;有没有实际的交易行为;虚开目的是否在于虚增业绩、融资、贷款等非骗税目的;客观上有没有造成国家税款损失的可能。

相对来讲,容易出问题的是,全额或部分认证抵扣的情况下,客观上如何判断有没有造成国家税款损失的可能。北京市第二中级人民法院审理的一起案件,曾被作为 2019 年度十大税务司法审判典型案例,裁判观点值得关注。(2019)京 02 刑终 113 号刑事判决书指出,“认定公司将虚开的增值税专用(进项)发票进行认证抵扣造成国家税款损失的证据不足。现有证据不能排除合慧伟业公司获取的虚开增值税专用(进项)发票就是抵扣了上述虚开的增值税专用(销项)发票的可能,也不足以证实所抵扣的增值税专用(销项)发票中包含有因存在真实交易而应当缴纳增值税的情况”。

整合来看,国家税款有无损失的可能,可以归纳为三点:(1)是否已经缴纳了税款,缴纳了税款自然不存在损失;(2)是否产生商品流转,是否存在缴纳增值税的事实基础,是否产生真实的商品增值;(3)是否存在挂靠行为,即以被挂靠人的名义与客户之间形成真正的交易,存在真实的权利、义务关系。

二、政策的激励

面对虚开增值税专用发票案件,运用不同时期的刑事政策,可能会得出不同的结论。就当下来看,对其友善的刑事政策,主要有三个方面:一是“六稳”“六保”政策,司法为民营经济提供服务和保障;二是“少捕”“慎诉”“慎押”的刑事理念;三是认罪认罚,贯彻宽严相济的刑事政策。

为保护民营企业合法权益、服务和保障非公有制经济健康发展提供指引,最高人民检察院于2019年发布首批涉民营企业司法保护典型案例。查阅这批案例,可以发现,吴某、黄某、廖某虚开增值税专用发票案、江苏A建设有限公司等七家公司虚开发票系列案正是上述刑事政策的产物。

(一)补缴税款与企业维系

在吴某、黄某、廖某虚开增值税专用发票案中,检察机关查明公司存在因负责人被羁押企业失治失控的状况,为帮助企业恢复正常经营,稳定员工情绪,经综合评估,检察机关决定对已经逮捕的两名从犯黄某、廖某变更为取保候审。取保候审之后,黄某、廖某一方面继续开展工作,维护公司的正常经营;另一方面从多方面筹集资金补缴税款,向税务机关全额补缴税款。

就涉案人员补缴全额税款来看,也有不少案例获得不起诉的处理结果。正如上海市青浦区人民检察院办理的一起案件,沪青检三部刑不诉(2020)45号不起诉决定书指出,“被不起诉人王某某案发前能够补缴前期抵扣的全部税款,犯罪后能够自动投案并如实供述本人犯罪事实,故决定不起诉”。从挽回国家经济损失、维系公司正常经营、稳定员工情绪方面,此类案件可以说是既维系了企业的健康发展,同时又为相关涉案人员提供了从轻处罚的窗口,充分贯彻了服务和保障民营经济健康发展的刑事政策。

因此,遇到虚开增值税专用发票案件,尤其是在单位犯罪、单位相关负责人员涉案的情况下,可以经由维系企业正常经营以及通过补缴全额税款的角度,为相关人员变更强制措施,进而取得较为轻缓的刑罚。

(二)优势地位与共同犯罪

在江苏A建设有限公司等7家公司及其经营者虚开发票系列案件中,昆山市人民检察院经审查认为,A公司等7家公司及许某等7人,案发后均积极上缴违法所得、缴纳罚款,在犯罪中处于从属地位,系陈某利用项目发包、资金结算形成的优势地位要求其实施共同犯罪,具有被动性。透过此案可以看出,涉票系列案件通常会存在多家企业之间的票据流转行为。比较不同企业之间的地位和作用,是否因为受制于他方的优势地位而不得不从事违法行为,被动地实施共同犯罪行为,可以成为不同企业或企业经营者获得不同处理结果的根据。

区别对待经济犯罪活动中处于不同地位的民营企业经营者,充分考虑涉案企业在上下游经营活动中的地位,将共同犯罪中的企业与人员作具体区分,能够设身处地地为企业经营者着想,是罪责刑相适应的具体化,是宽严相济刑事政策的体现。

总体而言,当前刑事政策已释放出强烈的信号,即在办理发票类涉案企业过程中,最大限度减少司法活动对正常经营活动的不利影响,对涉案民营企业、企业经营者"少捕""慎诉",通过对涉案企业有效合规整改,将涉案企业引领到合法合规的轨道上。

因此,应当将刑事政策严格落实到辩护过程中,实现法律效果与政治效果的统一。曾经办理的某涉案民营企业过程中,就是源于此类刑事政策的变化,企业负责人终在二审中改判缓刑。

三、人员的分化

虚开增值税发票的认定犯罪过程中,是在单位犯罪项下讨论涉案人员的罪责,还是在共同犯罪的范围内分析,均要做具体判断。

(一)识别接受指派的人员

认定不同人员的刑责,先是判断有无成立单位犯罪的空间,再是分析相关人员是否属于本单位直接负责的主管人员和其他直接责任人员。2001年1月21日,最高人民法院印发的《全国法院审理金融犯罪案件工作座谈会纪要》第二部分中规定，“直接负责的主管人员，是在单位实施的犯罪中起决定、批准、授意、纵容、指挥等作用的人员，一般是单位的主管负责人，包括法定代表人。其他直接责任人员，是在单位犯罪中具体实施犯罪并起较大作用的人员，既可以是单位的经营管理人员，也可以是单位的职工，包括聘任、雇用的人员。应当注意的是，在单位犯罪中，对于受单位领导指派或奉命而参与实施了一定犯罪行为的人员，一般不宜作为直接责任人员追究刑事责任”。

就此来看，在单位犯罪中，受领导指派或奉命参与犯罪行为的单位人员，一般不宜作为直接责任人员。通常而言，涉票类案件都有不少人员参与其中，被动接受领导指派或命令参与犯罪的普通职员，在单位犯罪中，应当具备此出罪理由。

（二）区分主犯、从犯

《全国法院审理金融犯罪案件工作座谈会纪要》第二部分中规定，“主管人员与直接责任人员，在个案中，不是当然的主、从犯关系，有的案件，主管人员与直接责任人员在实施犯罪行为的主从关系不明显的，可不分主、从犯。但具体案件可以分清主、从犯，且不分清主、从犯，在同一法定刑档次、幅度内量刑无法做到罪刑相适应的，应当分清主、从犯，依法处罚”。

由此可见，单位犯罪框架下，还是要区别对待不同地位和作用的人员，能够区分主、从犯的，可以区分。即还是要将主管人员、直接责任人员处在共同犯罪之内思考问题。例如，淮安市清江浦区人民法院办理的一起案件，（2020）苏0812刑初356号刑事判决书指出，“在单位共同犯罪中，淮安市A公司、何某某在共同犯罪中起决定性的策划、领导作用，罪责明显高于被告人姜某某，有必要区分在共同犯罪中的主从地位，做到罪责刑相适应，故被告人姜某某（财务负责人）在共同犯罪中起次要作用，应当认定为从犯，依法予以减轻处罚”。

因此，不论是单位犯罪的涉案人员还是不成立单位犯罪的情况下，均是以共同犯罪的逻辑区别不同人员的具体作用，即在犯罪链条中以所处地位和分工来加以判断。

在犯罪分工过程中，因地位较低、作用较小，获取利益较少，被认定为从犯的人员，常常是以下情形：第一，不是犯意的提出者、犯罪决策者，只是按照他人授意，接受他人的安排和指使，从事开票或办理税款抵扣的人员。第二，按照公司决策，服从公司管理，按照公司分工，从事基础性、辅助性、服务性工作内容的人员。第三，单纯信息传递和介绍工作的人员。第四，接受公司主管的指令，从事单位本职财务、会计工作的人员。

例如，北京市海淀区人民法院审理的一起虚开增值税专用发票案件，(2018)京0108刑初853号刑事判决书指出，“涉案发票均由公司主管联系虚开，被告人在主管授意之下，只是负责办理税款抵扣，在共同犯罪中，被告人起到次要、辅助作用，系从犯”。再如，江西省九江市中级人民法院审理的一起案件，(2019)赣04刑初39号一审刑事判决书指出，“被告人黄某受他人指使虚开增值税专用发票，虚开的税款数额巨大，其行为已构成虚开增值税专用发票罪。公诉机关的指控罪名成立，应予支持。在共同犯罪中，被告人黄某起帮助作用，系从犯”。

总结来看，当前刑事政策背景下，结合涉案企业合规整改的发展势头，就虚开增值税专用发票案而言，至少可以从犯罪的边界问题、刑事政策的指引、单位犯罪以及主从犯的区别等多个角度、多个面向，为涉案企业、涉案人员开展充分的辩护。

第六章　内幕交易罪辩护攻略

在证券市场中，内幕交易作为常见而多发的违法犯罪行为，一直是资本市场的“毒瘤”。新《证券法》下，内幕交易方面有过多处修订，尤其是大幅提高了内幕交易罚款额度，凸显出监管层强化监管和重点打击的态度。

2021 年 7 月 6 日，中共中央办公厅、国务院办公厅联合出台《关于依法从严打击证券违法活动的意见》，要求发挥公安部证券犯罪侦查局派驻证监会的体制优势，完善线索研判、情报导侦、协同办案等方面的行政刑事执法协作机制。

随着行政执法与刑事司法顺畅衔接，内幕交易行为将会受到更多的刑事处置。有鉴于此，我们探讨内幕交易罪辩护实务，关键是要在行刑衔接的背景下，围绕内幕信息、“知悉 + 利用”、内幕信息敏感期、相关证据规格等方面展开充分辩护。

一、内幕信息

内幕交易罪，目的是制约知悉内幕信息的人员利用内幕信息交易的行为，从而保障“公开”“公平”“公正”的市场交易规则、市场秩序和其他投资者的利益。

内幕交易涉案，首要是明确内幕信息。《刑法》第 180 条第 3 款规定：“内幕信息、知情人员的范围，依照法律、行政法规的规定确定。”《证券法》第 52 条第 1 款规定：“证券交易活动中，涉及发行人的经营、财务或者对该发行人证券的市场价格有重大影响的尚未公开的信息，为内幕信息。”由此可见，“内幕信息”，是对发行人证券的市场价格有重大影响的尚未公开的信息。认定“内幕信息”，关键看两点：一是对市场价格有重大影响；二是秘密性和未公开性。

相对来讲，《证券法》第 52 条第 2 款，明确列明对证券市场价格能够产生重大影响的事项，即“第八十条第二款、第八十一条第二款所列重大事件”。

问题是，这些重大事件是不是确定的、真实的发生，是不是确定对证券价格产生重大影响,即重大事件的"确定性",在内幕交易罪的认定中伴随一定的争议。此外,"未公开性""秘密性"同样有着是否明确的问题,信息是不是公开的,亦是内幕交易案件抗辩的主要理由。

司法实践中,被告人就内幕信息提出的诸多抗辩理由,概括而言就是涉案信息是不是具备"确定性"和"未公开性"。例如,行为人抗辩时提出,内幕信息是"众人皆知"的信息;内幕信息是传闻,是推测性信息,是不确定的信息。

(一)就"众人皆知"抗辩来看

广东省一起内幕交易案,被告人指出"改革重组、台网分离、人员分流等相关改革进展情况,每个员工都知道,有理由相信内幕信息已经公开",但未被采纳。法院认为,坊间传闻不是信息公开,相关媒体推测不是信息公开,(2015)粤高法刑二终字239号二审刑事裁定书指出,"在对证券交易价格有重大影响的信息披露前,相关媒体发布的推测性信息及行业内的传闻等均具有不确定性,不能认为是本案内幕信息已经公开"。

透过此案,我们看出,内幕信息丧失"秘密性",要在程序上有一定的公开性,或是相关信息未通过法定方式在大范围内泄露,也会丧失"秘密性",不能成为内幕信息。行为人仅以"每个员工都知道""媒体发布信息具有推测性"等"众人皆知"的抗辩来否定内幕信息,在当前裁判逻辑下,还不能当然地得出肯定结论。

(二)就"不确定"抗辩来看

福建省一起内幕交易案中,行为人以涉案信息是传闻、不确定的提出抗辩。法院则以"相关信息只要不是谣传或凭空想象,而是处于发展中事物的准确信息,尽管尚未实现,尚未构成事实,都应认定其具有真实性",驳回被告人抗辩。①

该案中,法院的论理逻辑和中国证监会的认定态度是一脉相承的。例如,中国证监会在〔2019〕98号《行政处罚决定书》中就曾指出:"法律法规未对内幕信息的确定性作出明确要求,认定内幕信息应当考虑'确定性'没有法律依据。内幕信息所涉事项在推进过程中,会受到多方因素的影响,可能完成,可能未完成,可能按照当初的计划或方案完成,也可能经调整后完成。这是内幕信息所涉事

---

① 福建省厦门市中级人民法院(2009)厦刑初字第109号刑事判决书。

项的不确定性，但不影响内幕信息内容的确定性。"①

内幕交易案中，关于"确定性""真实性"因素，法律虽未作出明确规定，法院或证监会也不予支持，但"确定性""真实性"伴随信息的形成过程，特别是信息内容本身"确定性"，必然影响信息存在性问题。因此，被告人抗辩时还是应当注意区分信息本身"确定性"和信息所涉事项的"确定性"。

二、"知悉＋利用"

内幕交易罪的主体，包括内幕信息知情人员和非法获取内幕信息的人员。司法实践中，存在争议的往往是非法获取内幕信息的人员。《最高人民检察院关于办理内幕交易、泄露内幕信息刑事案件具体应用法律若干问题的解释》（以下简称《内幕交易司法解释》）规定，非法获取内幕信息的人员，可以划分为三类：一是非法手段型获取内幕信息的人员；二是特定身份型获取内幕信息的人员；三是积极联络、接触型获取内幕信息的人员。

相对来讲，特定身份型和积极联络型主张抗辩的较多。抗辩的理由集中于三个方面：一是被动获知内幕信息，二是没有利用内幕信息，三是交易行为有正当理由。要指出的是，法院采纳抗辩的情形很少见，比如行为人是以被动方式（听到朋友打电话）获取到公司正在洽谈并购，结合公司股票变化以及前期掌握的"小道信息"判断并购谈判可能成功、进行交易的，法院往往认定行为人构成内幕交易罪。

内幕交易罪，作为故意犯罪，而非过失犯罪，罪状表述虽未呈现"利用"的字眼，但犯罪故意要求行为人在知悉内幕信息的情况下，利用内幕信息进行交易。因此，行为人"知悉＋利用"内幕信息是认定内幕交易罪的应有之义。

一般而言，不论是证监会还是法院，在认定内幕交易方面通常都是以推定的规则来认定，即以基础事实的证成来推断待证事实的成立。北京市第二中级人民法院的一起案件就是如此。（2019）京02刑初141号刑事判决书指出，法院是以基础事实"李某购买某电力股票前后与王某（内幕信息知情人员）频繁联络、接触；李某亏本清仓持有的某集团股票，连续买入某电力股票；李某异常交易无正当理由或正当信息来源"，来推定行为人从内幕信息知情人员处获取了某电

① 中国证监会行政处罚决定书（首善财富管理集团有限公司、吴正新）〔2019〕98号。

力资产重组的内幕信息。

内幕交易罪的推定规则，来源是《内幕交易司法解释》第2条第3项的规定，“在内幕信息敏感期内，与内幕信息知情人员联络、接触，从事或者明示、暗示他人从事，或者泄露内幕信息导致他人从事与该内幕信息有关的证券、期货交易，相关交易行为明显异常，且无正当理由或者正当信息来源的”，属于非法获取证券、期货交易内幕信息的人员。

司法实践中，为适用推定规则，证据链上通常有两个路径：一是认定行为人是内幕信息知情人员的近亲属或者是关系密切的人员，再或者行为人在内幕信息敏感期内与内幕信息知情人有接触、联络。例如，开会、吃饭、出差、电话、短信、微信交流等。二是认定行为人在内幕信息敏感期内异常交易，有利用内幕信息交易的情形，主要从时间吻合程度、交易背离程度和利益关联程度等方面综合考察。为此，行为人只有提出正当理由作出合理说明或排除利用内幕信息之可能才会推翻推定，否则仅以不知悉内幕信息或有正当买入理由等申辩往往不会被采纳。

行为人抗辩的正当理由，可以总结为四个方面：第一，行为人买入卖出、操作方式、减仓持仓与交易习惯一致。第二，行为人依据已被他人披露的信息而交易，有正当的信息来源，而非内幕信息知情人员。第三，信赖来源事实不清、证据不足的。例如，交易行为确属反常，但无法查明“内幕信息”来源的，不能认定行为人属于非法获取内幕信息的人员。第四，行为人以自己的研究和分析来判断交易。要注意的是，行为人同时利用专业知识和内幕信息的，即内幕信息对交易的影响力问题，司法实践中普遍不要求内幕信息对交易的影响力具有唯一性。

三、内幕信息敏感期

内幕信息的认定、内幕交易异常的时间判断、犯罪数额的认定，都离不开内幕信息敏感期的确定。司法实践中，判断内幕信息的形成和公开，就是在确定敏感期。相对来说，内幕信息的公开是在哪个时间点，判断起来较为明确，即在国务院证券、期货监督管理机构指定的报刊、网站等媒体披露。但是，内幕信息是在什么时候形成的，常常都会伴随争议，多少都会有行为人的抗辩。

《内幕交易司法解释》第5条第3款规定：“影响内幕信息形成的动议、筹划、决策或者执行人员，其动议、筹划、决策或者执行初始时间，应当认定为内幕信息的形成之时。”

“文山会海”环绕，“大会小会”不断，从意向、想法、方案到协议签订，再到具体执行，公司重大事项的决议，通常都会有着复杂的谈判过程。动议、决策、筹划的初始时间，具体在哪个节点，证监会或司法部门，相对地都有把内幕信息形成时间往前延伸的惯性。特别是，在没有会议文件等客观书证的情况下，往往会以相关人员的“意向”来认定初始时间。问题是，任何动议、筹划都有冗杂的、漫长的过程，而不是一蹴而就的。“计划”“方案”“政策”“决定”尚未确定或没有操作现实可行性的，或是欠缺细节上的协商、讨论或没有任何实质性动作的时候，此类信息在确定性上要大打折扣，不宜作为内幕信息的形成初始时间。不少内幕交易案件，行为人都是以形成时间过早作为抗辩，但是少有案件会采纳抗辩意见。

值得注意的是，《最高人民法院公报》2013 年第 10 期刊登的一起案例，对于价格敏感期的认定具有参考意义。2009 年 2 月上旬，刘某某介绍十四所与高淳县政府有关领导见面商谈、陪同实地考察，双方均表达了合作意向。2 月中下旬，刘某某又约双方联系人到其办公室，指导双方磋商出台合作方案。3 月 6 日，由十四所草拟《合作框架》形成初稿，包括股权转让、实际控制人等内容。后洽谈双方对合作框架多次进行磋商、修改。其间，双方将合作谈判进展情况告知刘某某，刘某某即向南京市政府分管领导作了汇报。就时间来看，至少有 2 月上旬、2 月中下旬、3 月 6 日三个时间点，法院最终将内幕信息敏感期形成时间认定为 2009 年 3 月 6 日，实则是以“方案”“计划”等信息具有现实操作性或转化为现实的高度盖然性基础上。因此，在判断内幕信息敏感期形成时间上，我们应当注意以实质化角度来分析。

关于内幕信息敏感期的确定，关键证据是证监会出具的《认定函》或是司法部门商请证监会出具认定意见。围绕证监会出具的意见，多会以认定意见的法律效力来抗辩，但鲜有被采纳的。要指出的是，在行刑衔接背景下，认定意见作为专业意见，多会被司法部门照单全收。作为辩护人，还是要就认定意见的客观性和合法性提出意见，特别是客观性方面是否存在问题。否则，经审查具有客观性、合法性的，还是会被作为定案根据。

面对内幕交易案，在无罪抗辩之外，还当充分发挥和提高罪轻辩护的空间。司法实践中，就有因情节较轻，取得相对不起诉的内幕交易案，值得关注。比如，在共同犯罪中,认定为从犯的;犯罪数额小,未获利,相反亏损的;主动投案的等多个情形,检察院最终都作出了相对不起诉的决定。

事实上,自动投案的情形下,是否如实供述;违法所得的认定,是采用何种方法计算,是获利还是未获利;共同犯罪案件,是主犯还是从犯,作用的大小;是否退缴违法所得或已受到行政处罚的是否缴纳罚款等方面,都可以展开探讨。

第七章 网络诈骗犯罪，辩护切入口在哪？

近年来，随着互联网技术的深入发展，以网络为媒介，面向不特定人实施的网络诈骗案件，层出不穷，花样翻新，成为侵财类案件的“重灾区”。

网络诈骗犯罪，因其信息蔓延性、网络技术性和人身非接触性，法律问题争论比较多。具体来看，主要集中于四个方面：第一，相较于普通诈骗，电信诈骗较为严苛，犯罪数额采取最低标准，证据规则相对弱化。但是，电信诈骗内涵外延较为模糊，如何界分电信诈骗与普通诈骗是个问题。第二，网络诈骗犯罪，通常由犯罪团伙完成，有严密的组织和分工。不同层级的团伙成员，是主犯，还是从犯，往往存在争议。第三，认定犯罪数额，是侵财类犯罪面临的主要问题。鉴于网络的非接触性和技术性，电信网络诈骗案，犯罪数额的认定，变得更加复杂。第四，网络诈骗案件，是此罪还是彼罪，比如说诈骗罪与非法经营罪，诈骗罪与开设赌场罪，司法认定常常存在分歧。同案不同判的情形，不在少数。

站在刑事辩护的角度，我们要深刻把握此类案件的问题，从多个方面为当事人争取有利局面。

一、网络诈骗与电信诈骗

2016 年 12 月，最高人民法院、最高人民检察院、公安部联合出台《关于办理电信网络诈骗等刑事案件适用法律若干问题的意见》（以下简称《电信诈骗意见》），目的在于有效遏制电信网络诈骗犯罪活动。

相较于普通诈骗案件，《电信诈骗意见》有三点内容明显不同：首先，追诉标准全国无地域差别，实行统一标准，“利用电信网络技术手段实施诈骗，诈骗公私财物价值三千元以上、三万元以上、五十万元以上的，应当分别认定为‘数额较大’‘数额巨大’‘数额特别巨大’”。其次，未达到相应数额标准，但接近的，会被认定为“严重情节”“特别严重情节”。“接近”，一般应掌握在相应数额标准的80%以上。最后，相对减轻控方证明责任，可以不用逐一收集被害人陈述，综合认定犯罪数额，“确因被害人人数众多等客观条件的限制，无法逐一收集被害人陈述的，可以结合证据，综合认定被害人人数及诈骗资金数额等犯罪事实”。

可见，就《电信诈骗意见》的规定而言，成立电信网络诈骗犯罪，数额标准要求低，证据规则相对弱化。为此，准确界定电信诈骗和网络诈骗，避免普通诈骗案件适用《电信诈骗意见》，将会对当事人产生重要影响。

关于电信网络诈骗犯罪内涵外延，《电信诈骗意见》未作出明确规定，相对较为模糊。最高人民检察院出台的《检察机关办理电信网络诈骗案件指引》，将电信网络诈骗犯罪进一步规定为，“以非法占有为目的，利用电话、短信、互联网等电信网络技术手段，虚构事实，设置骗局，实施远程、非接触式诈骗，骗取公私财物的犯罪行为”。

结合上述规定以及电信网络诈骗犯罪的定位和社会危害性，电信网络诈骗罪的认定须同时具备三个条件：一是面向不特定多数人；二是采用远程、非接触式方式诈骗；三是采用电信网络技术手段，诈骗信息具有蔓延性。尚未具备上述三个条件的，如面向的不是多数人，就不是电信诈骗。例如，李某诈骗案，(2017)鲁0305刑初321号刑事判决书指出，“尽管被告人利用了信息网络实施犯罪，也客观上使被害人基于对第三方支付平台和网上银行转账信息的信赖产生错误认识，先后被骗7次，但是其诈骗对象仅针对被害人李某某一人，也不存在首先通过网络向不特定多数人发布虚假信息，而最终只有1人予以回应被骗钱财的情形。因此，该笔20,935元指控应依法认定为普通诈骗，而非电信网络诈骗”。

不是面向不特定人诈骗的，也不是电信诈骗。比如徐某某诈骗案，(2018)粤0306刑初1230号刑事判决书指出，“被害人除了张某，其余被害人均是以前找被告人徐某某办理过分期购买手机的客户，被告人是有预谋地利用自己原来给客户服务过的身份挑选还剩余分期贷款没有还清的客户作为犯罪对象。虽然被告人徐某某获取财物时采用了网络技术手段，但并非面向不特定的大众实施诈骗，不宜认定为电信诈骗”。

采用面对面、接触方式诈骗的，通常不符合“非接触式诈骗”，不宜认定为电信诈骗犯罪。但是,具体则要进一步判断诈骗方式是否有足够的、充分的接触,还是说双方接触只是为了获取财物。

总之,采用网络技术手段的诈骗案件,未必都是电信诈骗案件。准确界定电信诈骗案件,避免将电信诈骗案件的规定适用于普通诈骗案件,有助于精准辩护,保障当事人权益。

二、主犯、从犯的认定

网络诈骗的实施,基本可以覆盖话术培训、业务办理、日常管理、拨打电话、发送短信、假冒身份、汇款取款等行为过程,多有组织、策划,部门分工、各司其职,成员众多的情况。

《刑法》第26条第1款、第27条第1款规定:“组织、领导犯罪集团进行犯罪或者在共同犯罪中起主要作用的,是主犯”“在共同犯罪中起次要或者辅助作用的,是从犯。”《电信诈骗意见》规定:“多人共同实施电信网络诈骗,犯罪嫌疑人、被告人应对其参与期间该诈骗团伙实施的全部诈骗行为承担责任。在其所参与的犯罪环节中起主要作用的,可以认定为主犯;起次要作用的,可以认定为从犯。”

区分共同犯罪主犯、从犯,关键是判断行为人是不是犯意发起者、犯罪纠集者、指挥者、主要责任者,是否参与犯罪的全过程或关键环节等方面。

(一)受雇佣、被管理的情形

网络诈骗团伙性、组织性较强,判断行为人是不是团伙核心成员,就成为主犯、从犯认定的关键。有的团伙型、平台型电信诈骗案,行为人虽具体参与、实施电信诈骗活动,但不是诈骗活动的发起人、组织、策划者,不是核心成员,只是接受公司派遣、安排,未就团伙诈骗共谋的,一般不宜认定为主犯。

例如,在某平台诈骗案件中,行为人按照诈骗金额提成领取工资,接受平台的指示从事诈骗活动。此类人员就公司策划的诈骗活动,服从剧本,分工明确、密切配合,形成完整的犯罪链条。就链条上的人员来看,均由核心成员招募而来,受制于团伙核心人员的管理和制约,彼此相对独立,分工明确。根据团伙中的地位、分工、作用,此类人员不宜认定为主犯。①

---

① (2014)浦刑初字第5287号刑事判决书。

(二)核心成员不在案的情形

网络诈骗窝点性、境外性色彩明显，判断行为人是不是主犯，不能只在已到案的人员之间相互比较，而是要放在整个网络诈骗案件中全面来看。因为有的行为人只是在到案人员中作用明显较大，收益较多，管理职责较高，但是在整个网络诈骗组织中，特别是与那些未到案的核心人员相比较，依旧只是领取工资报酬，受制于他人管理和分配的小角色，而非窝点的负责人、管理者。

行为人的作用，相较于更低层级的人员起到较为主要的作用，但是相较于平台出资方、搭建方、策划方而言，作用仍然较为次要，可以认定为从犯。例如，(2019)浙068刑初45号刑事判决书就提到，陈某指导田某等二人，在诈骗犯罪中的作用明显大于后者，但在整个犯罪过程中，三人皆为招录进来的，受袁某等人节制，在共同犯罪中所起的作用和地位是辅助的。作用低于袁某等人，应为从犯。

网络诈骗案中，主犯、从犯的认定，组织、策划、发起，相对易于辨别。只是诈骗环节上的其他人员，大多是通过网上招聘或同乡、朋友介绍等参与团伙诈骗的，是主犯还是从犯，需要认真把握。

三、犯罪数额的认定

网络诈骗犯罪，作为侵财类案件，量刑轻重严重依赖犯罪数额的多少。因此，围绕犯罪数额展开辩护，是网络诈骗案件的常态。

(一)扣除非参与期间的犯罪数额

《电信诈骗意见》规定："多人共同实施电信网络诈骗，犯罪嫌疑人、被告人应对其参与期间该诈骗团伙实施的全部诈骗行为承担责任。"浙江地区《关于办理电信网络诈骗犯罪案件若干问题的解答》规定："普通业务组长，以其参与期间主管的小组成员诈骗数额总额认定，量刑时参考具体犯罪时间和作用。""普通业务员，原则上认定为从犯并以个人参与的诈骗数额作为量刑依据，同时参考其具体犯罪时间和收入。"

根据以上规定，行为人对于非参与期间的数额不承担责任。要注意区分的是，普通业务员和业务经理负责的范围不同，普通业务员仅对自己的实施行为负责，即仅限于自己诈骗的被害人。例如，匡某甲团伙有明确分工，各人负责自己的区域，各键盘手仅对自己诈骗的被害人负责，不对全案承担责任。本案被不起诉人李某某仅对自己诈骗成功的四名被害人的 2050 元承担刑事责任。根据最高人民法院和最高人民检察院关于电信诈骗的司法解释，被不起诉人李某某的犯罪金额尚达不到构罪标准。①

（二）扣除事实不清的犯罪数额

网络诈骗案件，认定犯罪数额更多的是依靠书证、电子证据等进行综合认定。在案证据不能认定的情况下，就会存在部分数额事实不清、证据不足。

面对网络诈骗案件，可以重点把握两个方面：

一是要重视证据的关联性，即证据能否将受害人的损失与团伙、与个别人员具体地联系起来。比如说，在案证据不能将受害人与被告人关联起来，这部分数额就会被扣除。最高人民检察院第 67 号指导性案例就曾特别提到这个问题，要关注被害人与诈骗犯罪组织间关联性证据调取的完整性。围绕证据的关联性，检察院要求公安机关补充调取犯罪嫌疑人使用网络电话与被害人通话的记录、被害人向犯罪嫌疑人指定银行账户转账汇款的记录、犯罪嫌疑人的收款账户交易明细等证据，以准确认定本案被害人。②

二是要分析犯罪数额中有无存疑的数额，即哪些数额不能被证据证实。例如，在淘宝刷单类诈骗案件中，为进一步骗取被害人的信任，吸引更多被害人"刷单"付款，行为人对被害人有过退款操作。因此，退款记录就成为本案犯罪数额必须扣除的事项，对于其中无法确认是否为退款的几笔，因无法排除合理怀疑，按照有利于被告人原则视为退款。③

犯罪数额的多寡，直接影响量刑轻重，尤其是会影响量刑档次的升高与降低。因此，犯罪数额辩护方面，应通过在案证据尽力辩驳，确保有问题的、有疑问的数额不被认定。

四、此罪与彼罪

同诈骗罪相比，非法经营罪和开设赌场罪定罪条件和量刑明显轻缓。适时

---

① 衡祁检公诉刑不诉(2019)113 号不起诉决定书。

② 检例第 67 号张某等 52 人电信网络诈骗案。

③ (2015)杭余刑初字第 1235 号刑事判决书。

转向其他犯罪，探讨此罪与彼罪，是两害相权取其轻的辩护方法。

（一）非法期货类案件，诈骗与非法经营

借助网络媒介，期货交易越发便捷。与之相关联的违法犯罪活动，如诈骗案和非法经营案更是层出不穷。

《期货交易管理条例》第 6 条第 2 款规定："未经国务院批准或者国务院期货监督管理机构批准，任何单位或者个人不得设立期货交易场所或者以任何形式组织期货交易及其相关活动。"

不具备期货交易资质的平台开展期货类业务，被认定为非法经营行为，是期货类案件法律适用的兜底条款。需要指出的是，期货类犯罪行为是诈骗还是非法经营，关键在于审核交易平台的虚假性和经营行为的对价性。

进场交易时，客户建立仓单，限于入金、出金、手数，无法对交易的其他参数进行选择。交易平台与国内国际市场行情相连接，资金具有流动性，平台不能通过后台篡改数据、制造亏损的，不宜认定为诈骗罪。特别是，在案证据如不能证实期货类交易平台被操纵、调控走势、虚构数据的情形，不应认定为诈骗罪。例如，(2019)苏 02 刑终 125 号刑事裁定书指出的，"不能证明被告人通过控制行情的涨跌或交易对手，在交易过程中操纵价格等事实，现有证据尚不能充分证明构成诈骗罪。洪某某等人是以进行现货交易为名，行组织期货交易之实，应定性为非法经营行为"。

（二）网络赌博类案件，诈骗与赌博

网络类犯罪多种多样，准确认定相关罪名，才能做到罪刑均衡。是赌博罪、开设赌场罪还是诈骗罪，对被告人而言，量刑较为悬殊。

《最高人民法院关于对设置圈套诱骗他人参赌又向索还钱财的受骗者施以暴力或暴力威胁的行为应如何定罪问题的批复》曾提到，"行为人设置圈套诱骗他人参赌获取钱财，属赌博行为，构成犯罪的，应当以赌博罪定罪处罚"。可见，赌博同样会带有诱骗的色彩。但是，赌博与诈骗有根本区别，即赌博性质上是射幸行为，结果具有偶然性。赌博、开设赌场，设定的是赌博规则，参赌人员赢输不确定。网络诈骗则相反，是借助赌博的外壳，通过平台操纵投注结果，或是直接控制场内资金的方式非法占有他人财物。

因此，判别二者的关键：一是要看赌博平台能否控制投注，有无外挂作弊软件,参赌人员输赢是否确定;二是要看行为人是营利目的还是非法占有目的;三是要看赌博网站是否虚假,参赌人员能否控制资金投注;四是要看平台与参赌人员赢输比例。例如,指导案例 106 号谢某军开设赌场案指出的,“以营利为目的,通过邀请人员加入微信群的方式招揽赌客,根据竞猜游戏网站的开奖结果等方式进行赌博,设定赌博规则,利用微信群进行控制管理,在一段时间内持续组织网络赌博活动的,属于开设赌场”。

综上所述,网络诈骗案件面临的疑难或争议问题较多,司法认定具有多样性。作为辩护人,我们可以从问题意识入手,结合具体案件提出有益的方案,实现辩护的有效性。

第八章　透过无罪案例看骗取贷款罪

为严密刑事法网，保护信贷资金安全，2006年的《刑法修正案(六)》新设骗取贷款罪。根据《刑法》第175条之一的规定，以欺骗手段取得银行或者其他金融机构贷款，给银行或者其他金融机构造成重大损失或者其他严重情节的，构成骗取贷款罪。近年来，骗取贷款罪在金融领域逐渐活跃起来，成为民营企业的风险高地。

出于对骗取贷款罪的理解不一，不少办案人员认为只要是贷款人提供虚假材料，就是骗取贷款罪的欺骗行为；因抵押物会贬值、灭失等，即便提供真实、足额的担保，也会给金融机构带来损失。司法实践中，这两个观点的叠加，往往就会得出入罪结论。

然而，需要注意的是，骗取贷款罪的认定，不能只是形式地看到“欺骗行为”和“重大损失”，而应实质地加以分析和理解。最近办理的一起不起诉案件就是如此，某民营企业，为获取经营资金，通过伪造购销合同向银行贷款1.8亿余元，并改变贷款用途。在整个贷款过程中，该民企均以自有房产提供超额价值的抵押担保。经过检察院两次退回补充侦查，检察院还是认为是否给银行造成重大损失事实不清、证据不足，最终决定不起诉。

通过该起不起诉案件，再结合以往发生过的部分无罪案例，可以看出骗取贷款罪争议问题较多、无罪辩护空间较大。尤其是在贷款申请人提供足额、真实抵押的情况下。总结来说，骗取贷款罪的认定，须重点关注三个方面。

一、信贷资金的安全性

《贷款通则》第20条规定：借款人不得用贷款从事股本权益性投资，国家另有规定的除外；不得用贷款在有价证券、期货等方面从事投机经营；除依法取得经营房地产资格的借款人以外，不得用贷款经营房地产业务；依法取得经营房地产资格的借款人，不得用贷款从事房地产投机。很明显，《贷款通则》对借款人的限制，更多地集中在贷款用途方面，也即贷款审核更多地是把贷款资金安全放在首位。《贷款通则》如此，骗取贷款罪亦是如此。

考虑骗取贷款罪的设立背景，必须回溯骗取贷款罪与贷款诈骗罪的关系。由于贷款诈骗罪要求的非法占有目的有时不能满足，但欺骗金融机构获取贷款又会造成信贷资金无法归还。正是基于这种信贷资金安全的考量，立法上才会有骗取贷款罪的存在。时任全国人大法工委刑法室副主任的黄太云在对《刑法修正案(六)》的解读中就曾提到过，“以欺骗手段获取银行和金融机构贷款，会使金融资产运行处于可能无法收回的巨大风险之中”。所以，骗取贷款罪要保护的只能是银行贷款资金的安全，而不是抽象的金融贷款秩序。

广东省高级人民法院发布的典型案例(2017)粤刑例字第1号邓某骗取贷款案，从司法实务角度明确骗取贷款罪保护的是具体的信贷资金安全。邓某案裁判观点指出，“虽然被告人邓某在向兴业银行东莞分行申请贷款的过程中提供虚假的贷款资料，但该笔贷款最终由担保人远大担保公司代为偿还，并未给兴业银行或者其他金融机构造成实际损失，不符合骗取贷款罪的构成要件。原判认定被告人邓某犯骗取贷款罪的定罪不当，故二审依法判决被告人邓某无罪”。

《刑法修正案(十一)》的出台，将骗取贷款罪定位为“给银行或其他金融机构造成重大损失”，删除了“其他严重情节”的要求，更加明确了骗取贷款罪对信贷资金安全的强调。

因此，只有信贷资金的安全性存在问题，才有成立骗取贷款罪的空间。如果银行或其他金融机构未曾有损失，自然不能成立骗取贷款罪。也即，当金融机构的信贷资金安全性根本不是个问题的时候，则不应存在骗取贷款罪的成立空间。

二、重大损失的现实性、实际性

认定骗取贷款罪，要有重大损失，最高人民检察院、公安部给出的追诉标准是，“以欺骗手段取得贷款数额在100万元以上”。所以，只要以欺骗手段取得贷款100万元就是犯罪吗？事实上，100万元的追诉标准不是机械的唯数额论，更不是要降低证明标准。

具体来看，骗取贷款罪要求的重大损失，不是抽象的数字，而是有具体的信贷资金安全。正是出于信贷资金的安全问题，这个损失一定是实际发生的、现实存在的,而不是可能发生的。换言之,认定重大损失,应当回到事发时贷款申请人的客观举动。例如,贷款申请人为贷款设立担保,担保人已经偿还的,或贷款申请人还在偿还贷款本息的;再如,申请人在贷款时提供真实、足额、有效抵押,通常不宜认定为贷款机构有重大损失。

对于采取欺骗手段从银行获得贷款,提供足额、真实的抵押未给银行造成损失,如何定性,广东省高级人民法院就专门向最高人民法院请示过。

2011 年 7 月 20 日,最高人民法院以(2011)刑他字第 53 号《关于被告人陈某骗取贷款请示一案的批复》明确指出,骗取贷款罪,虽不要求行为人具有非法占有为目的,但应以危害金融安全为要件。被告人陈某虽然采用欺骗手段从银行获取贷款的数额特别巨大,但其提供了足额真实抵押,未给银行造成损失,不会危及金融安全,因此陈某的行为不属于《刑法》第 175 条之一规定的"有其他严重情节",不构成犯罪。

刘 1、刘 2 组织、领导黑社会性质组织系列案件中,同样如此。湖北省高级人民法院二审判决书指出,刘 1 及汉龙集团已经归还和有足额担保的贷款应在犯罪数额中予以核减,一审量刑偏重,予以改判。最高人民法院在刘 1 等组织、领导黑社会性质组织、故意杀人等死刑复核刑事裁定书也对二审法院认定骗取贷款罪的裁判观点予以支持,"第二审判决认定被告人刘 1 骗取贷款的事实清楚,证据确实、充分,定罪准确"。

可见,借款人提供足额、真实抵押,特别是超价值抵押(如贷款金额为抵押价值的 70%)一般不会给贷款机构造成重大损失,不应被认定为骗取贷款罪,或是有足额担保的贷款应当在犯罪数额中予以核减。

此外,提供足额、真实抵押,还有证据认定的问题。申请人提供真实、足额,特别是超值抵押的情况下,控方如坚持认定骗取贷款罪,就有义务证明借款人提供的抵押有问题,从而导致信贷资金有重大损失,而不是只提出有重大损失的可能,这显然不符合刑事案件的证明标准。司法实践中,不被作为犯罪处理的,往往正是控方提供的证据难以证实信贷机构的重大损失,最终以事实不清、证据不足作出不起诉决定。

三、错误认识的因果性

骗取贷款罪,有类似于诈骗罪的犯罪构造。骗取贷款罪的因果流程:行为人实施欺骗行为→金融机构产生错误认识→金融机构基于错误认识提供贷款→行为人取得金融机构的贷款→金融机构的资金安全受到影响。

就此来看，骗取贷款罪的实行行为，表现为针对贷款这个行为对象，贷款申请人有“骗”和“取”两个行为，其间还有因果关系的存在。如果因果关系出现断裂，比如说贷款人提供虚假资料欺骗金融机构，但金融机构未因欺骗行为产生错误认识，或是金融机构发放贷款不是因为产生了错误认识，那么同样不宜认定为犯罪。

贷款申请人提供虚假资料欺骗金融机构相关审批人员，然而信贷业务部门人员只是形式地审查贷款人的贷款合同、财务状况、贷款去向等虚假资料，惰性地只是重点关注贷款人有无提供抵押，并且是基于抵押、担保才向申请人发放贷款，那就很难说是因为受到虚假资料的欺骗而产生错误认识。

金融机构发放贷款后，还有贷后跟踪管理。《中国银行贷款跟踪管理暂行规定》规定，信贷业务部负责对贷款及借款企业进行日常和定期的监督检查，收集有关贷款信息并进行分析，对影响贷款安全和形态变化的重要事项进行报告。

综合两种情况来说，贷款发放前、发放后，信贷人员若只是形式审查，而未就贷款去向、贷款企业进行实质审查，未定期监督检查，也未就合同材料是否虚假、贷款用途是否改变作出检查，一般不宜认定金融机构因为贷款人的欺骗行为陷入错误认识。因为，贷款审核过程中，金融机构处于强势一方，贷款申请人则相对弱势。即便是为了保护信贷资金安全，也不应由贷款申请人为贷款审批人员的惰性买单，否则只会助长审批人员的不规范，长久来看更会危及信贷安全。上述情形下，当然不能说信贷机构起初发放贷款是因为受到欺骗而产生了错误认识，更不能进一步说信贷机构遭受的重大损失是当初的欺骗行为引起的。

上海市第一中级人民法院的(2016)沪01刑终1247号刑事判决书就有类似裁判观点，“在抵押、担保真实、足额、有效的情况下，金融机构发放贷款主要依据的是抵押担保，并没有陷入错误认识发放贷款，即使贷款申请人使用了虚假贷款用途等欺骗手段，并不会因此造成金融机构的重大损失，不符合骗取贷款罪的构成要件”。

还有的贷款审批人员明知贷款申请人提交的贷款资料存在虚假情形，还是为了业绩或指标采取放任态度，或是指导、授意贷款申请人提供虚假材料。这种情况下，贷款审批人显然不会因为“欺骗”产生“错误认识”，相反，非常明确地了解贷款申请人的虚假资料，不符合骗取贷款罪要求的因果关系，不应被认定为骗取贷款罪。虽然贷款审批人员自身存在过错或不规范的证据不好收集，因为审批人员往往会趋利避害地指出自身不存在问题，而把责任都推脱到贷款申请人方面。但是，通过细致审查案卷材料或是主动收集证据总能发现蛛丝马迹，从而为案件赢得崭新的局面。

江苏省常熟市人民法院的(2016)苏0581刑初1339号刑事判决书就指出，“银行人员对于申请贷款的财务资料虚假、贷款实际用途与购销合同不符均是明知的。同时，亦无证据证明涉案银行对贷款的申请资料、资金用途进行实质审查，并因虚假的财务资料、购销合同而受骗，在案证据不足以证明贷款申请人骗取贷款罪的主观故意、涉案银行系因虚假财务资料、购销合同产生错误认识而发放贷款”。本书前边提到过的不起诉案件同样也有这个问题。

因此，要认定骗取贷款罪，必须充分考虑骗取贷款罪的犯罪结构。若是欺骗行为有问题；或是重大损失立不住；再或是信贷审批人员不是因申请人提供的虚假材料陷入错误认识，“骗”和“取”的因果被割裂的，都不应认定为骗取贷款罪。

第九章 “特异体质”命案的罪与罚

据红星新闻报道,老人邓某楣因送客进站与检票员产生争执并引发肢体冲突。争执过程中,邓某楣被检票员打伤在地,后经送医抢救无效死亡。《鉴定意见通知书》显示,邓某楣死因符合在慢性肾炎及肾衰竭的基础上,因冠状动脉粥样硬化性心脏病急性发作致循环、呼吸衰竭死亡;发生纠纷及殴打可诱发其冠心病急性发作。

司法实践中,类似于邓某楣的案件不在少数。此类案件多被称为“特异体质”命案,特点:(1)因琐事引发;(2)行为人实施的轻微暴力诱发被害人特殊疾病发作;(3)行为人对被害人特殊体质不知情。

通常来讲,轻微暴力行为,即撕扯、推搡、掌掴或者击打非致命部位等常见的殴打行为,不会损害人体机能,更不会导致体质健康的人重伤、死亡。但是,“特异体质”人群不同于体质健康的人,比如患有心脏病、心肌梗、冠心病、脑血栓、血友症等疾病或者其他身体因素存在异常。

若被害人系“特异体质”人群,轻微暴力作用于被害人的身体,直接伤害后果或许只是轻微伤,却会诱发被害人自身疾病的发作,最终导致死亡结果的发生。这种情形下,轻微暴力与特异体质相结合导致死亡的,通常涉及四个问题:(1)轻微暴力能否被评价为刑法上的伤害行为;(2)轻微暴力与死亡结果之间的因果关系是否应该从刑法意义上加以评价;(3)行为人对死亡结果是否承担刑事责任;(4)有罪与无罪、此罪与彼罪。

最高人民法院的《人民法院案例选》曾发布过三起“特异体质”命案指导案例,非常具有代表性。三起案件认定结果以及指导意见基本涵盖了目前围绕“特异体质”命案的主要争议,即主张构成故意伤害罪(致人死亡)、过失致人死亡罪或者无罪(意外事件)。

1. 指导案例第389号洪某故意伤害案。洪某的女友与陈某发生争执,洪某挥拳连击陈某的胸部和头部，陈某被打后追撵洪某，追出两三步后倒地身亡。经鉴定，陈某系在原有冠心病的基础上因吵架时情绪激动、胸部被打、剧烈运动及饮酒等多种因素影响，诱发冠心病发作，冠状动脉痉挛致心跳骤停而猝死。二审法院认为，洪某故意伤害他人身体，致被害人死亡，构成故意伤害罪，但被告人的死亡系多因一果，直接原因是冠心病，经最高人民法院核准，在法定刑以下判处有期徒刑5年。

2. 指导案例第1079号都某过失致人死亡案。都某及其子都某乙因停车问题与陈某发生口角，继而打斗在一起。打斗过程中，都某拳击、脚踹陈某头部、腹部，致其鼻腔出血。后陈某报警。民警赶到现场后将都某父子带上警车，由陈某驾车与其妻跟随警车一起到派出所接受处理。双方在派出所大厅等候处理期间，陈某突然倒地，后经送医院抢救无效于当日死亡。经鉴定，陈某有高血压并冠状动脉粥样硬化性心脏病，因纠纷后情绪激动、头面部（鼻根部）受外力作用等导致机体应激反应，促发有病变的心脏骤停而死亡。两审法院认定，都某构成过失致人死亡罪，判处有期徒刑3年。

指导意见可以归结为三点：(1)被告人的暴力行为导致被害人的身体产生应激反应，促发病变心脏骤停而死亡，并非被害人自身原因促发死亡。被告人的行为与死亡结果具有因果关系。(2)可以认定被告人只有殴打他人的故意，不能认定被告人存在意图造成被害人身体器官损伤的刑法上的伤害故意。(3)都某应当预见击打他人头部、腹部可能导致他人死亡的危害后果，因为疏忽大意没有预见，以致发生被害人死亡的危害后果，存在疏忽大意的过失。

3. 刘某无罪案。刘某因交通问题与张某发生口角，后刘某动手推了张某的肩部并踢了张某腿部，张某报警后双方被带到派出所。在派出所解决纠纷时，张某感到胸闷不适，经送医抢救无效死亡。经法医鉴定：张某因患冠状动脉粥样硬化性心脏病，致急性心力衰竭死亡。法院最终认为被告人无罪。

《人民法院案例选》提炼出来的裁判要旨：不知他人患有心脏病，在争吵过程中推搡并脚踢他人非要害部位，致使他人心脏病发作经抢救无效死亡的，不构成过失致人死亡罪，系意外事件。

本案造成被害人死亡的直接原因是心脏病，行为人的殴打行为只是引发心脏病的诱因，被害人很可能是由于受到殴打而产生情绪激动从而引发心脏病造成死亡结果的发生，即行为人的行为与被害人死亡之间还存在着被害人情绪激动、心脏病发作等一系列中间环节，从一般的社会常识来分析，这些中间环节并不是行为人的行为所必然引发的结果，不是刑法意义上的因果关系。

指导案例最终呈现的不同结果，一定程度上凸显出“特异体质”命案存在的争论，也意味着“特异体质”命案类处理方式也多有不同。与此同时，还要注意的是，每一起“特异体质”命案的争论基本都是围绕着轻微暴力是否构成刑法上的伤害行为，有无刑法意义上的因果关系，是故意还是过失加以展开。

1. 轻微暴力的刑法评价方面，指导案例第 389 号的观点在实践中具有一定的代表意义，即击打头部、胸部的殴打行为属于刑法评价上的伤害行为。

指导案例第 1079 号则在某种程度上修正了指导案例第 389 号的观点，指出基于殴打意图的轻微暴力行为不必然就是刑法上的故意伤害行为，要认识到刑法上的故意伤害行为与一般殴打行为之间存在界限。正如张明楷教授所言，“一般生活意义上的故意不等同于刑法上的故意。行为人只具有一般殴打的意图，并无伤害的故意，由于某种原因或者条件引起了被害人死亡的，不能认定为故意伤害致死；如果行为人对死亡结果有过失，就应认定为过失致人死亡罪”。

应当说，一般殴打与故意伤害行为是两种不同性质的行为，不论是打击力度、打击频次还是打击后果，一般殴打均未上升到故意伤害的程度。一般殴打追求的是致使对方一时的疼痛，伤害意欲的则是损害对方身体器官机能。因此，日常生活中所常见的殴打行为，不必然导致身体器官受损。被害人身体未形成轻微伤或者只是一般擦伤、损伤，未造成严重伤害的，应当以行为的性质限定故意伤害罪的成立，慎重认定轻微暴力行为属于故意伤害行为。

还需进一步指出的是，故意伤害罪实行行为是类型化的法益侵害行为。如果一般殴打行为尚不符合实行行为的要求，则只能归于日常风险所接纳的行为，自然不在故意伤害罪的规制范围之内。

2. 因果关系评价方面，指导案例第 389 号与第 1079 号都是以“条件说”为评价基础，强调实行行为与死亡结果之间引起与被引起的条件关系。如果没有被告人的外力作用，潜藏在被害人体内的疾病就不会发作，也就不会产生死亡的结果，因此被告人的行为诱因与死亡结果之间形成了“没有前者，就没有后者”的条件关系，二者之间具有刑法意义上的因果关系。

虽然“特异体质”命案判断的关键不在于因果关系，而在于罪责形式，但是《人民法院案例选》推选的刘某无罪案，认定逻辑则明显不同于上述两起指导案例,是在“条件说”的基础上,引入一般社会常识加以考量,进一步分析因果关系是否能够产生刑法意义。肯定条件关系的情况下,再进一步以社会常识进行评价,实际上采取的是“相当因果关系说”,要求在归因的基础上再以规范要素进行判断。

“特异体质”命案,被告人行为在鉴定意见中被统称为“诱因”。这个诱因在导致被害人死亡中到底起到多大作用,诱因被认定为原因之一能否经得起社会常识的考验,“相当因果关系说”给出的有可能是不同的答案。

指导案例第 389 号与第 1079 号的不同之处,在于二者的罪责形式。第 389 号案例认定被告人的主观方面是故意;第 1079 号案例认定被告人的主观方面是疏忽大意的过失。“特异体质”命案中,被害人身体上的特异体质,被告人通常不知情。被告人仅出于一般的殴打意图,而非损害他人身体机能的情况下,难以就此认定被告人的伤害故意,因为故意伤害致人死亡通常要求行为人的暴力类型具有致人死亡的可能性。

当然,主观方面见之于客观,判断主观意图需要借助于客观外在行为的表现。打击力度、打击部位、作案工具、被害人体质、案件起因、事后态度、诱因与死亡的间歇过程等客观因素需要具体分析,综合判定行为人是否具有伤害意图,以及能否预见到被害人死亡的发生,从而查明行为人是犯罪故意还是过失。

因此,“特异体质”命案的判定,不应是“一刀切”的法律现象,司法者看到死亡结果就一概认定为故意伤害罪(致人死亡)。相反,此类案件的认定逻辑要破除重罪阴影,准确界定,避免落入客观归罪的窠臼。

为准确判断特殊体质案件的罪与罚,需要司法者给予充分正视,查明当时情境下,行为人实施行为的暴力程度、击打力度、击打部位、击打过程、持续时间、作案工具、认识程度、案件起因、事后态度等各个方面,准确认定事实,正确适用法律,回馈人民群众的关切,让涉案人员感受到具体的正义。

第十章 “无证收购玉米案”的指导性意义

2018 年 12 月 19 日，最高人民法院发布第 19 批指导性案例，共 5 个案例。其中，“王某军无证收购玉米改判无罪案”位列其中，供各级人民法院审判同类案件时进行参考。

一、入选指导性案例，有助于限缩非法经营罪

2015 年年底，经群众举报，王某军因无证收购玉米而被工商局等相关部门查获，随后其到公安机关投案自首。

2016 年 4 月 15 日，内蒙古巴彦淖尔市临河区人民法院，经审理认定，被告人王某军没有办理粮食经营许可证和工商营业执照而进行粮食收购活动，违反《粮食流通管理条例》相关规定，依据《刑法》第 225 条第 4 项规定，以非法经营罪判处王某军有期徒刑 1 年，缓刑 2 年，并处罚金人民币 2 万元。

2016 年 12 月 16 日，最高人民法院就此案作出再审决定书，指令内蒙古自治区巴彦淖尔市中级人民法院进行再审。内蒙古自治区巴彦淖尔市中级人民法院经再审认为，王某军于 2014 年 11 月至 2015 年 1 月，没有办理粮食收购许可证及工商营业执照买卖玉米的事实清楚，违反当时的国家粮食流通管理有关规定，但尚未达到严重扰乱市场秩序的危害程度，不具备与《刑法》第 225 条规定的非法经营罪相当的社会危害性、刑事违法性和刑事处罚必要性，不构成非法经营罪。

2017 年 2 月 17 日，王某军收购玉米获罪案再审宣判，巴彦淖尔市中级人民法院依法撤销原审判决，改判王某军无罪。

2018 年 12 月 19 日，最高人民法院将此案列为指导性案例，旨在明确《刑

法》第225条非法经营罪第4项“其他严重扰乱市场秩序的非法经营行为”的适用问题。

裁判要点确认两条规则,一是要判断相关行为是否具有与《刑法》第225条前三项规定的非法经营行为相当的社会危害性、刑事违法性和刑事处罚必要性。二是违反行政管理有关规定的经营行为是否构成非法经营罪,应当考虑该经营行为是否严重扰乱市场秩序。虽违反行政管理有关规定,但尚未严重扰乱市场秩序的经营行为,不应认定为非法经营罪。

实际上,最高人民法院通过此案确认的两条裁判规则,正是非法经营罪备受困扰的争议内容,即何种非法经营行为可以适用《刑法》第225条第4项“其他严重扰乱市场秩序的非法经营行为”,以及修饰非法经营行为的“严重扰乱市场秩序”的判定问题。作为指导性案例的“无证收购玉米案”,今后将供同类案件审判参考,有助于遏制那些违反行政管理规定,但尚未严重扰乱市场秩序的经营行为被入罪的现象,进一步强调经济违法与刑事违法的界限;也有助于防止将《刑法》第225条前三项列举规定之外的任何相关行为纳入《刑法》第225条第四项其他事项之中,避免罪行擅断。

二、“堵截条款”:非法经营罪扩张的肇因

非法经营罪,是从1979年《刑法》“投机倒把罪”演化而来,目的在于消化与分解投机倒把罪的适用范围。然而,随着社会经济生活不断涌现新情况、新问题,最高人民法院和最高人民检察院先后出台十余个司法解释,对非法经营罪“堵截条款”的适用空间进行扩张,已然包括我们生活的各个领域,如外汇、证券、期货、保险、出版、电信、医药、饲料等。与此同时,司法裁判则进一步解读“其他严重扰乱市场秩序的非法经营行为”的涵盖范围,将诸如非法从事高利贷、非法从事群发短信、非法出售违规建房等内容全部纳入其中。

《刑法》第225条规定:“违反国家规定,有下列非法经营行为之一,扰乱市场秩序,情节严重的,处五年以下有期徒刑或者拘役,并处或者单处违法所得一倍以上五倍以下罚金;情节特别严重的,处五年以上有期徒刑,并处违法所得一倍以上五倍以下罚金或者没收财产:(一)未经许可经营法律、行政法规规定的专营、专场物品或者其他限制买卖的物品的;(二)买卖进出口许可证、进出口原产地证明以及其他法律、行政法规规定的经营许可证或者批准文件的;(三)未

经国家有关主管部门批准非法经营证券、期货、保险业务的，或者非法从事资金支付结算业务的；（四）其他严重扰乱市场秩序的非法经营行为。”

从非法经营罪的罪状来看，该罪采用“空白罪状 + 堵截条款”相结合的立法方式。“违反国家规定”系空白罪状，即对于构成要件内容，《刑法》条文不作具体规定，而是指引裁判者依据其他行政规范作出认定。非法经营罪第 4 项“其他严重扰乱市场秩序的非法经营行为”则被称为“堵截条款”。

由于生活事实的不断变化，难为有限的法律所规制，立法者为避免挂一漏万，类似于“其他”这样的“堵截条款”常常充斥于《刑法》条文之中。譬如，以危险方法危害公共安全罪，《刑法》条文规定放火、决水、爆炸以及投放毒害性、放射性、传染病病原体等物质或者以其他危险方法危害公共安全。

要注意的是，同其他使用“堵截条款”的罪名不同，非法经营罪不单是将“空白罪状”“堵截条款”“列举法”“例示法”等法律明确性所排斥的表述方式加以混合使用，还存在对“堵截条款”多次使用的情形。具体来看，非法经营罪第 1 项、第 2 项均采用例示法，通过示例的方式列举具体行为方式，再结合“其他”进行抽象概括；第 3 项只是列举，较为简洁；第 4 项则是为进一步统合第 1 项、第 2 项、第 3 项之外的其他事项，再一次使用过度抽象的“堵截条款”。

一般而言，个罪使用一次“例示法”还可说是顾全法的安定性与灵活性。但多次使用“例示法”之后，再进行总括抽象，就很难说存在何种优越性。可以说，正是这种罪状表述方式，使得非法经营罪第 4 项“堵截条款”在司法适用过程中不断地被扩张。

三、解决路径：同类解释“堵截条款”

面对“堵截条款”的扩张适用，最为根本的是像当初肢解投机倒把罪那样，分化、消解非法经营罪。问题是，刑事立法修改之前，刑事司法当如何规范非法经营罪的认定。

最高人民法院于 2011 年出台《关于准确理解和适用刑法中“国家规定”的有关问题的通知》，要求各级人民法院审理非法经营犯罪案件，要依法严格把握《刑法》第 225 条第 4 项的适用范围。对被告人的行为是否属于《刑法》第 225 条第 4 项规定的“其他严重扰乱市场秩序的非法经营行为”，有关司法解释未作明确规定的，应当作为法律适用问题，逐级向最高人民法院请示。该通知的出台，在某种程度上能够阻挡司法解释之外的相关经营行为被认定为非法经营罪，规范法官随意适用非法经营罪第 4 项。但司法适用过程中，如何理解“其他严重扰乱市场秩序的非法经营行为”，始终缺乏共识。

“无证收购玉米案”裁判要点指出，审理非法经营案件，要判断相关经营行为是否具有与《刑法》第 225 条前三项规定的非法经营行为相当的社会危害性、刑事违法性和刑事处罚必要性。应当说，裁判要点的判断标准，某种程度上类似于刑法学界普遍主张的“堵截条款”的解释应当坚持同类解释规则。既要解释“其他”，就需观察、分析“其他”之前各项内容，总结“其他”之前各项规定的特征、类型。也就是说，非法经营罪第 4 项规制的类型需要等同于非法经营罪前三项规定的情形。通过前三项规定来看，非法经营罪规制的对象都在于“未经许可从事某项业务或买卖特定物品”也即“与市场准入相关的秩序”。根据同类解释规则，只有同样破坏“市场准入秩序”的相关经营行为才得以同非法经营罪前三项之规定具有相当的社会危害性、刑事违法性和刑事处罚必要性。

因此，解释“堵截条款”关键在于提倡规范目的，通过同类解释，实现社会危害性、刑事违法性和刑事处罚必要性的相当性。

此外，“堵截条款”还强调扰乱市场秩序的非法经营行为必须达到“严重”的程度。从语言学上看，“严重”修饰的是“市场秩序”，所以并非任何社会危害性都可以解释为“严重”，这也正是“无证收购玉米案”确认的第二个裁判规则。

随着“无证收购玉米案”入选最高人民法院指导性案例，“堵截条款”适用空间有望进一步得到限缩，对同类案件的办理有借鉴和指导性意义。

第十一章　醉驾致人伤亡的司法认定

2019年7月3日晚间,河南省永城市,发生一起"玛莎拉蒂撞宝马"的惨烈车祸。据永城公安局调查,2019年7月3日晚,谭某、刘某、张某3人,在永城市东城区雪枫路南段烧烤店吃饭、饮酒后,谭某驾驶豫NE××55玛莎拉蒂轿车,拉载刘某、张某2人离开。22时40分许,谭某3人驾乘车辆行驶至永城市东城区地税巷时,与正在该路段行驶及路边停放的皖FE××69大众轿车等8辆轿车发生轻微剐蹭,未造成人员伤亡。随后,谭某驾车逃逸。22时42分许,谭某驾车逃逸至永城市东城区东环路与永兴街交叉口,追尾撞击一辆等待信号灯的豫N0××2L宝马轿车,致宝马轿车燃烧、车内2人当场死亡、1人受伤,肇事车内3人受伤。7月4日,永城公安通报称,涉事司机谭某血液酒精含量167.66/100m,属于醉酒驾驶。公安机关以涉嫌危害公共安全罪对谭某、张某、刘某采取刑事强制措施。

司法实践中,类似于谭某的案件,不乏典型案例。案件的症结,主要是区别交通肇事罪与以危险方法危害公共安全罪以及量刑幅度的考量。

2011年5月1日,《刑法修正案(八)》正式实施,"醉驾入刑"。同时,《刑法》规定醉酒驾车构成其他犯罪的,依照处罚较重的规定定罪处罚。醉酒驾车构成其他犯罪,一般来说,是交通肇事罪与以危险方法危害公共安全罪。

《刑法》第133条规定:"违反交通运输管理法规,因而发生重大事故,致人重伤、死亡或者使公私财产遭受重大损失的,处三年以下有期徒刑或者拘役;……因逃逸致人死亡的,处七年以上有期徒刑。"第115条规定:"放火、决水、爆炸以及投放毒害性、放射性、传染病病原体等物质或者以其他危险方法致人重伤、死亡或者使公私财产遭受重大损失的,处十年以上有期徒刑、无期徒刑或者死刑。"

2008年,孙某铭无证醉酒驾车,造成四死一重伤的惨案,引发举国关注,最终被法院"以危险方法危害公共安全罪"判处无期徒刑,这也是国内首例因无证醉酒驾车肇事而获最高刑罚者。

为严惩醉酒驾车犯罪,统一法律适用标准。2009年9月11日,最高人民法院出台《关于印发醉酒驾车犯罪法律适用问题指导意见》(以下简称《醉酒驾车指导意见》)进一步明确,“行为人明知酒后驾车违法、醉酒驾车会危害公共安全,却无视法律醉酒驾车,特别是在肇事后继续驾车冲撞,造成重大伤亡,说明行为人主观上对持续发生的危害结果持放任态度,具有危害公共安全的故意。对此类醉酒驾车造成重大伤亡的,应依法以以危险方法危害公共安全罪定罪”。

醉酒驾车致人伤亡,是交通肇事罪还是以危险方法危害公共安全罪,区别是两者主观罪过的不同,即是过于自信的过失犯罪,还是全然不在乎他人死活放任危害后果的间接故意犯罪。

现实中,主观罪过的认定,本身尤为困难,证据上不好认定。醉酒驾驶案件,涉事司机常是自信驾车能够避免危害结果,不希望制造事端,追求死伤后果。过于自信的过失何时转化为放任危害的间接过意,其间的模糊性更加复杂。《醉酒驾车指导意见》正是注意到这个问题,才会指出,肇事后继续驾车冲撞,造成重大伤亡的能够说明行为人对持续发生的危害结果持有放任态度。

《醉酒驾车指导意见》公布的同时,最高人民法院配发两起醉酒驾车犯罪典型案例,即指导案例第586号孙某铭以危险方法危害公共安全案、指导案例第908号黎某全以危险方法危害公共安全案,强调醉酒驾车连续冲撞致多人伤亡的,如何认定行为人的主观心态,从而区别交通肇事罪与以危险方法危害公共安全罪。

(1)指导案例第908号,黎某全大量饮酒后,驾驶面包车由南向北行驶,蹭倒骑摩托车的梁某全,其下车查看,见未造成严重后果,便再次上车发动引擎,继续快速前行,从后面将骑自行车的李某霞及其搭乘的儿子陈某宇撞倒。撞人后,黎某全继续开车前行,撞坏治安亭前的铁闸及旁边的柱子,又掉头由北往南快速行驶,车轮被卡在路边花地上。梁某全及其他村民上前救助伤者并劝阻黎某全,黎某全加大油门驾车冲出花地,碾过李某霞后撞倒梁某全,致李某霞、梁某全死亡。(2)指导案例第586号,孙某铭驾驶其轿车,行至一路口时,从后面追尾一辆轿车。肇事后,其继续驾车超限速行驶,越过中心黄色双实线,先后与对面车道正常行驶的4辆轿车相撞,造成四人死亡,一人重伤。经鉴定,孙某铭驾驶的车辆碰撞前瞬间的行驶速度为134~138公里/小时;案发时血液中的乙醇含量为135.8毫克/100毫升。

两起案例与《醉酒驾车指导意见》的精神相似。涉事司机均是肇事后再次肇事,而将交通肇事罪升格为以危险方法危害公共安全罪。黎某全有三次肇事行为:(1)剐蹭摩托车,下车查看,未见严重后果;(2)开车前行,撞倒路人;(3)继续前行,被路人劝阻,加大油门冲出,撞人、碾人。特别是其被众人劝阻时,加油门冲撞急于逃离现场的行为,将交通肇事中过于自信的过失升级为放任他人死活发生的间接故意。孙某铭案先是追尾车辆,肇事后又超限速行驶,越过中心黄色双实线,先后与四辆轿车相撞。交通事故发生后,其超过限速两倍以上的速度行驶并越过道路上禁止超越的黄色双实线时,全然不顾车辆密集状态,应当是超越了能够有效避免危害结果发生的过于自信过失,是不希望、不追求,但也不反对,放任自流的罪过心态。

由此可见,醉酒驾车致人伤亡的,是此罪还是彼罪,关键在于涉事司机主观罪过心态的不同。关于判断涉事司机是过于自信的过失,还是置危害结果于不顾的间接故意,《醉酒驾车指导意见》给出的标准是肇事后继续冲撞。一般而言,肇事后驾车继续冲撞,企图逃离现场的行为,能够说明行为人对于持续发生的危害后果抱有放任不顾的心态,对于在场其他人员的伤亡后果持放任态度。

肇事后的正确做法是等待事故处理,确定事故责任,而非逃离现场,连续作案,这也是交通肇事罪将肇事逃逸作为法定刑加重情节的主要原因。此外,区别过于自信的过失与放任的间接故意,还要看行为人案发时的辨认和控制能力,是否能够正确认识周围现场环境,能否感知危害结果的可能性;行为人是否置被撞人员于不顾,置劝阻人员于不顾,置现场人员于不顾;行为人客观上是否存在某种自认为可以避免危害结果发生的合理依据,是否只是过高估计能够防止危害结果发生的合理因素,而未能防止危害结果发生。

也就是说,认定以危险方法危害公共安全罪,要确定行为人是放任危害后果发生的内在心态,排除行为人肇事后继续冲撞是惊慌失措之下才有的举动。

还需注意的是,行为人放任危害结果的发生,不同于追求、希望危害结果发生的直接故意,主观恶性相对较小。《醉酒驾车指导意见》规定,“一般情况下,醉酒驾车构成本罪的,行为人在主观上并不希望、也不追求危害结果的发生,属于间接故意犯罪,行为的主观恶性与以制造事端为目的而恶意驾车撞人并造成重大伤亡后果的直接故意犯罪有所不同,因此,在决定刑罚时,也应当有所区别。

此外,醉酒状态下驾车,行为人的辨认和控制能力实际有所减弱,量刑时也应酌情考虑"。这正是黎某全和孙某铭醉酒驾车犯罪案件,没有适用死刑,分别被判处无期徒刑的主要原因。

醉酒驾车致人伤亡的,如何决定量刑。

指导案例第913号孙某成以危险方法危害公共安全案作出明确说明。孙某成醉酒驾车致使一人死亡、多人受伤,被判处有期徒刑11年。此案明确指出,量刑的考量因素是四个方面:(1)醉驾行为造成的危害后果;(2)行为人的主观恶性;(3)把握民事赔偿与量刑的关系;(4)把握法律效果与社会效果的统一。

醉驾致人伤亡的,以危险方法危害公共罪定罪量刑,要注意到:(1)直接故意与间接故意的主观恶性不同,量刑也有所不同;(2)醉酒状态下驾车,行为人实际的辨认和控制能力有所减弱,一般可以酌情从宽处罚;(3)行为人有无证驾驶、超速驾驶,逃避、阻碍公安机关执法检查或者曾因酒驾被处罚等情形的,可以酌情从重处罚;(4)宽严相济刑事政策要求,案发后行为人对被害人积极进行赔偿,并认罪、悔罪,一定程度上缓和社会矛盾的,可以作为酌定量刑情节予以考虑。

醉酒驾车构成以危险方法危害公共安全罪的,一般不会适用死刑。但是,主观恶性很深、危害后果特别严重,则会适用死刑。指导案例第910号黄某华以危险方法危害公共安全案便是如此。

黄某华醉酒驾车追尾沈建国驾驶的出租车后,为逃避处罚,不顾同车人的劝阻,在城市主干道驾车高速逃逸,且在明知沈某国在其车前阻拦的情况下,将沈某国顶在其车引擎盖上高速行驶约1公里并冲撞其他车辆,造成沈某国被撞身亡,被撞车辆内的2人被烧死3人受伤的严重结果。

黄某华将沈某国顶在车引擎盖上高速行驶,放任被害人死亡的行为本身就是性质恶劣的故意杀人行为,况且还在高速上逃逸,更是置其他现场人员生命安全于不顾,情节上更为恶劣。也就是说,对罪行极其严重的犯罪分子,醉驾型以危险方法危害公共安全案,依旧存在适用死刑的可能。

第十二章　毒品犯罪的司法认定

毒品犯罪的认定,一直是司法实践的难题。比如,吸毒者在“运输”毒品过程中被查获的认定、毒品犯罪的主观明知问题。

一、吸毒者在“运输”毒品过程中被查获的认定

“持有”一般是指占有、携有、藏有或者以其他方式持有毒品的行为。“运输”是指明知是毒品而采用携带、邮寄、利用他人或者使用交通工具等方法非法运送毒品的行为。“持有”作为一种状态,既可以静态地占有、携有,也可以动态地占有、携带。一旦吸毒者动态持有毒品,即在交通工具上持有毒品自然与运输毒品罪相关联,难以分别。

从《刑法》条文设置来看,运输毒品罪位列于走私、贩卖、制造毒品罪之中;从刑罚配置上来看,运输毒品罪与走私、贩卖、制造毒品罪法定刑相同,所以它们的社会危害性自然相当。与之不同的是,非法持有毒品罪是毒品犯罪的补充罪名,只有行为人不以走私、贩卖、制造、运输毒品罪为目的,或者没有证据证明行为人具有走私、贩卖等其他毒品犯罪目的才会被认定为非法持有毒品罪。

因此,二者的区别在于主观目的或者意图,而非空间上的位移,有证据证明行为人具有实施走私、贩卖、制造毒品的目的或者流通意图的,成立运输毒品罪,否则只是非法持有毒品罪。

吸毒者在“运输”毒品过程中被查获案件的认定,往往充斥着运输毒品罪与非法持有毒品罪的争议,司法解释的立场也是不断变化。

2000 年,最高人民法院关于《全国法院审理毒品犯罪案件工作座谈会纪要》(以下简称《南宁会议纪要》,已失效)指出:“吸毒者在购买、运输、存储毒品过程中被抓获的,如没有证据证明被告人实施了其他毒品犯罪行为的,一般不应定罪处罚,但查获的毒品数量大的,应当以非法持有毒品罪定罪;毒品数量未超过刑

法第三百四十八条规定数量最低标准的,不定罪处罚。”

2008 年,最高人民法院关于《全国部分法院审理毒品犯罪案件工作座谈会纪要》(以下简称《大连会议纪要》)强调:“吸毒者在购买、运输、存储毒品过程中被查获的,如没有证据证明其是为了实施贩卖等其他毒品犯罪行为,毒品数量未超过刑法第三百四十八条规定的最低数量标准的,一般不定罪处罚;查获毒品数量达到较大以上的,应以其实际实施的毒品犯罪行为定罪处罚。”

2015 年,最高人民法院关于《全国法院毒品犯罪审判工作座谈会纪要》(以下简称《武汉会议纪要》)规定:“吸毒者在购买、存储毒品过程中被查获,没有证据证明其是为了实施贩卖毒品等其他犯罪,毒品数量达到刑法第三百四十八条规定的最低数量标准的,以非法持有毒品罪定罪处罚。吸毒者在运输毒品过程中被查获,没有证据证明其是为了实施贩卖毒品等其他犯罪,毒品数量达到较大以上的,以运输毒品罪定罪处罚。”

2015 年的《武汉会议纪要》对《南宁会议纪要》《大连会议纪要》做了改变,相较而言更为严厉,其依据吸毒者被查获的场合作出不同的认定。

吸毒者在购买、存储毒品过程中被查获的构成非法持有毒品罪;在运输毒品过程中被查获,毒品数量较大的则构成运输毒品罪。需要指出的是,运输毒品罪本身对于数量没有要求,无论数量多少均科处刑罚;吸食者在运输过程中被抓获,要求数量达到较大标准才会被认定为运输毒品罪。《武汉会议纪要》将超过一定的正常吸食数量推定为吸食者具有走私、贩卖等毒品其他犯罪的目的。一般来说,吸食者在运输途中大量持有远超吸食量的毒品不会是单纯持有,通常伴随着其他犯罪目的。值得注意的是,这种推定不具有当然性,吸食者运输途中被查获的毒品或许是将超过吸食数量的毒品用于存储以及与他人共同吸食。

刑事推定,作为一种事实认定方法,是指通过基础事实推断另一事实。司法解释既然采取了吸食量作为推定标准,那么吸食者提出反证的情况,这种推定便会被认为不可靠,存在其他可能性。吸食者个人合理吸食毒品数量不一而足,需要科学界定,不能不加区分;吸食者是否共同吸食或者存储吸食需要加以判断;超过吸食合理数量的毒品是否具有走私、贩卖、运输之外的其他目的。

二、毒品犯罪主观明知的认定

2007 年 12 月 18 日,最高人民法院、最高人民检察院、公安部在《办理毒品犯罪案件适用法律若干问题的意见》(以下简称《毒品犯罪意见》)中,对主观明知的认定问题作出规定。具有下列情形之一,犯罪嫌疑人、被告人不能作出合理解释的,可以认定其“应当知道”,但有证据证明确属被蒙骗的除外:(1)执法人员在口岸、机场、车站、港口和其他检查站检查时,要求行为人申报为他人携带的物品和其他疑似毒品物,并告知其法律责任,而行为人未如实申报,在其所携带的物品内查获毒品的;(2)以伪报、藏匿、伪装等蒙蔽手段逃避海关、边防等检查,在其携带、运输、邮寄的物品中查获毒品的;(3)执法人员检查时,有逃跑、丢弃携带物品或逃避、抗拒检查等行为,在其携带或丢弃的物品中查获毒品的;(4)体内藏匿毒品的;(5)为获取不同寻常的高额或不等值的报酬而携带、运输毒品的;(6)采用高度隐蔽的方式携带、运输毒品的;(7)采用高度隐蔽的方式交接毒品,明显违背合法物品惯常交接方式的;(8)其他有证据足以证明行为人应当知道的。

2008 年《大连会议纪要》再次明确毒品犯罪“主观明知”认定问题,并在《毒品犯罪意见》基础上补充了认定“应当知道”的两种情形:行程路线故意绕开检查站点,在其携带、运输的物品中查获毒品的;以虚假身份或者地址办理托运手续,在其托运的物品中查获毒品的。

《最高人民法院关于司法解释工作的规定》第 6 条规定,司法解释的形式分为“解释”“规定”“批复”“决定”四种。上述《毒品犯罪意见》《大连会议纪要》虽然不是司法解释,但确对毒品犯罪的司法审判具有指导意义,属于司法解释文件。

根据上述文件列举的情形可以看出,在缺乏直接证据证明被告人主观明知的情况下,司法裁判可以根据刑事推定的方法,判断被告人对涉案毒品是否明知,结合被告人的年龄、阅历、智力等情况,重点审查被告人实施涉案行为的整个过程、方式、毒品被查获时的情形,最终确定被告人是否存在被蒙骗的情况。

第一,运输方式是否高度隐蔽。行为人采用体内或者贴身处藏毒,以合法物掩盖毒品,混同在其他物品中以及隐匿于衣服、鞋子的夹层或者各种器皿中,通常被认定为以高度隐藏的方式携带、运输毒品。

指导性案例第 592 号许某义贩卖、运输毒品案中,涉案 509.8 克毒品海洛因均被分装在 51 个透明小袋中,然后被装入 10 个香烟盒中,再装入整条香烟盒中。该香烟盒并非一条外包装完好无缺的香烟,而是一条一端薄膜外包装已被拆封的旧烟盒,系主观明知。《人民司法》(2010)成刑初字第194号刘某兴运输毒品案中,被告人是将毒品藏匿在食品包装袋内,并混同在其他食品中,以合法物品为掩盖,以高度隐蔽的方式运输毒品,属于主观明知。

第二,交接方式是否高度隐藏。行为人采用托运方式,提供虚假身份、虚假联系方式、虚假地址。交接方式、交接时间、交接路线、交接地址是否明显不同于货物交接常理,如逃避检查关口或者交接地点人烟稀少。

指导性案例第550号周某花运输毒品案中,被告人以假名字办理托运手续,到昆明后根据"艾买江"的提示频繁更换住宿宾馆、确定交接地点,行为十分异常,被认定为主观明知。

第三,被查获前后行为举止是否正常。毒品被查获前,行为人举止是否正常,相关反常行为能否做出合理解释;执法人员检查时,行为人是否有逃跑、丢弃携带物品或逃避、抗拒检查等行为。

(2017)粤刑例字第7号广东省高级人民法院、(2016)粤刑终321号刑事判决认定陈某某主观上缺乏明知,不成立毒品犯罪。陈某某驾驶的车上查获的14,047克毒品冰毒被装在一个纸箱内放置于车后排座位,而查获的毒品经包装后从外观上无法判断为何物。本案无证据证明陈某某在接受侦查机关查车时,有异常表现或者反抗行为。本案没有足够证据能够证明某某明知车上运输的是毒品,亦没有相关事实能够推定陈某某应当知道车上运输的是毒品等违禁物品。陈某某对其相关反常行为表现,能够作出较合理解释,其辩解并不明显违背常理。

第四,报酬是否高额或者不等值。行为人运输费用或者报酬是正常运费的几倍、十几倍、几十倍,意味着运输物品非同寻常。通过衡量同类物品正常运输成本(包括油费、车辆通行费和其他开支在内)与行为人获取运输费用是否悬殊,确定报酬等值与否。

实际上,司法推定是司法实践中的无奈之举。为了从严打击犯罪,缺乏直接证据的情况下,只能通过间接证据推定行为人主观状态。以基础事实的认定来推定事实,依靠的是事实之间的常态关联。但是,常态之间也会存在意外,使用刑事推定证明被告人"主观明知",应谨慎审查证据,充分听取被告人的辩解,判断被告人辩解是否合理。

第十三章　制造毒品罪未遂形态的司法认定

《刑法》第346条规定了制造毒品罪,“制造毒品,无论数量多少,都应当追究刑事责任,予以刑事处罚”。由于数量的多少不影响犯罪的成立,致使犯罪既遂、未遂标准的争议不断,存在“开始制造说”“制造成功说”“制出成品说”等多种观点。从开始实施毒品制造行为到制出毒品成品之间有着一定的距离,无论将哪一节点作为制毒罪的既遂标准,都会影响其中的证明问题。

2008年《大连会议纪要》第4条第2款规定,“已经制造出粗制毒品或者半成品的,以制造毒品罪的既遂论处。购进制造毒品的设备和原材料,开始着手制造毒品,但尚未制造出粗制毒品或者半成品的,以制造毒品罪的未遂论处”。

由此,司法实务一锤定音,站在了“制出成品说”的立场,只是打了一个折扣,可以视为“粗制成品说”或者“制出半成品说”,“制造出粗制毒品或者半成品的,以制造毒品罪既遂论处”。

一、两起制造毒品罪(未遂)典型案例

案例一,2006年6月、7月,被告人朱某纠集倪某等3人商议制造氯胺酮(俗称K粉)。朱某花费1万元购得制造K粉的原材料氯胺酮碱500克,并安排倪某3人购买制造K粉的其他工具和物品。之后4人多次制造K粉,因技术、制造方法等问题,制造出来的250余克成品普遍较差,在色泽、味道、功效等方面均不像K粉,其中的140余克被丢弃,其余被吸食,成品全部灭失。浦江县人民法院认定,被告人朱某等人初期制造出来的所谓250余克成品“K粉”系制造毒品罪(未遂)。

案例二,2013年7月,被告人张某与刘某(已判刑)合谋购买毒品原料制造

海洛因出售,利润平分。2013 年 8 月 4 日,二人在浑源县永安镇许村被告人张某外祖父家用所购鸦片水开始制造毒品,对毒品原料进行加工。2013 年 8 月 5 日在制造未完成时,被告人张某外出,公安人员将刘某当场抓获,查扣疑似吗啡液体 4310 克及制毒工具等。经鉴定,在疑似吗啡液体中检出吗啡、可待因、蒂巴因、罂粟碱成分,其中吗啡含量 0.13%。经审理,大同市中级人民法院认定,被告人目的是制造海洛因,其对制毒原料虽已进行了加工,但仍为液体状态,在该液体中并未检出海洛因成分,且所检吗啡含量极低,故尚未制造出粗制毒品或者半成品,系制造毒品罪(未遂)。

案例一朱某制毒案,发生于《大连会议纪要》颁布之前,正值制造毒品罪既遂、未遂标准争议较大之时,被最高人民法院以指导案例的形式发布,明确认为制造毒品罪的既遂标准为成功制造出《刑法》所规定的毒品,制造毒品失败的行为属于制造毒品罪(未遂)。

案例二张某制毒案,则发生于《大连会议纪要》颁发之后,大同市中级人民法院依据《大连会议纪要》的规定,以查获液体中未检出海洛因成分,且所检吗啡含量极低为由,认定张某尚未制造出粗制毒品或者半成品,系制造毒品罪(未遂)。

二、制造毒品罪(未遂)的认定

《大连会议纪要》规定了三种制毒行为类型:一是非法用毒品原植物直接提炼的行为;二是用化学方法加工、配制毒品的行为;三是以改变毒品成分和效用为目的,用混合等物理方法加工、配制毒品的行为,如将甲基苯丙胺或者其他苯丙胺类毒品与其他毒品混合成麻古或者摇头丸。同时规定,"为便于隐蔽运输、销售、使用、欺骗购买者,或者为了增重,对毒品掺杂使假,添加或者去除其他非毒品物质,不属于制造毒品的行为"。

《刑法》第 23 条第 1 款规定:"已经着手实行犯罪,由于犯罪分子意志以外的原因而未得逞的,是犯罪未遂。"

制造毒品罪(未遂)可以分为两种,一是不能犯的未遂,即行为人采用的制毒原料或者制毒方法、制毒工艺客观上无法制造出毒品;二是能犯的未遂,即行为人采用的制毒原料或者制毒方法、制毒工艺,客观上能够制造出毒品,只是因为被告人意志以外的原因,尚未制造出粗制毒品或者半成品。

此外，何谓“粗制毒品或者半成品”，《大连会议纪要》未加以明确规定。如何理解“粗制毒品或者半成品”，是认定制造毒品罪（未遂）形态的关键。可以参照2015年《武汉会议纪要》关于毒品废液、废料的规定，“对于废液、废料的认定，可以根据其毒品成分的含量、外观形态，结合被告人对制毒过程的供述等证据进行分析判断，必要时可以听取鉴定机构的意见”。

因此，“粗制毒品或者半成品”当是在色泽、成分、味道、质量以及成瘾性方面，初步符合《刑法》规制的毒品样态，即基本具备鸦片、海洛因、甲基苯丙胺（冰毒）、吗啡、大麻、可卡因以及国家规定管制的其他能够使人形成瘾癖的麻醉药品和精神药品的基本特征。案例二就是如此，“经鉴定，在疑似吗啡液体中未检出海洛因成分，检出吗啡、可待因、蒂巴因、罂粟碱成分，其中吗啡含量0.13%”。疑似毒品中吗啡含量极低，故尚未制造出粗制毒品或者半成品。依据《大连会议纪要》规定，购进制造毒品的设备和原材料，开始着手制造毒品，但尚未制造出粗制毒品或者半成品的，以制造毒品罪的未遂论处，故被告人张某的行为系制造毒品罪（未遂）。

三、制造毒品罪（未遂）的证据条件

《大连会议纪要》规定：“购进制造毒品的设备和原材料，开始着手制造毒品，但尚未制造出粗制毒品或者半成品的，以制造毒品罪的未遂论处。”被告人制造出的物品，是否属于刑法上的毒品以及粗制毒品或者半成品，司法实践中通常会进行司法鉴定。但也有例外情形，即被告人制造出的物品被毁弃、丢弃或者吸食，无法鉴定的。

具体来说，制造毒品罪（未遂）的证据条件，需要分为两种情形加以探讨：一是办案机关查获疑似毒品；二是未能查获疑似毒品。

第一，案发现场查获疑似毒品的情况下，类似于案例二的状况，在案证据能够证实被告人从事制毒行为，制毒过程能够形成证据链条，并且被查获的疑似毒品可以加以比较，审查判断是否属于刑法上的“粗制毒品、半成品”。经审查，被查获疑似毒品不论是在色泽、功效还是成瘾性、成分方面，尚不能符合《刑法》规定毒品的基本特征，不能称之为粗制毒品或者半成品。此时，在案证据只能证实被告人构成制造毒品罪（未遂）。

第二，疑似毒品被毁弃的情况下，缺乏鉴定，在案证据只能证实被告人从事了制毒行为,却无法证实被告人制造出毒品。比如,被告人、同案犯均未供认制造出毒品或者对于是否制造出的毒品存有异议,同时也没有证人能够证实从被告人处获得过毒品。另外,在案查获的制毒工具、制毒原料也无法合乎逻辑的推定被告人制造出毒品的。

总而言之,在案证据无法证实被告人是否制造出毒品,无法确认制造物品的毒品性质,根据《刑事诉讼法》的规定,在案证据无法排除合理怀疑,被告人制造出的毒品为何物,此时同样应当被认定为制造毒品罪(未遂)。案例一符合此种情形,因技术、制造方法等问题,制造出来的250余克成品普遍较差,在色泽、味道、功效等方面均不像K粉,其中的140余克被丢弃,其余被吸食,成品全部灭失;提供制毒原料的“小李”身份不明,致使制毒原料也无法提取和送检鉴定;各被告人对于前期的制毒行为完全供认,多名证人证实前期从朱某等人处购买过K粉吸食。在缺乏毒品鉴定结果不能确定其是否制造出毒品的情况下,从有利于被告的原则出发,只能将其认定为制造毒品罪(未遂)。

综上所述,制造毒品罪(未遂)的关键在于制造出的物品无法确认或者被确认为粗制毒品或者半成品。否则,在案证据能够证实被告人成功制造出毒品、粗制毒品或者半成品,便是制造毒品罪(既遂)。比如,被告人均供认成功制造出毒品或者在案证据查获了制毒原料、制毒工具,通过侦查实验以及在场勘验报告的方式证实被告人已经制造出毒品。

第十四章　自动投案的三种特别情形

《最高人民法院关于处理自首和立功具体应用法律若干问题的解释》规定了多种“应当视为自动投案”的情形。司法实践如何认定这些非典型“自动投案”，目前尚存争论，本章拟就其中三种特别情形加以探讨。

一、现场等待型的“自动投案”

《最高人民法院关于处理自首和立功具体应用法律若干问题的解释》规定：“自动投案，是指犯罪事实或者犯罪嫌疑人未被司法机关发觉，或者虽被发觉，但犯罪嫌疑人尚未受到讯问、未被采取强制措施时，主动、直接向公安机关、人民检察院或者人民法院投案。”根据此规定，认定自动投案，需要重点把握两点：一是强调投案意志的“自动性”，这是自动投案的本质特征，也是区别主动投案与被动归案的关键；二是强调投案时间的“时限性”，必须在“犯罪事实或者犯罪嫌疑人未被司法机关发觉，或者虽被发觉，但犯罪嫌疑人尚未受到讯问、未被采取强制措施时”投案。

不论犯罪分子是否亲自向司法机关“投案”，只要犯罪分子自愿将自己置于司法机关或者有关组织的控制之下，愿意把自己交给国家追诉，都符合自动投案的“自动性”。《最高人民法院关于处理自首和立功若干具体问题的意见》进一步作出解释，即明知他人报案而在现场等待，抓捕时无拒捕行为，供认犯罪事实的，应当视为自动投案。

要注意的是，并非所有现场等待抓捕行为均可以认定为现场等待型自动投案，比如嫌疑人被群众控制，无法离开现场的情形。具体而言，现场等待可以被认定为自动投案，要满足三点：首先，犯罪嫌疑人明知他人报案，即清楚地认识到他人向公安机关报案，却仍在案发现场等待抓捕；其次，犯罪嫌疑人基于自己的意愿消极地留在案发现场，且存在逃匿可能性，也即犯罪嫌疑人的消极等待并非受到任何强制;最后,抓捕时的配合性,即犯罪嫌疑人被抓捕时配合公安人员,不具有抗拒、挣脱的情形。

此外,行为人以被害人身份报案后,现场等待抓捕的,同样属于现场等待型自动投案。《最高人民法院关于处理自首和立功若干具体问题的意见》对此加以明确,"犯罪后主动报案,虽未表明自己是作案人,但没有逃离现场,在司法机关询问时交代自己罪行的,应当视为自动投案"。

二、形迹可疑型的"自动投案"

《最高人民法院关于处理自首和立功具体应用法律若干问题的解释》第1条规定:"罪行未被司法机关发觉,仅因形迹可疑被有关组织或者司法机关盘问、教育后,主动交代自己的罪行的;……应当视为自动投案。"在此基础上,《最高人民法院关于处理自首和立功若干具体问题的意见》进一步予以明确,即"罪行未被有关部门、司法机关发觉,仅因形迹可疑被盘问、教育后,主动交代了犯罪事实的,应当视为自动投案,但有关部门、司法机关在其身上、随身携带的物品、驾乘的交通工具等处发现与犯罪有关的物品的,不能认定为自动投案"。

可见,行为人因形迹可疑被盘问、调查,主动交代犯罪事实的,通常可以被认定为自动投案,因为行为人此时投案符合自动投案的主动性与时限性,非被动归案。

对于形迹可疑型自动投案,需要注意把握四点:(1)罪行未被发觉,既包括犯罪事实未被发觉,也包括犯罪嫌疑人未被发觉;(2)办案人员尚未掌握一定的证据、线索,只因常理、常情或一定的经验而对行为人例行检查,是一种偶然性的盘问;(3)注意区分形迹可疑与犯罪嫌疑,犯罪嫌疑是指,办案人员基于一定的案件线索将行为人与案件联系在一起,并将其作为嫌疑人,列入侦控范围;(4)办案人员在一般性排查过程中,发现与犯罪相关的物品,比如毒品、枪支、服装等类似作案工具的,则不是自动投案,因为此时行为人已由形迹可疑变为犯罪嫌疑人。

三、传唤到案型的"自动投案"

司法实践中,公安机关等侦查部门在侦查过程中,大量采取口头或电话的方式将犯罪嫌疑人传唤到案。我们认为,这种情形能否被认定为自动投案,不能一概而论。

《刑事审判参考》第354号案例裁判认为，犯罪嫌疑人被公安机关口头或电话传唤后直接到案，并如实供述自己的罪行的，应当认定为自首。重庆市高级人民法院、重庆市人民检察院、重庆市公安局发布的《2016年刑事工作座谈会综述》也有过规定，“经办案机关电话通知到案要认定为主动投案，需符合以下三个条件：到案的自动性、归案的目的性和供述的主动性”。

具体而言，犯罪嫌疑人虽然接到电话通知，但去与不去有选择的自由，其到办案部门投案是主动选择的结果；到办案机关，目的是交代自己的问题，接受办案机关审查；必须主动供述自己涉嫌犯罪的事实，如果行为人到案不是为了交代自己的问题，或者交代问题不主动，而是在经过教育或出示证据之后才被迫交代，则不能认定为自动投案。

一般而言，经口头或电话传唤到案，符合自动投案。原因在于：

第一，传唤不同于拘传，传唤不是《刑事诉讼法》规定的五种强制措施之一。拘传是强制犯罪嫌疑人到案接受讯问的一种强制措施。传唤则是使用传票通知犯罪嫌疑人在指定的时间自行到指定的地点接受讯问的诉讼行为。

第二，传唤只是一种通知，没有强制力，犯罪分子在空间上、时间上具有回旋余地，仍然具有自主选择性，可以不到案甚至逃匿。行为人自愿选择归案，犯罪分子的投案意志便具有主动性，愿意将自己置于公安机关控制之下。

第三，《最高人民法院关于处理自首和立功具体应用法律若干问题的解释》尚且规定“通知犯罪嫌疑人的亲友，将犯罪嫌疑人送去投案的”视为自动投案，以及“犯罪后逃跑，在通缉、追捕过程中，主动投案的”视为自动投案。根据该规定，犯罪分子接到传唤通知后逃跑，在追捕过程中主动投案的，会被认定为自动投案。那么相较于前者，公安机关口头或电话传唤犯罪分子配合调查，犯罪分子接到通知自动到案的，其投案意志的主动性、自愿性更强烈，理当视为自动投案。

但是，认定自动投案还需要注意一种例外情形，即办案人员将犯罪分子作为重大嫌疑人，到其住所地或者藏身地传唤到案的，不能视为自首。办案人员到犯罪嫌疑人住所地或藏身地传唤到案，虽然犯罪分子尚未受到讯问也未被采取强制措施，但是其已经丧失了归案的主动性，只得被动归案。因为，办案人员通过考察、辨别，发现犯罪分子的罪行，将犯罪分子列为重大嫌疑对象，通过正常程序将犯罪分子带回讯问，不存在自动投案的条件。《最高人民法院关于处理自首和立功具体应用法律若干问题的解释》也规定“形迹可疑的经盘问后，如实供述的视为自动投案。如果在其身上搜出与犯罪有关的物品的,将不能视为自动投案”。

据此,发现与犯罪有关的物品,便是发现重大嫌疑,确立了罪行与犯罪分子之间存在紧密关系。因重大嫌疑被传唤到案,同样如此,即罪行已被发觉,不应视为自动投案。至于如何辨别是否列为重大嫌疑对象,需要结合侦查人员办案说明、办案经过、首次讯问时间、笔录内容等加以判断。

第三编

犯罪边界

第一章　私募基金距离非法集资有多远？

2020 年 12 月 30 日，中国证监会发布《关于加强私募投资基金监管的若干规定》（以下简称《监管规定》）。《监管规定》明确私募基金管理人及从业人员等主体的“十不得”禁止性要求，对私募基金有了更加规范的监管内容。

从《私募投资基金监督管理暂行办法》（以下简称《私募办法》）来看，私募基金的定位，是以非公开的方式向合格投资者募集资金。《监管规定》的出台，亦是要加强私募基金管理，从严要求私募基金从业者，将私募基金引入更为健康的发展轨道。

一、监管要求与红线意识

围绕私募基金与非法集资的关系问题，《私募办法》的监管方向更多的是“建立健全私募基金发行监管制度，切实强化事中事后监管，依法严厉打击以私募基金为名的各类非法集资活动”。为此，《私募办法》针对发行主体、募集方式、募集对象等规定了多项监管要求。在此基础上，《监管规定》则就上述监管内容作了进一步的强化和细化。

（一）私募基金的登记、备案

私募基金的管理和发行不设行政审批，不存在牌照管理。所以，私募基金的合法性有赖于私募基金的登记和备案。私募基金的登记和备案，是私募基金的管理活动具备合法性的前提，否则不得从事私募基金活动。

《私募办法》《监管规定》均要求“私募基金管理人在初次开展资金募集、基金管理等私募基金业务活动前，应当按照规定在基金业协会完成登记”；“私募基金募集完毕，私募基金管理人应当按照规定到基金业协会履行备案手续。私募基金管理人不得管理未备案的私募基金”。

（二）私募基金的募集方式

私募基金不同于公开募集资金，二者发生的场所不同，一个是在场内，一个是在场外。正是这种场内场外的不同，使得二者的监管和募集均有明显区别。为了防范和控制风险，场外情境下的私募基金，要求募集资金的方式限于非公开性。

基于非公开性的募集方式，私募基金要求从业人员不得以媒介向不特定对象宣传推介。《监管规定》禁止“通过报刊、电台、电视、互联网等公众传播媒体，讲座、报告会、分析会等方式，布告、传单、短信、即时通讯工具、博客和电子邮件等载体，向不特定对象宣传推介，但是通过设置特定对象确定程序的官网、客户端等互联网媒介向合格投资者进行宣传推介的情形除外”。

此外，私募基金的募集，不得以资金池的方式沉淀资金。《监管规定》要求，私募基金管理人及其从业人员从事私募基金业务，不得开展或参与具有滚动发行、集合运作、期限错配、分离定价等特征的资金池业务。

（三）私募基金的募集对象

私募基金为了控制风险，一方面要求募集对象限于合格投资者，另一方面要求募集对象不宜过多，并且还须具备一定的资金条件。

合格投资者，是指具备风险识别能力和风险承担能力，且自身的净资产或金融资产达到私募基金的条件。

鉴于募集对象的风险识别和风险承担能力，私募基金就不得再向投资者许诺保本保收益。同时，私募基金管理人、从业人员也不得以虚假的推介资料或是募集后的资金不同去向欺骗投资者。有关于募集对象的要求，相较于《私募办法》，《监管规定》都作了较为细化的规定。

就上述监管内容来看，私募基金管理人须有合规化的红线意识。私募基金运作，如符合《私募办法》《监管规定》要求的，必然与非法集资相距甚远。因为，合规化的私募基金与非法集资，是平行的、没有交集的两条线。只有不符合监管要求的私募活动，才可能会与非法集资纠缠不清。

二、私募乱象与穿透审查

近年来，私募基金领域暴露出不少问题，有的“爆雷”，有的“跑路”。《监管规定》的出台，正说明当下私募基金领域乱象频出，要加大监管力度。

（一）私募活动中的乱象

通过检索证监会发布的典型案例，我们发现，私募基金领域中，不当操作，募集资金违规，主要体现为以下几种情形：

一是私募机构在未取得登记或备案的情形下，从事私募活动；

二是私募机构变相突破合格投资者认购门槛，以代持股或拆分收益的方式规避合格投资者要求，比如单个投资者不具备风险承担能力，却以拼凑或代持的方式凑出合格投资者；

三是私募机构以公开或变相公开的方式募集资金，比如以参会、路演、招募会员、委托第三方机构代销等实则没有对投资者进行任何选择的方式募集资金；

四是私募机构以口头或其他方式变相地向投资者提出保本保收益的承诺；

五是私募机构利用期限与核算，通过滚动发行、集合运作、募新还旧、期限错配、分离定价、短融长投等方式，形成资金沉淀，即资金池；

六是私募机构以"私募资金"为幌子，提供虚假的推介资料，骗取投资或套取私募基金财产；

七是私募机构募集资金后改变资金去向或是向关联企业投资。

（二）穿透审查识别私募乱象

违反监管要求的私募乱象，是《私募办法》和《监管规定》明令禁止的。为核查私募产品是否存在如上这些情形，穿透性审查是私募活动的必要举措。

《私募办法》曾就私募基金管理人穿透核查作出规定，"以合伙企业、契约等非法人形式，通过汇集多数投资者的资金直接或者间接投资于私募基金的，私募基金管理人或者私募基金销售机构应当穿透核查最终投资者是否为合格投资者"。广东省证监局基于该规定，在私募现场检查中就开过罚单，理由是"部分私募基金产品的投资者为非法人形式的合伙企业，某公司未对基金穿透核查最终投资者是否为合格投资者"。

私募产品存在多层嵌套或是拆分发行的，穿透性审查可以透过资金交易、关联关系、股权结构、银行账户或投资者层级的表象看到私募产品的本质，从而查验私募产品是否符合监管要求。特别是，私募产品的募集对象是否限于合格投资者，是否符合人数要求，是否自融，资金交易去向等。

因此，在穿透性审查面前，不合规的私募产品根本不存在“无法刺破的面纱”。

三、私募基金与非法集资

《私募办法》《监管规定》规定多项禁止要求，比如募集方式的非公开性、募集对象的限定性、募集资金的非利诱性、私募的合法性、募集资金不得设立资金池等。事实上，私募产品的监管要求、禁止性规定，一方面是为了引导私募基金符合行政监管规范，另一方面则是为了避免私募产品最终走向非法集资犯罪。

私募产品只要不符合《私募办法》或《监管规定》的任一要求就是行政违规。通过穿透性审查，可以发现私募产品到底是不是披着“私募基金”的幌子违规操作，也可以发现私募活动是不是非法集资。

要指出的是，私募产品从行政违规过渡到非法集资犯罪，不单是要触犯行业监管规定，更主要的是募集行为满足非法集资犯罪活动的构成要件。换言之，私募产品即便有多处行政违规，也不必然构成犯罪，关键还是要看违规之处是否切合犯罪构成。

司法实践中，私募基金违规操作进行的非法集资犯罪活动，更多地集中于非法吸收公众存款罪。《最高人民法院关于审理非法集资刑事案件具体应用法律若干问题的解释》第1条第1款规定，认定非法吸收公众存款或者变相吸收公众存款，须同时具备四个条件，“（一）未经有关部门依法许可或者借用合法经营的形式吸收资金；（二）通过网络、媒体、推介会、传单、手机信息等途径向社会公开宣传；（三）承诺在一定期限内以货币、实物、股权等方式还本付息或者给付回报；（四）向社会公众即社会不特定对象吸收资金”。

据此，违背《私募办法》《监管规定》禁止规定的私募活动，若同时符合“非法性”“公开性”“利诱性”“社会性”四个条件，会被认定为非法吸收公众存款罪。

为认定私募活动由行政违规演变为非法吸收公众存款罪，重点要关注以下三点。

（一）登记、备案与“非法性”的认定

《私募办法》《监管规定》要求，从事私募活动要登记、备案。未经登记、备案的，已经违反禁止规定，又不具备融资条件，无疑有“非法性”问题。

登记、备案的，虽看似符合《私募办法》《监管规定》的合规要求，具备了合法

性。但还需要注意,登记、备案不是私募基金募集活动违法的挡箭牌。因为非法吸收公众存款罪的“非法性”有两重含义,一是“未经合法批准”,二是“借用合法经营的形式吸收资金”。也即,私募机构登记或备案的同样可以满足“非法性”的要求。只要是面向不特定对象公开吸收资金,符合四性特征的,同样可以被认定为非法吸收公众存款罪。(2017)京03刑终544号吕某非法吸收公众存款案,就指出过,“吕某虽在基金业协会对涉案的部分基金进行登记备案,但实质上系借用合法形式变相吸收公众存款的行为”。

一般来说,依据《刑法》第96条的规定,“非法性”的认定,须限于国家法律法规。但是,2019年出台的《关于办理非法集资刑事案件若干问题的意见》将“非法性”进一步扩张,即“认定非法集资的‘非法性’,应当以国家金融管理法律法规作为依据。对于国家金融管理法律法规仅作原则性规定的,可以根据法律规定的精神并参考中国人民银行、中国银行保险监督管理委员会、中国证券监督管理委员会等行政主管部门依照国家金融管理法律法规制定的部门规章或者国家有关金融管理的规定、办法、实施细则等规范性文件的规定予以认定”。

就此来看,新近出台的《监管规定》同样可以成为认定“非法性”的参考依据。

(二)变相公开与“公开性”的认定

虽未通过媒体、推介会、传单、手机短信等公开途径募集资金,而是以口口相传的方式或是以参会、路演、授课为名等其他不加筛选地向不特定对象募集资金,同样可以认定为“公开性”。(2017)沪01刑终1025号张某非法吸收公众存款罪,裁判就指出,“张某在吸收资金时根本没有了解投资人的财产信息,其集资行为指向根本没有针对性;投资人大多通过亲友介绍、中介服务公司业务员的推荐以及公司业务员的介绍等‘口口相传’的方式知晓吸收资金的信息而前来投资;口头宣传的方式通过上诉人、知情人、先行投资人对周围人员的广为传播,事实上在不特定人群中构成非法吸存信息的发散性传递,而上诉人根据涉案参与吸存投资的人数、所签订合同的数量可以判定吸存信息的广泛传播却未加以阻止,足以认定上诉人非法吸收公众存款的行为具有公开性”。

(三)私募代销与“社会性”的认定

委托第三方机构代销私募基金,未对合格投资者进行甄别,没有限定合格投资者的，违反募集对象的特定性，会被认定为“社会性”，向社会不特定对象募集资金。(2016)粤0304刑初678号李某等非法吸收公众存款罪，就将此种情形认定为具备“社会性”。判决指出，涉案“基金”的宣传推介是公司销售人员，或其委托的第三方理财公司、银行等人员通过互联网、电话、电子邮件、朋友相传等多种方式进行，同时对投资人的要求除设定起投金额为50万元外，并无其他限制性条件。对宣传对象是否属于法律规定的“合格投资人”并未进行审核、辨别，宣传对象不特定，即社会公众可以通过上述方式了解到涉案“基金”，属于向社会公众公开宣传涉案“基金”，借以吸收公众资金。

此外，利用多层嵌套、拆分收益、拆分项目、拼单拼凑等方式向不特定群体募集资金，突破单只私募基金合格投资者人数的，往往就会被认定为“社会性”。

诚如前述，合规化的私募基金与非法集资相距甚远。但是，私募基金若是违反多项监管的禁止性规定，并同时具备四性特征，往往就会被认定为非法吸收公众存款罪。因此，运营私募基金，应按照禁止规定列出负面清单，以行政化合规为基准，避免触碰刑事调查底线，防范和化解行政违法和刑事风险。

第二章　“第四方支付”，犯罪边界在哪？

在移动互联网时代，以微信、支付宝为代表的“第三方支付”成为日常生活中不可或缺的一部分。依托于“第三方支付”，为解决多种支付场景同时使用的需要，实现互联互通，“第四方支付”应运而生。为生产生活带来便利的同时，不少“第四方支付”游走于灰色地带，违反国家规定，借助“第三方支付”，聚合网络接口，非法进行支付结算，或为网络赌博、电信诈骗套现、漂白，提供资金渠道，是当前国家重点打击的网络犯罪之一。

围绕“第四方支付”的性质，何种条件下构成犯罪，罪与非罪边界在何处，构成此罪还是彼罪，司法实践中问题不少，值得关注。

一、“第四方支付”的定位

《非金融机构支付服务管理办法》规定：“未经中国人民银行批准，任何非金融机构和个人不得从事或变相从事支付业务。”由此，网络支付，从事资金结算，必须取得支付牌照，否则就是无证经营支付业务。

相较于取得支付牌照的“第三方支付”，“第四方支付”，即聚合支付，自身无支付牌照，而是将多家银行、第三方支付平台以及其他服务商接口等支付工具整合为一体，提供综合性的支付服务。与“第三方支付”门槛高、监管严、准入难不同，“第四方支付”作为网络服务商，手续简便，可谓是无门槛、无牌照、低成本。盖源于此，“第四方支付”在行业竞争中往往就会偏离自身定位，走向灰色地带，甚至会违法犯罪。

《关于开展违规“聚合支付”服务清理整治工作的通知》（银支付〔2017〕14号）规定：“聚合技术服务商严格定位于收单外包机构，不得从事商户资质审核、受理协议签订、资金结算、收单业务交易处理、风险监测、受理终端（网络支付接口）主密钥生成和管理、差错和争议处理等核心业务；不得以任何形式经手特约商户结算资金，从事或变相从事特约商户资金结算；不得伪造、篡改或隐匿交易信息；不得采集、留存特约商户和消费者的敏感信息。有违反上述规定的，应责令其于2017年3月31日前进行整改；对于未按照要求整改的机构，应将其纳入无证经营支付业务专项整治范围依法处置。”

就以上规定来看，“第四方支付”的定位，是收单外包机构，是支付工具的聚合，是介于“第三方支付”与商户之间，是依托于银行、第三方支付从事支付衍生服务，特质是非资金支付、结算、清算服务。

由此可见，“第四方支付”，不经手商户资金、不从事结算，无需支付牌照，是支付环节的信息流转，畅通支付通道，从事支付结算领域外衍生增值服务，即“第四方支付”不会沉淀资金，不会形成资金池，没有替代非金融支付机构。

因此，符合监管要求的“第四方支付”，不必然就构成犯罪。只有违反规定，经手资金、沉淀资金，从事或变相从事资金结算业务才会被纳入无证经营支付业务专项整治范围内，受到依法处置。

二、“第四方支付”的犯罪边界

脱离监管要求，违反规定的“第四方支付”，尤其是经手资金，沉淀资金，形成资金池，进行资金结算业务，就会触犯法律，涉嫌犯罪。如前所述，从事资金结算需取得支付牌照，未取得许可证而进行经营的，多会被认定为非法经营罪。

非法从事资金结算，以非法经营罪论处，是2009年《刑法修正案（七）》增加的规定，《刑法》第225条第3项修改为“未经国家有关主管部门批准非法经营证券、期货、保险业务的，或者非法从事资金支付结算业务的”。

关于非法从事资金支付结算业务，《最高人民法院、最高人民检察院关于办理非法从事资金支付结算业务、非法买卖外汇刑事案件适用法律若干问题的解释》（以下简称《支付解释》）进行细化规定，具有下列情形之一的，属于“非法从事资金支付结算业务”：“（一）使用受理终端或者网络支付接口等方法，以虚构交易、虚开价格、交易退款等非法方式向指定付款方支付货币资金的；（二）非法为他人提供单位银行结算账户套现或者单位银行结算账户转个人账户服务的；（三）非法为他人提供支票套现服务的；（四）其他非法从事资金支付结算业务的情形。”

就规定来看，与“第四方支付”非法从事资金结算相关联的是第1项和第2

项内容。相对来说,“第四方支付”非法经营案中,更多的是聚焦于以虚构的方式进行资金结算。例如,以注册多家壳公司的方式套取微信、支付宝等第三方支付通道,再将这些支付方式整合为一个二维码来承载商家。通过将消费者支付给商家的款项截留到多家壳公司的账户,形成资金池,收取一定费用后再向商家进行结算。

实际上,此类“第四方支付”,正是支付行业中所称的“二清模式”。“二清模式”是相对于“一清”来讲的,“一清”是指商家与银行或第三方支付之间仅经历一次结算,即银行或第三方支付直接将款项结给商家。“二清模式”则是收款方与商家之间经历过两次结算,银行或第三方支付先将款项转给“第四方支付”,再由“第四方支付”将款项结算给商家。“二清模式”之下,“第四方支付”实则是在未取得支付许可的情形下,通过资金截留,实际从事资金清算业务。

就此,我们可以总结出“第四方支付”非法经营案的犯罪边界与红线,成立非法经营案须同时满足六个条件:第一,未取得支付业务许可证,系无证经营;第二,借助空壳公司、个人账户套取第三方支付的支付通道,借助第三方支付的通道自行搭建支付系统;第三,截留消费者资金,形成资金池,与商家进行结算;第四,具备资金结算能力;第五,受理商户资质审查或签订结算协议;第六,资金结算在市场中流通,扰乱正常的支付结算秩序。

三、“第四方支付”的罪名认定

通常来讲,“第四方支付”触犯的是非法经营罪,这是当前主要涉嫌的罪名。要指出的是,部分“第四方支付”尚承担“聚合支付”功能,须注意准确区分,避免将未进行“二清”结算的“第四方支付”纳入非法经营案中。

另要注意,还有“第四方支付”则是纯粹的“地下”非法支付系统,目的在于为其他犯罪行为提供资金转移的支付通道和资金结算。此类情形可能区分为两种罪名:

第一,非法经营罪。

如前所述,“第四方支付”超越“聚合”之功能,脱离支付服务之外,以虚构交易、虚开价格、交易退款等方式沉淀资金,向商家结算资金的,多会被认定为非法经营罪。例如,最高人民检察院公布的林某甲等8人非法经营案,于类似案件具有指导意义。

未获得支付结算业务资质的情况下，林某伙同他人，以支付宝、微信等第三方支付为接口，自建非法“第四方支付”系统。林某等利用无实际经营的空壳公司资料在支付宝、微信等第三方支付平台注册数百个公司账户，再绑定在其自建的支付平台上，实现资金非法支付结算。该非法“第四方支付”系统与境外赌博网站联通，协助资金支付转移。赌客在赌博网站点击充值后，赌博网站即向该系统发送指令，系统随机调用已接通的空壳公司支付宝、微信等账户，与赌客间生成一笔虚假商业交易(如购买电子书等)，并给赌客发送收款码。赌客扫描收款码支付赌博资金，资金直接进入空壳公司支付宝、微信等账户，再转移到空壳公司的对公银行账户，经过层层转账，最终转入赌博平台实际控制的账户。

该案中，被告人自建支付平台，通过操作“壳公司”的方式套取第三方支付的支付渠道，再通过这些“壳公司”搭建“第四方支付”，截留资金进行支付结算，具备支付结算能力，将相关款项实现层层转移，直到犯罪平台实际控制的账户。

要注意的是，此类案件，需重点审核资金支付结算的实质特征，资金支付结算的运营模式，层层穿透资金流转环节和沉淀环节。正如《最高人民检察院关于办理涉互联网金融犯罪案件有关问题座谈会纪要》(高检诉〔2017〕14 号)所要求的，“在具体办案时，要深入剖析相关行为是否具备资金支付结算的实质特征，准确区分支付工具的正常商业流转与提供支付结算服务”。

第二，帮助信息网络犯罪活动罪。

帮助信息网络犯罪活动罪，是《刑法修正案(九)》增设的规定，“明知他人利用信息网络实施犯罪，为其犯罪提供互联网接入、服务器托管、网络存储、通讯传输等技术支持，或者提供广告推广、支付结算等帮助，情节严重的，处三年以下有期徒刑或者拘役，并处或者单处罚金”。

帮助信息网络犯罪活动罪与“第四方支付”相关联的是，行为人明知他人利用信息网络实施犯罪，还为其提供支付结算等帮助。那么，帮助信息网络犯罪活动罪与非法经营罪，就会存在一定的交叉，有此罪与彼罪的问题。

“第四方支付”是非法经营罪还是帮助信息网络犯罪活动罪，二者之间的界限，可以概括为四点：

一是提供的是支付结算，经过沉淀资金形成资金池后，直接向商家结算资金的，在未获得支付牌照的情形下，通常构成的是非法经营罪；

二是提供的是支付通道，只是就钱款转移提供支付结算帮助，而不是直接进行资金“二清”，一般构成的是帮助信息网络犯罪活动罪；

三是没有非法经营行为，以向犯罪平台出售“第四方支付”系统获利的，一般是帮助信息网络犯罪活动罪；

四是支付结算证据不足的，即在案证据不能证明“第四方支付”向商家进行资金结算的，难以认定为非法经营罪，最终多会被认定为帮助信息网络犯罪活动罪。

比较而言，较多案例以事实不清、证据不足结案，正说明此类案件争议颇多，应给予足够关注。例如，山东省淄博市张店区人民法院审理的一起“第四方支付”案件，就是一起典型的非法经营罪事实不清、证据不足的案件。检察院起诉指控被告人触犯非法经营罪、帮助信息网络犯罪活动罪、洗钱罪，法院判决认定被告人构成帮助信息网络犯罪活动罪，其他的非法经营罪、洗钱罪事实不清、证据不足。

本案中，王某某等人未经批准，搭建 SPA 第四方支付平台，为商户提供人民币和外汇的资金结算服务，从中赚取手续费，共计结算资金人民币1, 103, 788, 527. 92元。王某某在明知“12BET”“大发”“沙某”等网站为赌博网站的情况下，购买伪造的公司印章 38 枚，为赌博网站伪造公司营业执照、开户许可证明等资料，用上述资料在“天下支付”“易某支付”等第三方支付平台开通商户号，获取资金支付结算通道，为赌博网站提供支付结算等服务。被告人王某某、宁某明知他人利用信息网络实施犯罪，为其提供支付结算等帮助，情节严重，其行为均构成帮助信息网络犯罪活动罪。①

透过这起案件，我们可以看出，本案能够查明的是，王某某等人搭建“第四方支付”平台后，为赌博网站开通第三方支付平台的商户号，获取了第三方支付平台的支付结算通道，但是未能查明的是“第四方支付”平台本身的运营模式，即“第四方支付”平台的运作方式是否以资金支付结算为主业。

此种情形下，由于已经查明“第四方支付”为赌博网站提供第三方支付的支付通道，提供支付结算帮助，可认定为帮助信息网络犯罪活动罪，但由于未能查明“第四方支付”提供支付通道之外是否还有支付结算服务行为，则只能以事实不清、证据不足为由否定非法经营罪。

---

① 参见(2019)鲁 0303 刑初 153 号刑事判决书。

正是本案中的情形,说明在非法经营罪和帮助信息网络犯罪活动罪中,因证据充足与否的问题,司法部门会考虑选择适用帮助信息网络犯罪活动罪。

综上所述,合乎规范的“第四方支付”,尚在“聚合支付”范围之内,不应被认定为犯罪。若以刑法评价“第四方支付”,则应深入考察“第四方支付”的运作模式、经营方式、技术基础,做到准确认定,避免错将技术中立行为认定为犯罪,也要避免错将此罪认定为彼罪。

第三章 “套路贷”明知的认定思维

“套路贷”案件,套路复杂、环环相扣、人员众多,呈现出公司化的运营方式,有鲜明的组织性特征。因此,此类案件往往表现为团伙作案模式。哪些公司成员可以被认定为“套路贷”共犯,哪些又不是共犯,关键在于如何把握明知。明知的判定方法有一般规律,也有一定特殊性,认定“套路贷”明知,须结合一般方法和具体犯罪特征进行甄别。

一、警惕以“入职时间长”推定“套路贷”明知

《关于办理“套路贷”刑事案件若干问题的意见》(以下简称《“套路贷”意见》)规定:“‘套路贷’,是对以非法占有为目的,假借民间借贷之名,诱使或迫使被害人签订‘借贷’或变相‘借贷’‘抵押’‘担保’等相关协议,通过虚增借贷金额、恶意制造违约、肆意认定违约、毁匿还款证据等方式形成虚假债权债务,并借助诉讼、仲裁、公证或者采用暴力、威胁以及其他手段非法占有被害人财物的相关违法犯罪活动的概括性称谓。”

根据《“套路贷”意见》规定,“套路贷”的根本在于诱骗受害人签订借贷协议,以虚增借款金额的方式非法占有他人财物。简单来讲,“套路贷”构成诈骗罪的关键在于两点:一是欺骗受害人签订借贷等协议;二是虚增金额或肆意认定违约。比如说,以“低息、无抵押、放款快”等为诱饵吸引被害人“上钩”,签订借款金额与到账金额不一致的借款协议,通过一系列“套路”形成高额债务,达到非法占有他人财物的目的。

明知他人实施“套路贷”,还为其提供帮助,是“套路贷”共犯。当前,“套路贷”案多披着小额贷款公司或网络贷款公司的外衣,公司成员能否认定为共犯,关键是有无明知,即能否认识到公司从事的业务模式或产品操作细节有诱骗他人、虚增借款金额、肆意认定违约的情形。

《“套路贷”意见》规定：“明知他人实施‘套路贷’犯罪，应当结合行为人的认知能力、既往经历、行为次数和手段、与同案人、被害人的关系、获利情况、是否曾因‘套路贷’受过处罚、是否故意规避查处等主客观因素综合分析认定。”

《“套路贷”意见》关于明知的认定，虽较为笼统，却明确指出“套路贷”明知是认定的明知，需要综合各要素全面分析才能认定。既然是认定的明知，我们就须全面考察公司成员具体工作内容和与公司的融入程度，研判分析行为人是否具备共同的犯罪故意，是否认识到正犯实施的或将要实施的行为及其社会意义。

要警惕的是，不能单纯以“入职时间长”或是“工资待遇好”“职位等级高”就任意怀疑他人有问题，进而将公司成员推定为“套路贷”共犯。也即，不能以“怀疑有问题”代替证据裁判。

其一，推定明知不是认定明知，不能想当然地加以推定。“觉得有问题”不是研判证据，不是靠证据认定明知，违背《“套路贷”意见》之规定。

其二，当前的公司部门多样、业务复杂，与“套路贷”各环节毫无关联的部门人员难以认识到公司从事违法犯罪活动，在没有其他证据证实的情况下，“入职时间长”“工资待遇好”不必然意味着单位员工明知公司有“套路贷”。

其三，综合认定“套路贷”明知，特别是当公司同时存在合法业务与非法业务之时，更要以全案证据认定，比如公司成员间的微信聊天记录、公司会议纪要、公司业务培训、产品讲解会、操作流程分析会、公司话术、产品研发、设计、跨部门交流会、工作岗位内容等。

二、防范以高利贷明知代替“套路贷”明知

2019 年 10 月 21 日，《关于办理非法放贷刑事案件若干问题的意见》出台，高利贷才被正式纳入犯罪之列。该意见对高利贷行为作出明确界定，须经常性地向社会不特定对象发放贷款，且超过 36% 的实际年利率。

是高利贷还是“套路贷”，二者有着明确界限：高利贷目的是以赚取高额利息，如预扣砍头息，年利率超过 36%，借款人对此有认知；“套路贷”则是以虚构和捏造的事实，制造套路诈骗借款人财物，特别是虚增借款金额、恶意认定违约、恶意垒高借款金额。

现金贷，通常预扣利息、收取高额砍头息，年利率多会超过 36%。即便因期限过短被称为“714 高炮”的 7 天、14 天高利息网络贷款，只要借款人对高息知

情,就还是高利贷的一种变相方式。但是,现金贷的从业者,若是不明确告知借款人有砍头息,或是服务费的收费情况,并通过引流的方式引诱不能还款的人借款,则会涉嫌"套路贷"。

可以说,高利贷还是"套路贷",本质在于借款人是否对砍头息、预扣利息知情,行为人是否虚假宣传,有无形成虚假借贷,是否有恶意垒高借款金额的套路骗。借款人若是明确知道从放款人处借贷是以砍头息名义收取的高额利息,虽远远超过36%的年利率,借款人还是愿意借款,那只能成立高利贷,因为借款人从未被骗,具备处分意识。若是借款人对服务费、砍头息、预扣利息不知情,是受到放款人的套路引诱,才进行借贷的,则可以成立"套路贷"。

两者的根本区别,直接影响行为人的罪与非罪,应当谨慎判断。相对来说,高利贷认知较为简单,只需员工认识到公司从事放贷业务,年利率远远超过36%。但是,以高利贷的认知认定"套路贷"明知,则是以高利贷的认知代替"套路贷"的认知,意味着"套路贷"明知只需认识到公司从事高利贷,而无需认识到公司以诱骗方式虚增借款金额。如此认定,显然不能满足"套路贷"共犯的主观要求,是将非刑事案件上升为刑事犯罪。

因此,如果行为人只是知道所任职的公司从事现金贷业、高利贷业务,即便是其已经认识到公司以收取服务费的名义赚取高额砍头息,其主观方面也只能是具备高利贷的认知,因为依旧欠缺诈骗他人的"套路贷"犯罪认知。只有行为人充分认识到公司面对的客户是在被欺骗的情况下,是对砍头息不知情的状况下,被虚假的、捏造的事实引诱或被欺骗的情形下形成虚高借贷关系,才有成立"套路贷"共犯的可能。

三、区别不同人员的"套路贷"明知

公司业务内容的复杂性,决定着公司内部人员不应被一体对待,应注意区分不同部门人员的主观认知。特别是,"套路贷"案件环环相扣,不同的职能部门担负着不同的工作职责,有着与"套路贷"的不同间距,也就有着不同的主观认知。

以某贷款App为例,公司决策部署之下,产品研发、设计、合规、运营、推广等部门成员若是通过流程讲解会、操作手法培训、话术分析、分解套路步骤,逐一了解到产品有捏造虚假借贷、虚增金额、以"低利息、无抵押、放款快"做诱饵、以

合规方式规避虚假内容、以无中生有的服务费收取高额费用等产品收费模式、操作细节、业务流程的，则主观认识方面与其他担负不同职责的部门成员显然是不同的。

“套路贷”的实施，关键在于各个环节分工负责，从决策到研发、设计；从贷前到签约，从宣传再到贷后催收，相互协作，缺一不可。相较于参与“套路贷”全流程或关键环节上的人员，其他部门人员的主观认识远远没有达到这些人员的认知程度。参与“套路贷”决策、管理、研发、实施的部门人员，因决策和参与“套路贷”，被划入“套路贷”共同犯罪的行列，通常不存在疑问。要注意的是，那些既不参与决策，又不是“套路贷”管理层，更没有具体参与设计、研发、实施的人员，与“套路贷”距离较远的部门成员，应当格外慎重处理。

举例来看，K 集团经营着 a、b、c 三条业务线，其中 a 业务线牵涉“套路贷”，那么 b、c 业务线，不能当然地就被认定为明知“套路贷”，应当具体问题具体分析。再比如，a 业务线有独立运营公司和相关业务部门，集团的管理层就不必然是 a 业务线的管理层，也不必然明知 a 业务线的运营情况。此外，这时候的集团会议纪要，如果没有明确提及业务线的具体操作细节，同样不必然就作为认定“套路贷”明知的证据。

一般来讲，没有明确倾向性的，实施业务活动者，可以信赖他人不会利用该活动去犯罪，而无法认识正犯的实行行为及其危害后果，无从成立共犯。呈现公司化运营方式的“套路贷”案件，应当关注信赖原则的运用。即公司多部门协作配合的场合下，基于信赖原则，从事普通的业务活动或一般职能部门对于公司其他部门员工有着基本信赖，信赖其他人不会利用该活动从事犯罪行为。正常的履行部门职责，没有明显犯罪故意或反常行为的，不具备“套路贷”明知，不应被认定为共犯。因此，“套路贷”案件的办理，应当区别不同部门成员的主观明知，防范整体认定。

总而言之，“套路贷”明知的认定，要点是与同案人的关系，是与非法活动的融入度，不同距离或程度意味着对“套路贷”流程或环节的不同认知。因此，“套路贷”案件明知的认定，须通过全案证据研判，准确把握不同人员的主观明知，防范拔高认定，避免打击面过宽或出现不精准的问题。

第四章　准确识别 P2P 涉刑案件

近年来，金融犯罪呈现持续高发态势，涉众型金融犯罪尤为突出，特别是利用互联网实施的非法集资犯罪案件持续增加。2019 年，全国检察机关起诉非法吸收公众存款犯罪案件达到 10,384 件 23,060 人，同比分别上升 40.5% 和 50.7%。

2020 年 3 月 25 日，最高人民检察院发布第 17 批共 3 个指导性案例，均为金融犯罪案件。其中，杨某国等人非法吸收公众存款案（检例第 64 号），将 P2P 网贷信息中介业务与非法金融进行区分，为识别和判断 P2P 是否涉刑，提供了规范的操作指引。

一、P2P 涉刑须满足的要素

目前，利用互联网实施的非法吸收公众存款案件，普遍呈现出假借 P2P 网贷信息中介之名的特点。问题是，如何准确识别 P2P 网贷信息中介是正规信息中介机构还是披着创新外衣的非法吸收公众存款罪。

检例第 64 号案指出："网络借贷中介机构非法控制、支配资金，构成非法吸收公众存款。网络借贷信息中介机构依法只能从事信息中介业务，为借款人与出借人实现直接借贷提供信息搜集、信息公布、资信评估、信息交互、借贷撮合等服务。信息中介机构不得提供增信服务，不得直接或间接归集资金，包括设立资金池控制、支配资金或者为自己控制的公司融资。网络借贷信息中介机构利用互联网发布信息归集资金，不仅超出了信息中介业务范围，同时也触犯了刑法第一百七十六条的规定。"

就此来看，P2P 网贷信息中介与非法吸收公众存款罪有着非常清晰而明确的界限：网络借贷中介机构的定位是提供信息服务，不得从事信用服务，不得控制和支配理财客户的资金，不得从事非法金融活动。

2022年3月实施的《最高人民法院关于审理非法集资刑事案件具体应用法律若干问题的解释》第1条规定，典型“非吸”案件有四个特征：一是未经批准；二是向社会公开宣传；三是承诺还本付息；四是向不特定对象吸收资金。

P2P网络借贷，一旦背离最初的信息中介定位，设立资金池归集资金的，便会涉嫌构成非法吸收公众存款罪。

第一，P2P网络借贷定位是信息中介。

《网络借贷信息中介机构业务活动管理暂行办法》第2条第2款规定：“网络借贷信息中介机构是指依法设立，专门从事网络借贷信息中介业务活动的金融信息中介公司。该类机构以互联网为主要渠道，为借款人与出借人（即贷款人）实现直接借贷提供信息搜集、信息公布、资信评估、信息交互、借贷撮合等服务。”

显而易见，银监会的部门规章，是将网络借贷信息中介机构定位于提供信息服务的中介公司。既然是网络信贷信息中介机构，就只得为出借人和借款人提供信息服务，如信息搜集、信息公布、资信评估、信息交互、借贷撮合等服务。因此，P2P网络信贷，若是超越信息中介范畴，就不再是合规的P2P网贷。

第二，未经许可不得从事金融业务。

《商业银行法》第11条第2款规定：“未经国务院银行业监督管理机构批准，任何单位和个人不得从事吸收公众存款等商业银行业务。”

2016年以来，P2P网贷信息中介机构在领取营业执照后，还需向地方金融监管部门备案登记。需要注意的是，金融监管部门的备案登记不是金融许可，P2P网贷信息中介机构的性质仍停留于中介职能。网络信贷中介机构，获取的是一般性的营业执照，虽然可以从事一定的信息中介服务活动，但在未获得金融牌照的情况下，仍然不得从事《商业银行法》规定的向社会公众募集存款、兑付本息的金融业务。

第三，控制和支配资金是业务红线。

《网络借贷信息中介机构业务活动管理暂行办法》第3条规定：“网络借贷信息中介机构按照依法、诚信、自愿、公平的原则为借款人和出借人提供信息服务，维护出借人与借款人合法权益，不得提供增信服务，不得直接或间接归集资金，不得非法集资，不得损害国家利益和社会公共利益。”

作为提供信息服务的网络借贷中介，一旦控制和支配出借人的资金，自然是将出借人的资金进行归集,形成新的资金池,否则不能实现控制和支配资金的效果。网络信贷中介,是以互联网为渠道,面向不特定的出借人和借款人提供信息服务。若违反信息服务的法律定位,去控制和支配出借人的资金。那么,网络信贷中介就会当然地转化为通过互联网渠道面向不特定人群募集资金,同时,网络信贷中介机构给予出借人的理财收益也就会成为变相还本付息。

在此情况下,网络信贷中介就会超越中介范畴,由不合规跨越到违法犯罪,而符合非法吸收公众存款罪的四个特征,"未经批准,向社会公开宣传,承诺还本付息,向不特定对象吸收资金"。

二、P2P 涉刑的诉讼证明

准确认定行为性质,精准判断是前提。网络借贷中介不得控制和支配资金,是 P2P 网络借贷的红线。那么,审查 P2P 涉刑案件的关键就是控制和支配资金的证明过程。

检例第 64 号案指出:"检察机关在办案中要通过对网络借贷平台的股权结构、实际控制关系、资金来源、资金流向、中间环节和最终投向的分析,综合全流程信息,分析判断是规范的信息中介,还是假借信息中介名义从事信用中介活动,是否存在违法设立资金池、自融、变相自融等违法归集、控制、支配、使用资金的行为,准确认定行为性质。"

公诉方证明 P2P 网贷具备非法吸收公众存款的事实,主要的证明方向就是,被告人设立资金池并进行控制、支配、使用资金的过程。围绕资金池设立和资金的控制、使用,公诉方证明内容包括:"第三方支付平台赋予望洲集团对所有理财客户虚拟账户内的资金进行冻结、划拨、查询的权限;当理财客户资金总额大于信贷客户借款需求时,剩余资金划入杨某国在第三方支付平台开设的托管账户;信贷客户的借款期限与理财客户的出借期限不匹配,存在期限错配等问题;归还出借人的资金都来自线上的托管账户或者杨某国用于线下经营的银行账户;望洲集团吸收的资金除用于还本付息外,主要用于扩大望洲集团下属公司的经营业务。"

就此,我们能够看到,网络借贷中介归集资金的步骤主要是:第一,通过第三方支付平台的授权,实现对客户资金进行划拨,具备归集资金的能力;第二,借贷客户的借款期限与理财客户出借期限不匹配、数额不匹配或超越匹配,为设立资金池创设条件；第三，通过第三方支付平台将可以进行控制和使用的资金划拨到实控人或其他人员的账户，统一控制资金；第四，将可控制和支配的资金，按照意愿进行使用，包括归还出借人的本息、扩大经营业务、发放贷款、进行高风险投资等活动。

能够证实网络借贷机构实施归集资金和支配资金的关键证据，包括第三方支付平台的相关书证、电子数据、证人证言、银行交易明细，以及被告人的供述等证据。被告人供述和其他证据相结合，可以更好地证明资金池的设立过程，还可以准确地把握控制、支配、使用资金的全流程信息。检例第 64 号案，公诉方当庭对被告人讯问的重点内容，同样是关于资金池的形成和对资金的控制和使用。

“公诉人：理财客户充值到第三方支付平台的虚拟账户后，望洲集团操作员是否可以对第三方支付平台上的资金进行划拨。

被告人：可以。

公诉人：请叙述一下划拨资金的方式。

被告人：直接划拨到借款人的账户，如果当天资金充足，有时候会划拨到杨某国在第三方支付平台上设立的托管账户，再提现到杨某国绑定的银行账户，用来兑付线下的本息。

公诉人：如果投资进来的资金大于借款方，如何操作？

被告人：会对一部分进行冻结，也会提现一部分。资金优先用于归还客户的本息，然后配给借款方，然后再提取。”

透过公诉人讯问内容可以看出，能否通过第三方支付平台冻结、划拨理财客户资金；能否将第三方支付平台的资金划拨到其他账户，是形成资金池、控制和支配资金的关键。

因此，审核从资金流入到流出的全流程信息，综合判断有无设立资金池，是否能够控制、支配、使用归集的资金，才能准确地说明 P2P 网贷中介到底是不是披着金融创新外衣的非法活动。

总之，检例第 64 号的发布，意味着 P2P 涉刑案件的判断，还是要回到最初金融许可的范畴。从证据审查的角度，看网贷平台实际上能否归集资金或控制、支配资金。

第五章　辩护人距离伪造证据罪有多远？

2018年，南昌律师熊某被控伪造证据案，引起广泛的关注，牵动着法律人的心弦。起诉书指控，熊某构成辩护人伪造证据罪，其作为某强奸案的辩护人，在看守所提讯室会见时，唆使被告人向检察机关作出虚假供述。起诉书还提到，熊某在会见期间，隔壁提讯室提讯他案犯罪嫌疑人的南昌市公安局红谷滩分局民警张某恰值在走廊休息，其听到熊某唆使被告人作虚假供述的经过。

一、伪造证据罪的“证据”，是否包含被告人供述

从起诉书内容来看，检方是将辩护人教唆被告人作虚假供述认定为辩护人伪造证据罪。但是，值得指出的是，要认定辩护人伪造证据罪，需首先解决一个问题，即被告人供述是否属于辩护人伪造证据罪中的“证据”。

《刑法》第306条第1款规定：“在刑事诉讼中，辩护人、诉讼代理人毁灭、伪造证据，帮助当事人毁灭、伪造证据，威胁、引诱证人违背事实改变证言或者作伪证的，处三年以下有期徒刑或者拘役；情节严重的，处三年以上七年以下有期徒刑。”

根据规定，辩护人毁灭、伪造证据、妨害作证罪，实际上有三种行为类型：(1)毁灭、伪造证据；(2)帮助当事人毁灭、伪造证据；(3)威胁、引诱证人违背事实改变证言或者作伪证。从三类行为来看，辩护人伪造证据，不同于辩护人威胁、引诱证人违背事实改变证言。正是两者在法律用语方面的不一致，辩护人引诱被告人违背事实改变供述就无法被纳入辩护人伪造证据罪的规制范围。

第一，刑事立法用语将伪造证据与改变证言加以区分。一个伪造，一个改变，也就意味着证据与证人证言有所区别。作为人的言词，其是活生生的语言，只有被改变的可能，却无法被伪造。也即，被告人供述只有被改变的可能，不在伪造证据之列。

第二，辩护人伪造证据的对象，只能是言词证据之外的实物证据，如物证、书证等有物质载体的证据类型。实物证据与言词证据是两种证据种类。实物证据有一定的物质载体，有被伪造的可能，并且物质载体一旦发生毁损，证明目的便荡然无存，一去不复返。相比之下，被告人供述是言词证据，根本不存在烧毁、丢弃、撕掉、涂抹之可能。况且，被告人改变供述是刑事诉讼活动中最常见之情形，法律还为此专门规定被告人改变供述后的审查规则。

第三，查阅目前司法案例，未有一例将引诱被告人作虚假供述的行为单独认定为辩护人伪造证据罪。司法实务基本是打包处理，即以辩护人引诱被告人作虚假供述，同时联合其他事实（向被告人提供串供信件或引诱证人作伪证）统筹认定。比如发生在浙江的辩护人伪造证据案①，指出辩护人为何涉案，是其会见在押犯罪嫌疑人时，应家属的请求游说，帮助家属劝说犯罪嫌疑人作虚假陈述，并向家属提供虚假供述的相关信息，再由家属劝说证人提供虚假证言。

第四，辩护律师与被告人的信任关系，事关辩护制度的基石。如果将被告人供述纳入辩护人伪造证据罪的范畴，意味着司法将强制披露辩护人与被告人的会见内容，这违反《刑事诉讼法》确定的辩护内容方面的程序性权利。辩护人诱导被告人作虚假供述，没有其他动作的，不应在辩护人伪造证据罪的涵盖范围。

二、慎重认定"引诱"被告人作虚假供述

《刑事诉讼法》第 39 条规定："辩护律师可以同在押的犯罪嫌疑人、被告人会见和通信。……辩护律师会见犯罪嫌疑人、被告人时不受监听。"应当说，辩护人与被告人的有效沟通才是刑事辩护的基础，这是辩护律师行使辩护权的重要内容。会见期间，辩护人同被告人的沟通内容、沟通方式，均是辩护人的职业行为。

何为"引诱"，司法实务争议比较大。一般而言，"引诱"针对的是证人证言，即以金钱、物质或者其他利益诱使证人违背事实改变证言或者作虚假证言。

相较于利益诱导之说，指导案例第 66 号刘某妨害作证案有所不同。该案指出："刘某在担任李某受贿一案的辩护人参与刑事诉讼期间，故意采用语言劝导证人、改记证言内容的手段，引诱证人违背事实改变原有的不利于李某的证言，

---

① （2016）浙 0784 刑初 917 号刑事判决书。

致使法庭没有当庭认定钱某向李某行贿 8000 元的犯罪事实，妨碍了刑事诉讼活动的正常进行，构成辩护人妨害作证罪。”很明显，指导案例的观点是将“引诱”的范围从利益许诺扩展至非利益许诺的“语言劝导”，这也是当下最受诟病的引诱扩张之实例。

但是，要指出的是，证人是因其知道案件情况才参与到刑事诉讼之中，并且禁止作伪证。不同于证人，被告人是因其被指控犯罪才得以进入刑事诉讼程序，其有权如实供述也有权自我辩解。与之相对应，辩护人的职责是提出被告人无罪或者罪轻的意见。鉴于辩护人的职责、被告人的处境，我们对辩护人与被告人的沟通方式，应当尽最大可能限缩成立“教唆”“引诱”“诱导”的可能性。

具体而言，辩护人诱导被告人改变原有供述的，“语言劝导”不应视为“教唆”“引诱”。第一，被告人有自我辩解的权利，供述与否、改变供述与否均有着认罪或不认罪的基础；第二，辩护律师为充分行使辩护职责，需要帮助被告人自我辩解，要会见被告人，讲解、解释法律规定、犯罪构成，并就案件事实进行沟通，做必要的辅导，甚至劝导认罪或不认罪；第三，被告人供述改变与否，均需到庭接受控辩审三方讯问、发问，并要与其他证据相结合才能认定案件事实，不会影响刑事诉讼的进行；第四，从严认定“教唆”是口供中心主义的产物，是过于倚重“口供”的懒惰表现，不利于贯彻“重证据、重调查研究”的证据裁判规则；第五，辩护律师的职业利益，就是为被告人谋取无罪或者罪轻的利益。辩护律师帮助被告人做无罪辩解，是行使辩护权的应有之义。

如辩解内容源自被告人，而非辩护人，这是被告人向辩护人反映情况，根本无关教唆之情形。如辩解内容来自辩护人，只有“言语劝导”的，也是辩护人帮助被告人自我辩解，不应被认定为“教唆”抑或“引诱”。

三、窃听获取会见内容，不得作为证据

这起案件有两个细节，值得注意。一是，律师会见室不足时，辩护人借用了提讯室；二是，辩护人会见时，隔壁提讯室民警借休息之机听到会见内容，并以证人证言方式披露律师会见内容。问题是，提讯室录音录像或者碰巧听到会见内容的民警证言，能否作为追究辩护人伪造证据罪的证据。

《刑事诉讼法》第 39 条第 4 款规定，“辩护律师会见犯罪嫌疑人、被告人时不被监听”。最高人民法院、最高人民检察院、公安部印发的《关于依法保障律

师执业权利的规定》第7条第4款规定："辩护律师会见犯罪嫌疑人、被告人时不被监听，办案机关不得派员在场。在律师会见室不足的情况下，看守所经辩护律师书面同意，可以安排在讯问室会见，但应当关闭录音、监听设备。"

根据规定，辩护律师会见犯罪嫌疑人、被告人时，看守所安排律师在提讯室会见的，应当关闭录音、监听设备，同时办案机关也不得派员在场。那么，辩护律师在提讯室会见的，又恰逢办案机关派员提讯他案犯罪嫌疑人的，也就是说办案机关的办案人员碰巧在场的，也不得监听辩护律师的会见内容。

《刑事诉讼法》及相关规定非常明确，法律条文内在含义是辩护律师会见被告人时，办案人员无权偷听、窃听、监听，办案人员即便碰巧遇到，其也不应再继续听下去。譬如，本案民警旁听20多分钟，显然是在利用提讯之机，一而再地窃听辩护律师与被告人的会谈内容。

不得监听的涵义，还有着另一层面的考虑，即办案人员不得披露其已经知悉的会见内容，也就是说不得再以证人身份参与刑事诉讼，披露其无权掌握的会见内容。

窃听辩护律师会见内容，是违反《刑事诉讼法》规定在先；为追究辩护律师伪造证据之刑责，以收集证人证言的方式要求民警披露会见内容更是程序违法之典型。在刑事诉讼活动中，程序违法应当受到制裁，即消灭证据的证明资格，使其不得作为定案证据，否则判决就是堆砌在程序不法之上。

律师制度是法治建设必要的一环，是确保刑事案件的处理不会偏离法治轨道的重要保障。我们都应清楚地认识到，执法人员与执业律师同属法律职业共同体，有着共同的目标，即追寻法律的尊严、寻求司法的公正。正是因为律师制度，才为司法建立了合理的纠错制度，才为司法裁判公正性增加了一份屏障。

第六章　敲诈勒索与维权索赔的界限

"三聚氰胺"维权父亲郭某改判无罪案,曾经引起轰动。谈论此案的意义在于,准确辨别何为敲诈勒索?何为维权索赔?二者边界在何处?

一、案情回顾

2008年,"三聚氰胺奶粉事件"爆发,郭某2岁多的女儿一直食用"美国施恩婴幼儿奶粉"。当年9月,其带女儿到北京市海淀区北太平庄医院检查,检查结果显示,"双肾中央集合系统内可见数个点状强回声",这意味着肾功能受损。

据报道,2009年6月13日,郭某与奶粉生产商施恩(广州)婴幼儿营养品有限公司(以下简称施恩公司)达成和解协议,施恩公司补偿郭某一方40万元。次日郭某出具书面材料表示,基于问题已妥善解决,不再追诉并放弃赔偿要求。在拿到40万的补偿款后,郭某再次向施恩公司索赔,郭某在谈判中称,问题尚未妥善解决,并提出300万元赔偿要求。施恩公司及其控股股东广东雅士利集团股份有限公司(以下简称广东雅士利)拒绝支付并于同年6月30日向警方报案。

潮安县人民法院(一审法院)认为,郭某提出300万"赔偿款"系在没有合法请求权的情况下,事先预谋并虚构其亲属对赔偿不满意等借口提出的"索赔"要求,非法占有目的明确。潮安县人民法院还认为,基于国家发生"问题奶粉"事件后,在社会公众及奶粉生产企业中产生并持续存在的脆弱心理,此时郭某采取在媒体进行报道的手段,必将直接击垮两家企业努力重建市场信用的心思,并足以损害两家公司的市场信誉,影响两家企业的正常经营,引起两家公司的惧怕。

2010年1月,潮安县人民法院一审判决认定,郭某犯敲诈勒索罪,判处有期徒刑5年。随后郭某上诉,潮州市中级人民法院于当年2月裁定维持原判。

2010年5月31日,广东省高级人民法院经审查认为,"此案在程序上存在不符合刑事诉讼法规定的情形,确有错误",决定再审。再审决定,指令潮州市中级人民法院再审。潮州市中级人民法院于2010年12月30日再次作出裁定，维持原判。

2014年7月，郭某刑满出狱，此后继续申诉。2015年5月，广东省高级人民法院再审提审此案。2017年4月7日，广东省高级人民法院再审改判郭某无罪。

二、何为敲诈勒索罪

《刑法》第274条规定："敲诈勒索公私财物，数额较大或者多次敲诈勒索的，处三年以下有期徒刑、拘役或者管制，并处或者单处罚金；数额巨大或者有其他严重情节的，处三年以上十年以下有期徒刑。"

敲诈勒索罪的客观构成要件是，行为人采用威胁、要挟、恫吓等手段，迫使被害人交出财物。威胁或要挟，是指对公私财物所有者、保管者给予精神上的强制，造成其心理上一定程度的恐惧，以至于被迫交付财物。主观上，行为人具有非法获取他人财物的目的。

简言之，敲诈勒索罪本质上是使用胁迫手段对他人施以精神强制，迫使他人交付财物。也即，敲诈勒索罪逻辑结构为胁迫行为—对方畏惧—交付财物—转移财物。

三、何为维权索赔

《消费者权益保护法》第7条第1款规定："消费者在购买、使用商品和接受服务时享有人身、财产安全不受损害的权利。"第11条规定："消费者因购买、使用商品或者接受服务受到人身、财产损害的，享有依法获得赔偿的权利。"第49条规定："经营者提供商品或者服务，造成消费者或者其他受害人人身伤害的，应当赔偿医疗费、护理费、交通费等为治疗和康复支出的合理费用，以及因误工减少的收入。造成残疾的，还应当赔偿残疾生活辅助具费和残疾赔偿金。造成死亡的，还应当赔偿丧葬费和死亡赔偿金。"

由此可知，消费者在购买、使用商品或者接受服务时，其人身、财产受到损害的，有权向经营者要求赔偿损失，即维权索赔。

四、敲诈勒索与维权索赔

敲诈勒索与维权索赔，一个是刑事犯罪，一个是民事维权。看似边界十分清晰，但二者掺杂在一起，则极易混淆。特别是，行为人同被害人之间存在权益纠纷的情形下,即行为人自身权利受到损害,其通过一定的胁迫手段维护权利的行为,在司法认定中存在一定争议。

纵观郭某维权索赔,不难发现,在基本权利受到损害的情况下,行为人以媒体曝光的方式维权,是否符合敲诈勒索罪的威胁、要挟的方法,是否具有非法占有他人财物的目的,正是本案值得讨论的问题。

通过检索案例,消费维权高额索赔被认定为刑事案件的情形并不鲜见。

案例一,2005 年年初,犯罪嫌疑人刘某发现自己购买的一桶食用油里有橡胶圈,便和厂家联系,厂家迟迟未采取措施。于是刘某便和一家新闻媒体联系,后该新闻媒体予以曝光。厂家着急,主动和刘某联系,要求送刘某一箱油和 300 元人民币,私下解决。

刘某要求厂家赔偿 36,000 元,并告诉厂家其银行账号,让厂家将钱打入卡内。如果厂家不答应,他就在网上发帖子,让媒体继续曝光,致使该产品滞销。后厂家佯装同意,随后报警。之后,北京市大兴区人民法院以敲诈勒索罪(未遂)判处刘某有期徒刑 2 年,缓刑 2 年。

案例二,2006 年 2 月,黄某花费 20,900 元购买一台华硕 V6800V 型笔记本电脑,后因故障不断与华硕多次交涉,并提出 500 万美元"惩罚性"赔偿,被警方以敲诈勒索罪刑事拘留,后被批准逮捕。

2007 年 11 月,北京市海淀区人民检察院作出不起诉决定,又于 2008 年 9 月作出刑事赔偿确认书,"黄某在自己的权益遭到侵犯后以曝光的方式索赔,并不是一种侵权行为,反而是一种维权行为,索要 500 万美金属于维权过度但不是敲诈勒索"。

案例三,2014 年年末,辽宁省绥化市明水县大货司机李某峰在运货途中,购买了四包"诱惑酸辣牛肉面"当午餐,打开包装后发现其中的醋包中含有异物,随后向今麦郎公司索赔。

双方商讨赔偿金额过程中,今麦郎于 2015 年 5 月向公安机关报案。5 月 29 日,河北省邢台市隆尧县公安局以"李某峰涉嫌敲诈勒索"立案侦查。

由此见得,司法实践中,有案例被认定为维权,有案例被定性为敲诈勒索罪。悬殊之大,有必要加以厘清。维权高额索赔,基本上属于私力救济的范畴。但是,不当行使权利,同样存在构成犯罪的可能性。

高额维权索赔是否构成敲诈勒索罪,主要取决于三点:一是目的是否正当;二是手段是否合法;三是数额是否合理。

第一，目的是否正当。维权索赔案件中，目的是否正当，主要看行为人是否存在维权依据，主观上是否真诚地维护权利。首先，在无权可维，故意制造事端，借机勒索情况下，构成敲诈勒索罪，自然无碍；其次，在未经使用，尚未造成任何损害的情况下，向商家漫天要价，目的同样难属正当。

第二，手段是否合法。索赔方式是判断行为是否符合敲诈勒索罪的一个关键要件。媒体报道具有迅捷性和广泛性，行为人利用商家对商品缺陷或者服务劣质被公之于众的担忧，通过媒体进行披露，对商家而言具有一定的威胁性。

敲诈勒索罪的胁迫手段，是将某种不利后果通告对方，据此迫使其交付财物。鼓励大众媒介监督涉事企业，但是这种监督不是为了让举报者牟利。那么，以媒体揭发商家问题相要挟，就不再是行使舆论监督权，而是以公之于众来要挟商家给付财物，是权利滥用的行为，不能排除行为本身的威胁性。

第三，数额是否合理。在侵权背景之下，怎么确定维权者获取的数额是正当的、合理的，往往比较困难。数额的认定，很难说有明确的标准。本书认为，应以维权者确信的数额为准，同时兼顾一般人的立场。因为纠纷的解决，本身就是一场博弈，维权方有权向对方提出数额要求，即便对方不予认可，还可以进一步协商。此外，也需要考察一般人的立场。对此，可以借鉴刑法中的社会相当性理论，即行为人索要财物的数额，是否为社会生活中由历史形成的社会伦理秩序所容许，也即是否逾越社会公众的容忍。只要索赔数额被社会公众理解为“情有可原”，就应予容忍，认定索赔数额具有合理性。

司法实践中，要综合把握上述三点。只有三个条件同时具备，敲诈勒索罪才会成立。在权利范围之内要求索赔，即便辅以威胁的手段也不应成立敲诈勒索罪，根本上是因为缺乏占有财物的非法性。

回到“郭某案”，郭某要求二次索赔，并以媒体公布相威胁的情况下，是否构成敲诈勒索罪，关键是要考察数额是否具备合理性，目的是否具备正当性。经分析认为，郭某行为还在维权范围之内，不构成敲诈勒索罪。一是目的具有正当性。在郭某女儿使用涉事公司生产销售的“毒奶粉”，肾脏功能严重受损，施恩公司主动联系郭某继续协商处理纠纷的情况下，郭某有充分的理由向涉事公司索赔。二是数额具有合理性，在权利范围之内。在其女儿人身损害程度评估鉴定缺乏的情况下，即便超出有关部门处理问题奶粉事件的最高赔偿标准，但郭某有着确信的赔偿数额，能够为公众理解。

第七章　损害商誉罪与批评性言论的界限

近日[①]，媒体报道两起涉嫌损害商业信誉、商品声誉罪的跨省追捕案件，引发社会关注。“谭某损害鸿茅药酒商品声誉案”，因“事实不清、证据不足”，被退回公安机关补充侦查并变更强制措施。河南省武涉县的“张某损害武涉企业商誉案”，则被武涉县人民检察院提起公诉，正在审理之中。

一、损害商誉罪的三个样本

捏造并散布虚伪事实，损害他人的商业信誉、商品声誉，给他人造成重大损失或者有其他严重情节的，处2年以下有期徒刑或者拘役，并处或者单处罚金。

（一）訾某损害商品声誉案【（2007）二中刑初字第01763号】

就任北京电视台《透明度》栏目临时工作人员期间，訾某为显示工作业绩，化名胡月，纠集本市无业人员张某江，冒充工地负责人，多次到北京市朝阳区太阳宫乡十字口村13号院内，对制作早餐的陕西省来京人员卫某峰等四人谎称需定购大量包子，要求卫某峰等人为其加工制作。后訾某伙同张某江携带密拍设备、纸箱及购买的面粉、肉馅等再次来到13号院，訾某以喂狗为由，要求卫某峰等人将浸泡后的纸箱板剁碎掺入肉馅，制作20余个纸馅包子。

与此同时，訾某秘密拍摄卫某峰等人制作纸馅包子的过程。节目后期制作中，訾某采用剪辑画面、虚假配音等方法，编辑制作了虚假电视专题片《纸做的包子》播出带，并隐瞒事实真相，使该虚假电视节目于2007年7月8日在北京电视台播出，造成恶劣影响，严重损害相关行业商品的声誉。

北京市第二中级人民法院认为，被告人訾某作为电视台临时工作人员，故意

---

① 本文写作于2017年年底（编者注）。

捏造事实，编制《纸做的包子》虚假电视节目，隐瞒事实真相，使虚假节目得以播出，造成恶劣影响。其捏造并散布虚伪事实的行为，损害相关行业商品的声誉，情节严重，构成损害商品声誉罪。

（二）施某损害商品声誉案【(2016)浙01刑终12号】

2014年10月15日，施某为增加其微信公众号“创业传奇”的关注度和点击率，从中牟利。在无任何事实依据的情况下，其将从互联网上搜集的涉及农夫山泉质量问题的图片进行拼凑，凭空编造了“农夫山泉停产，市面上所售90%都是造假水”的文章，并将该虚假文章发布在其微信公众号“创业传奇”上。

后该虚假文章被大量点击阅读，并在微信等互联网媒体上迅速传播，严重损害农夫山泉股份有限公司商业信誉，造成该公司产品滞销、大量经销商退货等结果。截至2014年12月，该公司因浙江、贵州、四川、重庆等地经销商取消已签订的产品订单而造成的销售价款损失为人民币936,949元。

杭州市西湖区人民法院作出判决，认定被告人施某构成损害商业信誉罪。施某不服，提出上诉。杭州市中级人民法院经审理后，作出裁定，认定施某利用互联网捏造并散布虚伪事实，损害他人商业信誉，情节严重，构成损害商业信誉罪。

（三）汪某损害商业信誉、商品声誉案【(2016)甘12刑终2号】

汪某某、易某某、周某某原属甘肃省文县万利铁合金有限责任公司离职人员。2014年5月，经汪某某、易某某、周某某多次商议发帖和署名事宜，汪某某分别在网上发布虚假的帖文，标题为“举报巨大行贿、重大涉黑”“举报巨额行贿害虫——熊某某”，署名为汪某某、易某某、周某某等。被告人汪某某等人将未经证实的事实进行捏造、夸大后，向有关钢厂的纪检部门及当地的反贪局投寄举报材料，举报被害人熊某某向钢厂有关业务人员行贿、偷税漏税、虚报灾情骗取救灾款50万元等，在相关的纪检部门和反贪局接到举报后进行调查取证过程中，三名被告人又多次商议在网上实名发帖举报。

甘肃省陇南市中级人民法院认为，上诉人汪某某及易某某、周某某举报的是熊某某，但熊某某是企业的法定代表人，他的信用和名誉直接影响其企业的商业信用和商业名誉。上诉人汪某某及易某某、周某某等人的举报材料和帖文内容均未查实，没有证据证实被举报人因涉嫌犯罪被追究，举报材料和帖文的内容纯属捏造的虚伪事实。于此,驳回上诉,维持原判。

以上三个案件涵盖电视节目制作、产品质量反映、违法举报方面诋毁他人商誉造成损失,构成损害商业信誉、商品信誉罪,符合定罪的逻辑。

“訾某损害商品声誉案”从头到尾捏造事实、制造虚构新闻节目,编造“纸包子”,损毁他人商誉;“施某损害商品声誉案”是在没有事实根据的情况下,搜罗网络图片进行拼凑,凭空编造质量问题,损毁他人商誉;“汪某损害商业信誉、商品声誉案”则是举报的违法案件未经证实,没有证据证实违法犯罪的真实性。

二、批评性言论的边界

损害商业信誉、商品声誉罪,是《刑法》第 221 条规定的罪名,目的在于保护商业信誉、商品声誉,打击恶意诋毁商业信誉的行为。

一般认为,消费者对生产者、经营者、销售者的产品质量或服务质量进行批评、评论,内容基本属实,没有侮辱内容,不应当认定为侵害他人名誉权。新闻单位对生产者、销售者的产品质量或服务质量进行批评、评论,不应当认定为侵害他人名誉权。基于此,内容基本属实的批评性言论,在民事领域是适当的,在刑事领域也应当是正当的。问题是,这种被允许的负面评价与损害商业信誉、商品声誉罪之间的界限在哪里,是值得思考的。

第一,《宪法》《产品质量法》《消费者权益保护法》《反不正当竞争法》等相关法律将必要的负面评价确立为公民权利。比如举报违法犯罪、产品质量缺陷投诉、新闻评论监督等。关键在于,属实的负面评价才是法律赋予的权利。消费者、举报人、监督者基于真实的事实资料,经过一定的评判,有权发表相关负面意见。

第二,损害商业信誉、商品声誉罪的核心是捏造事实。“捏造”即“无中生有、凭空编造”。“虚伪事实”即不存在的事实,假事实。此外,事实是负面的,有损他人商业信誉、商品声誉,能够降低商业、商品的正面评价。新闻监督、社会监督、质量投诉从正当行为跨越到损坏商誉案,不在于是否批评,是否负面,而在于是否编造事实。

第三,损害商业信誉、商品声誉罪,要求行为人主观上必须出于故意,即明知事实是虚伪的、捏造的。美国宪法史上曾经轰动一时的《纽约时报》诉沙利文案确定的“恶意规则”即是如此,“自由地发表任何观点,不应该受到追诉,只有在发表某一言论时明知有事实性错误,才有可能受到起诉”。

《刑事诉讼法》要求证据确实、充分,排除任何合理怀疑,这种证据标准反映在本罪之中,就是要求有证据证实行为人明知事实虚构、伪造。“訾某损害商品声誉案”,正是编造虚构事实的典型表现。

第四,注意区分事实与观点。我国台湾地区学者林钰雄指出:“‘事实’是指现在或过去的具体历程或状态,并且具有可以验证其为‘真’或‘伪’之性质者。唯有‘事实’,才有所谓的‘真伪’之别。相较于事实的概念,可以泛称为‘意见’。‘意见’,无论是纯粹的价值判断或单纯的意见表述,欠缺可资检验真伪的性质。我们可以说,意见是见仁见智的‘个人品味’问题,纵使尖酸刻薄,也不能在诽谤罪的处罚范围。”只有事实才有真伪之分,而观点或意见只是个人的评判,因受到价值的影响,根本不存在捏造的余地。损害商业信誉、商品声誉罪要求捏造事实,而非捏造意见或观点。通过调查,基于事实基础发布评论,只要不是虚构的,即便意见存在负面评价,也只是一种观点表达,不能归为事实陈述,不是损害商业信誉、商品声誉罪规制的对象。

三、两起案件是否超越限度

回到本文初提及的案件,医生谭某在“美篇”发表《中国神酒“鸿茅药酒”,来自天堂的毒药》,说明“鸿茅药酒会对老年人造成伤害”。上海某生化公司员工张某向环保部门反映河南省焦作市武涉县 3 家企业环境违法。

从披露的细节来看,《中国神酒“鸿茅药酒”,来自天堂的毒药》一文,主要是通过分析心肌变化、心脏传导系统变化、心瓣膜变化、血管老化、动脉粥样硬化等疾病原理,论证老年人不适合喝酒。只是,文章标题存在夸张成分,将“鸿茅药酒”比喻为“毒药”。要指出的是,鸿茅药酒作为非处方药,酒剂类药品,配方成分多达几十种药材,并且含有毒性药材。文章从科普的角度出发,质疑鸿茅药酒的疗效,具备一定事实根据,未凭空编造事实,只是观点表达略显过激,不是胡乱编撰而成。事实陈述与观点表达不同,涉案人员未编造事实的情况下,表达意见不符合“捏造”要件。

况且,谭某发布的网络文章点击量仅为 2000 余次,微信好友有 250 次访问,微信群有 849 次访问,朋友圈有 720 次访问,其他访问 253 次,被分享 120 次。可见,此网络文章辐射的范围非常有限,不应对多个省份商家和消费者大面积退货承担责任,缺乏因果关系。

张某举报武涉企业环境违法案,关键在于举报内容是否属实,是否系捏造,是否存在举报的事实基础。举报作为社会监督体系的重要一环,只要举报内容不是凭空捏造,即便存在部分出入,举报人的权利也应予以保护。

批评性言论作为负面评价,虽有损于企业声誉,却有益于社会的整体利益,有益于建构风清气正的社会环境,需要法律给予充分保护。尚在批评性言论范畴之内,没有捏造虚假事实进行散布,未超越合法限度的行为,应当慎重妥当处理。

第八章　伪造货币罪的边界

有一起“伪造货币罪”的案件值得探讨。

媒体报道,山东临沂崔姓夫妇被临沂市兰山区人民检察院提起公诉,罪名是“伪造货币罪”。崔姓夫妇印制的纸币,是以印刷品来印制,空白处印有“魔术道具”字样,制作粗糙,不易与法币相互混淆。

检方起诉书指出,2015 年以来,崔某使用林某提供的纸币印刷模板图,委托他人制作纸币印刷 PS 版,雇人仿照第五版人民币面额、图案、色彩、规格、式样印刷背面印有“魔术道具”字样的面值 10 元、20 元、50 元、100 元的人民币和面值 100 美元的纸币(美元没有“魔术道具”字样),通过网络以低价销售。

崔某私印“魔术道具”字样纸币,是否构成伪造货币罪,要考察三个问题:一是伪造货币罪保护什么;二是伪造货币罪在行为之外,是否还要考察社会危害性;三是伪造货币罪是不是要求行为人主观上具有私印货币意图流通的目的。

一、伪造货币罪保护什么

《刑法》第 170 条规定:“伪造货币的,处三年以上十年以下有期徒刑,并处罚金;有下列情形之一的,处十年以上有期徒刑或者无期徒刑,并处罚金或者没收财产。”

伪造货币就是伪造货币,伪造货币罪规定得非常简洁。台湾地区学者林东茂先生在谈到抽象危险犯的立法依据时,就用伪造货币罪举过一个例子,伪造货币是否引发具体危险,是否造成实际侵害,是否必须流入市面,引发通货膨胀的可能性多高,《刑法》条文难以形之于文字,只能概略地规定。[1]

不同于故意杀人罪、故意伤害罪等结果确切的罪名,伪造货币可能造成的危

---

① 参见林东茂:《刑法综览》,中国人民大学出版社 2009 年版,第 51 页。

害无法细致描述,《刑法》条文只能加以概略规定,意图通过规范行为,从根本上防止危害结果的发生。

市面上若假币横行,市场主体必然质疑货币的真实性与可靠性,进而损害货币的公共信用,那么货币的流通必然大打折扣。货币作为一般等价物的特殊商品,能够与其他商品进行交换,根本上在于货币的公共信用。这正是中国人民银行统一发行人民币的原因所在,禁止任何主体制造人民币。

可以说,货币的公共信用,是货币赖以存在的源头。《刑法》分则第三章(破坏社会主义市场经济秩序罪)第四节破坏金融管理秩序罪中的伪造货币罪,便是《中国人民银行法》的刑法保障,保护的是货币的公共信用。

二、伪造货币的,是否也需考察社会危害性

司法上普遍认为伪造货币罪是行为犯,只需要实施伪造行为即可,伪造的货币无须达到以假乱真的程度。这种理解给出的理由:

第一,伪造货币罪的条文明确指出,伪造货币就是伪造货币,具备真币形状、图案、色彩即可,不需要"以假乱真"的额外条件。《最高人民法院关于审理伪造货币等案件具体应用法律若干问题的解释(二)》第 1 条第 1 款规定:"仿照真货币的图案、形状、色彩等特征非法制造假币,冒充真币的行为,应当认定为刑法第一百七十条规定的'伪造货币'。"

第二,"以假乱真"不具有可操作性,印制技术的不同,乱真程度有别,缺乏可靠的判断标准。

第三,伪造货币的专业性、组织性今非昔比,伪造货币之外额外添加要件,不利于打击犯罪。

要注意的是,《刑法》设立伪造货币罪,目的在于保护货币公共信用。伪造货币罪,作为抽象危险犯,制止的是行为本身的危险。刑事立法将这种构成要件行为拟制为法定危险,不需要结合具体情形,只要客观上实施伪造货币的行为,就会造成立法拟制出的危险状态。正如台湾地区学者林东茂所言,"抽象危险犯是指,立法上假定,特定的行为方式出现,危险状态即伴随而生"。[①]

对于抽象危险犯的危险状态,是否再需要进行客观审查,观点尚有争议,德

---

① 林东茂:《刑法综览》,中国人民大学出版社 2009 年版,第 51 页。

日刑法均有着限制与否的观点。限制抽象危险犯处罚范围的观点，要求抽象危险犯同样具备实质的社会危害性。黎宏教授认为“在抽象危险犯中，只要实施了所规定的行为，就拟制地认为具有危险。但是，从刑法的目的是保护法益，违法性即社会危害性的本质在于侵害或者威胁法益的立场来看，即便是抽象危险犯，也应具有某种程度的要求。在具体场合，由于特殊情况，在实施了法律上所规定的行为但根本不可能发生危险的时候，不能肯定成立犯罪”。[①] 在此基础上，付立庆教授进一步认为，“具体的场合不能认定行为侵害法益之可能性，从而应否定抽象危险的发生时，如果仍肯定犯罪的成立，那么就会导致刑法之防线大为提前，而这蕴含着侵犯人权的危险”，[②]从而主张抽象危险犯应做实质性的理解，允许以反证的方式限制抽象危险犯的成立范围。

运用实质危险理解抽象危险犯，更为适当。因为，抽象危险犯虽是立法上拟制的危险，但不意味着司法上的不作为，行为明显欠缺实质侵害的场合下，司法同样要驳回抽象危险。《刑法》第 13 条的规定正是如此，任何犯罪的成立均要具备社会危害性。照此来看，伪造货币罪是否成立，还需进行实质判断，伪造货币罪的成立，不单是形式上要符合“伪造货币”，还要实质考察伪造货币的行为是否具有侵害货币公共信用之可能性，影响货币流通。

以假乱真的程度，只是辨别货币公共信用是否被侵害的标准，若造假的程度过大，伪造的货币不会存在混淆之可能，根本不会进入市场流通，确无侵害之可能性，则不应成立伪造货币罪。在此基础上，伪造的货币就无法使人相信，更无法令人与真币相互混淆，实质上不会侵害货币的公共信用。

三、伪造货币罪成立，是否需具备意图流通的目的

伪造货币罪的成立，是否需要行为人主观上具备“意图流通”的目的，是伪造货币罪的一个关键问题，直接关涉伪造货币罪刑罚范围的大小。

设立伪造货币罪，目的在于防止假币充斥于市场之中，损害货币的公共信用。因此，成立伪造货币罪，必然以被伪造的货币可能进入市场进行流通为前提。“意图流通”目的要件就成为区分违法性有无的边界。比如，仿照真币图

---

① 黎宏：《刑法学》，法律出版社 2012 年版，第 92 页。

② 付立庆：《应否允许抽象危险犯反证问题研究》，载《法商研究》2013 年第 6 期。

案、形状、色彩制造假币用来描摹、教学或作为道具等非市场流通目的加以使用的，由于被制造的假币，行为人主观上不是出于“供流通之使用”，不会侵害货币公共信用。

若不以“意图流通”为目的，自会不当扩张伪造货币罪的刑罚范围，违背社会公正。虽然，《刑法》条文没有描述伪造货币罪的主观目的，但是唯有“意图流通”的目的才会使得伪造货币的行为具有社会危害性。正如盗窃罪、诈骗罪等罪名，《刑法》条文同样没有描述该类犯罪需具备非法占有目的，可是这并不妨碍司法上一致认定非法占有目的是该类犯罪的主观要件，因为非法占有目的这一要件能够区分罪与非罪、此罪与彼罪。

此外，以“意图流通”目的限制伪造货币罪，也是世界刑法的立法常态。比如，德国《刑法》规定的伪造货币罪，“以供流通或可能流通为目的”；同样的还有日本《刑法》，“以行使为目的”；我国台湾地区“刑法”规定的“意图供行使之用”。

回到崔某私印“魔术道具”货币案，如果他们印制的纸币，仅凭制品粗糙，还不能得出假币与真币不易混淆的结论。但是，印制货币明显标明“魔术道具”字样后，足以使得魔术道具明显区别于真币，客观上不会再有侵害货币公共信用之可能性，其主观上同样也会欠缺“供流通之使用”的主观目的。另外，关于印制的美元纸币，则未标明“魔术道具”字样，只是较真币规格更大、更粗糙。由于普通人对美元辨识度不高，无法确认美元真伪。是否成立伪造货币罪，还需进一步调查崔某印制美元具体经过，确定其主观上是“供流通使用之目的”，还是印制魔术道具的目的。

第九章　气瓶是枪？

据报道，2018 年 6 月 1 日，河南省平顶山警方以涉嫌非法买卖枪支罪，将兰某云和王某永抓获，并在兰某云商铺内查获气瓶 315 个，气门 189 个。2019 年 3 月 29 日，河南省宝丰县人民法院作出一审判决，兰某云、王某永均被认定为非法买卖枪支罪，分别被判处有期徒刑 13 年和 8 年。

判决显示，经鉴定，在兰某云处查获的气门、气瓶均可认定为气枪零件。2018 年以来，被告人兰某云共买卖气门 587 个，气瓶 452 个。2018 年 7 月以来，被告人王某永帮助被告人兰某云销售气门 338 个，气瓶 339 个，共计销售 863 个散件。判决称，“气瓶、气阀均可认定为气枪散件，按照‘非成套枪支散件以每三十件为一成套枪支散件计’的司法解释，判定王某永非法买卖枪支的相应数量为 28 支”。

一审法院认定王某永犯非法买卖枪支罪，判处 8 年有期徒刑。结论是否妥当，要解决两个问题：一是气瓶能否被解释为枪支散件？二是销售气瓶能否等同于非法买卖枪支？

《枪支管理法》第 3 条第 1 款规定：“国家严格管制枪支。禁止任何单位或者个人违反法律规定持有、制造（包括变造、装配）、买卖、运输、出租、出借枪支。”第 13 条规定：“国家对枪支的制造、配售实行特别许可制度。未经许可，任何单位或者个人不得制造、买卖枪支。”《最高人民法院关于审理非法制造、买卖、运输枪支、弹药、爆炸物等刑事案件具体应用法律若干问题的解释》（以下简称《枪支解释》）第 7 条规定：“非法制造、买卖、运输、邮寄、储存、盗窃、抢夺、持有、私藏、携带成套枪支散件的，以相应数量的枪支计；非成套枪支散件以每三十件为一成套枪支散件计。”

通过规定可以看出，国家严格管制枪支的制造、买卖，非经许可不得进行枪支制造、买卖等行为。另外，《枪支解释》对枪支的认定，明显采取扩大解释方法,不仅将成套枪支散件以相应数量认定枪支,还将非成套枪支散件以每 30 件认定为一成套枪支散件。基于此,非成套枪支散件也被纳入枪支犯罪的规制范围之内。

《公安机关涉案枪支弹药性能鉴定工作规定》第 3 条第 5 项规定:"对非制式枪支、弹药散件(零部件),如具备与制式枪支、弹药专用散件(零部件)相同功能的,一律认定为枪支、弹药散件(零部件)。"《公安部关于枪支主要零部件管理有关问题的批复》(以下简称《枪支批复》)进一步明确规定:"《最高人民法院关于审理非法制造、买卖、运输枪支、弹药、爆炸物等刑事案件具体应用法律若干问题的解释》中的枪支散件和《公安机关涉案枪支弹药性能鉴定工作规定》中的枪支专用散件等同于枪支主要零件。"

据此可见,枪支散件、枪支主要零件、枪支专用散件,是在同一意义上进行使用,是指具备与制式枪支零部件相同功能的零件。

《枪支批复》还规定:"枪支主要零部件的生产加工应当委托具有枪支制造资质的企业进行。对枪支主要零部件的鉴定工作,应当按照《公安机关涉案枪支弹药性能鉴定工作规定》进行,对国外生产的枪支或者自制枪支的主要零部件,可以采取判别是否具有枪支零部件主要性能特征的方式进行鉴定。"该批复后附的《枪支主要零件及性能特征明细表》,表明"32 - 气瓶 - 气枪中用于储存高压气体的枪支零件",包含"高压气瓶"在内。所以,将气瓶解释为枪支零件、枪支散件、枪支主要零件便不存在什么争议。并且,气枪中的气瓶包含两类:一是具有枪支制造资质的企业生产加工的气瓶;二是具有用于储存高压气体性能特征的高压气瓶。这样看来,气瓶被认定为枪支散件,进而被以非成套枪支数量认定为枪支,法院的逻辑没有问题。

但还有一个问题要注意,用于储存高压气体的气瓶,除了可用于气枪,还有着独立的、通用的其他合法用途,譬如被广泛用于化工、矿山、电子、医疗、潜水、灌装饮料等方面,市场上也并不少见。应当说,气瓶不是气枪的专用散件,在市场上并无限制或者禁止,能够通过买卖交易购得。有着其他合法用途的气枪零件,只是可以同其他零件相结合用来制作气枪。那么,单独销售气瓶的行为能否径直等同于非法买卖枪支,显然是存在疑问的。

正是注意到这个问题,《枪支解释》第 9 条第 1 款规定:"因筑路、建房、打井、整修宅基地和土地等正常生产、生活需要,以及因从事合法的生产经营活动而非法制造、买卖、运输、邮寄、储存爆炸物，数量达到本解释第一条规定标准，没有造成严重社会危害，并确有悔改表现的，可依法从轻处罚；情节轻微的，可以免除处罚。”

因用于正常生产、生活需要或其他合法生产经营活动而非法制造、买卖爆炸物的，都可以“没有造成严重社会危害”为由从轻处罚。举重以明轻是《刑法》体系解释规则的内在含义。爆炸物可以如此认定，相较于爆炸物更加具有正常生产、经营活动的气瓶也应遵循该规定的内在精神，即有着合法用途的气瓶销售行为当然不应被认定为非法买卖枪支罪。

另外，还要指出，销售气瓶用于合法用途的是合法行为。销售气瓶的最终用途具备合法性与非法性二合一的特性，那么，销售气瓶的主观意图是合法行为（意图用于正常生产、生活），只是客观上被用于非法用途（制造枪支）的，当然不同于主观上便意图用于制造枪支而进行销售的行为，应当有所区别。

要想将销售气瓶等同于非法买卖枪支，行为人主观认知是关键，不能因销售的气瓶最终被用来制作气枪，就推定行为人主观上认识到自己的行为是在非法买卖枪支。毕竟，气瓶之于枪支散件，不论是从外形还是功能上，都不是轻易地就可以认识到二者的关联性。

根据规定，气瓶虽然可以被认定为枪支散件，但是要将销售气瓶的行为认定为非法买卖枪支，行为人还是要认识到销售气瓶的非法性与销售的气瓶被用来制作枪支的可能性。高压气瓶只是具备用于制作枪支的可能性，却并不具有制作枪支的必然性。将销售高压气瓶等同于非法买卖枪支，需要有充足的证据证明，行为人就是意图将高压气瓶用于制造枪支的目的，或者明知他人制造枪支还进行销售。

气瓶、气阀虽可以被认定为气枪散件，但一审法院还是直接按照“非成套枪支散件以每三十件为一成套枪支散件计”的司法解释，没有解释行为人意图的合法与非法之分，也没有就证据说明销售气瓶的目的，直接判定王某永非法买卖枪支的相应数量为 28 支。

涉枪支案件的司法实践中，往往过于重视客观行为与结果，忽略行为人的主观认识，难以做到主客观相统一。

2018 年 3 月 8 日，最高人民法院、最高人民检察院联合发布《关于涉以压缩气体为动力的枪支、气枪铅弹刑事案件定罪量刑问题的批复》，明确作出规定，

“对于非法制造、买卖……以压缩气体为动力且枪口比动能较低的枪支的行为,在决定是否追究刑事责任以及如何裁量刑罚时,不仅应当考虑涉案枪支的数量……以及行为人的主观认知、动机目的、一贯表现、违法所得、是否规避调查等情节,综合评估社会危害性,坚持主客观相统一,确保罪责刑相适应”。最高人民法院、最高人民检察院再次申明枪支案件需要注意行为人的主观认知,动机目的、一贯表现等,显然是在强调涉枪支案件要加强主客观相一致的认定。

1995 年的《最高人民法院关于办理非法制造、买卖、运输非军用枪支、弹药刑事案件适用法律问题的解释》(以下简称《95 年枪支解释》)第 1 条规定:“非法制造、买卖、运输非军用枪支、非军用枪支主要零部件或者其专用弹药,构成犯罪的,依照刑法第一百一十二条的规定定罪处罚。”1997 年《刑法》明确罪刑法定原则之后,类推适用被明确禁止,《95 年枪支解释》便不再具有适用空间。另外,《95 年枪支解释》只是就数量标准作出规定,而非直接规定销售气瓶类枪支散件完全等同于非法买卖枪支。因此,再将此类销售行为直接认定为非法买卖枪支,违背当下的《刑法》理念。

第十章 “抢帽子”交易的刑法规制

“抢帽子”交易，也称“抢先”交易，通常是指行为人“先买入股票、再公开推荐、后迅速抛出、最终获取利益”的行为。2018 年 7 月 12 日，最高人民检察院第 10 批指导性案例公布了 3 起金融犯罪案例，明确新型金融犯罪适用标准，“抢帽子”交易手段被列入其中。

一、“抢帽子”交易的认定

朱某原系一证券营业部证券经纪人，上海电视台第一财经频道《谈股论金》节目特邀嘉宾。2013 年 2 月 1 日至 2014 年 8 月 26 日，朱某在任证券经纪人期间，多次在其担任特邀嘉宾的电视节目播出前，使用实际控制的 3 个证券账户(开户人为朱某的父母及祖母)，预先买入“利源精制”“万马股份”等 15 只股票，并于当日或次日在《谈股论金》电视节目中通过详细介绍股票标识性信息、展示 K 线图或明示股票名称、代码等(上述信息无欺诈性内容)方式，对其预先买入的上述 15 只股票进行公开评价、预测及推介，再于节目在上海电视台首播后 1 ~2个交易日内抛售相关股票，非法获利 75.48 万余元。

朱某隐瞒持股事实，凭借电视节目嘉宾身份，公开提出建议或者预测，待节目播出后的 1 ~2 个交易日内再抛售相关股票获利的行为，被认定为“抢帽子”交易。

实际上，此类“抢帽子”交易的认定，参考的是中国证监会《证券市场操纵行为认定指引(试行)》(已失效)关于“抢帽子交易操纵”的规定。《证券法》第 55 条规定：“禁止任何人以下列手段操纵证券市场，影响或者意图影响证券交易价格或者证券交易量：(一)单独或者通过合谋，集中资金优势、持股优势或者利用信息优势联合或者连续买卖；(二)与他人串通，以事先约定的时间、价格和方式相互进行证券交易；(三)在自己实际控制的账户之间进行证券交易；(四)不以成交为目的,频繁或者大量申报并撤销申报;(五)利用虚假或者不确定的重大信息,诱导投资者进行证券交易;(六)对证券、发行人公开作出评价、预测或者投资建议,并进行反向证券交易;(七)利用在其他相关市场的活动操纵证券市场;(八)操纵证券市场的其他手段。”2007 年,中国证监会发布的《证券市场操纵行为认定指引(试行)》进一步明确《证券法》第 55 条规定的“其他操纵证券市场的手段”,包括蛊惑交易、“抢帽子”交易、虚假申报、特定价格、特定时段交易五类市场操纵行为。

综上,“抢帽子”交易,是指证券公司、证券咨询机构、专业中介机构及其工作人员,买卖或者持有相关证券,并对该证券或其发行人、上市公司公开作出评价、预测或者投资建议,以便通过期待的市场波动取得经济利益的行为。

显然,证券系统已将“抢帽子”交易认定为操纵证券市场的其他手段。行为人隐瞒自己持股事实,却以公开荐股的方式引诱他人进行证券交易,其具有一定的专业知识、社会地位、工作性质,能够影响证券交易数量或者证券交易价格。

认定“抢帽子”交易行为,主要在于三点:一是公开荐股的欺诈性。证券分析人员通过媒体、电视等公开渠道作出某只股票的投资预测或者提出建议。荐股的欺诈性不限于推荐或者预测内容的欺诈,还表现在证券分析人员隐瞒事先买入股票,诱导投资者跟随买入的情形。二是犯罪主体的特殊性。“抢帽子”交易犯罪主体限于“证券公司、证券咨询机构、专业中介机构及其工作人员”。三是获取非法利益的必要性。证券分析人员诱导投资者跟随建议买入股票,目的在于卖出事先持有的股票进而获取利益。

二、“以其他方法操纵证券市场”的理解

《刑法》第 182 条规定的操纵证券市场罪,照搬《证券法》第 55 条之规定。“其他操纵证券市场的手段”作何理解,“抢帽子”交易能否被解释为“以其他手段操纵证券市场”,是否构成操纵证券市场罪问题的争议,主要集中于此,亦即《刑法》第 182 条“兜底条款”的适用。

不同于证券法规,“其他手段”作为刑法上的“兜底条款”,认定起来应当更加严格,需要满足同质性解释规则。进言之,要求被解释的行为同《刑法》前款已经明确列示的行为具有同质性。正如何荣功教授所说,同质性要求综合考量这几个方面:行为造成的危害后果、行为本身的危险性程度、行为和危害结果间

发生的盖然性程度、行为和危害结果之间是否介入其他因素，以及介入因素对结果发生原因力的大小、行为在社会上发生的普遍程度等。

具体到“抢帽子”交易案中，如果认定为操纵证券市场罪，其同《刑法》第182条第1款前三项之规定就须具有类似的行为样态、危害后果，即行为样态具有欺诈性、行为结果能够影响证券交易数量和交易价格。

综合来看，“抢帽子”交易，通过隐瞒持股事实，再加上公开荐股，引诱投资者跟随投资建议购入股票，能够引起证券交易数量或者交易价格的变化，随之进行抛售获取利益，扰乱了正常的证券行情。知名证券节目嘉宾或者证券平台大V的公开荐股，对于公众、交易行情的影响力可想而知。这种公开评价、预测或者推介虽存在真实性，但是其出于抛售获利的目的，事先隐瞒持股事实，造成投资者的错误认识，同样构成行为样态的欺诈性。

此外，此类交易导致的结果危害性与《刑法》第182条第1款前三项规定毫无区别，均会影响证券交易数量或者交易价格。既然如此，“抢帽子”交易当被理解为“以其他方法操纵证券市场”。

三、贯彻罪刑法定，需再细化证券法规

罪刑法定，要求的是行为类型的法定，也即行为类型的明确性。事实上，“兜底条款”中的“其他手段”冲击的正是罪刑法定的明确性要求。只是，出于立法技术的局限性以及社会生活的复杂性，“兜底条款”此类缺乏明确性的立法用语依旧大量存在。

如上所述，“兜底条款”的适用，需要严格限制，否则罪刑法定不过是一句空话。要注意的是，操纵证券市场罪的认定，存在适用双重“兜底条款”的情形：其一，《刑法》第182条规定的“其他操纵证券市场的手段”；其二，《证券法》第77条规定的“以其他手段操纵证券市场”。

对于“兜底条款”的解释，最终适用的依据是证监会发布的《证券市场操纵行为认定指引（试行）》。“抢帽子”交易案，被认定为操纵证券市场罪备受诟病正在于此。有说法指出，证监会的内部指引，没有向社会公开，不具有法律效力。

交易手段的纷繁多样，能够繁荣市场经济。行政法规尚未规制的新型交易行为，《刑法》作为最后手段的保障法不宜率先加以规制。事实上，《刑法》的谦抑性，目的在于保障行政法、民法规范的秩序。既然行政法规范都尚未明确的违

法类型,《刑法》又该如何保障？这是本案需要引思的地方。

2003年,德国联邦最高法院首次判决"抢帽子"交易属于市场操纵行为,确立了审判"抢帽子"交易案件的指导原则。德国联邦最高法院认为,行为人发出投资建议,其目的在于诱使其他市场参与人作出相应的交易行为,对股价产生波动,以便行为人通过期待的股价影响,获取经济上的利益,可以推定为《交易所法》第88条第2项以及《有价证券交易法》第20a条第1款第1句第2项意义上的"交易所行情和市场价格操纵"的其他市场操纵行为。即使,根据专业判断,行为人作出的推荐是合理的,这种交易行为同样是禁止的"交易所行情和市场价格操纵"。

从法律性质来说,德国联邦最高法院给出了明确的意见,即"抢帽子"交易是其他市场操纵行为。这对我们认清"抢帽子"交易的本质具有借鉴意义。

除此之外,德国《有价证券交易法》同我国《证券法》规定类似,运用"列举+概括"的立法模式,使用概括性用语"其他市场操纵行为"。只是,德国《有价证券交易法》明确授权德国联邦行政机关可以通过法规命令就市场操纵禁令的相关事项颁布详细规定。授权行政机关细化证券法规的禁止行为,这种立法细节是需要关注的。

行政法规、行政命令明确的不法行为,使得不法类型在行政法规范秩序内受到了否定。《刑法》再次对其进行规制便不存在越轨之说,与之相反,罪刑法定的明确性要求还会得到贯彻。

第十一章　为吸食者代购毒品，犯罪边界在哪？

毒品交易过程中，通常伴随着为吸食者代购毒品的现象。问题是，为吸食者代购毒品的行为，具有帮助吸食者与贩毒者的特点，到底应当如何认定？是贩卖毒品罪，还是不作为犯罪处理。

一、审判实践的演变

1994 年，《最高人民法院关于执行〈全国人民代表大会常务委员会关于禁毒的决定〉的若干问题的解释》（以下简称《禁毒解释》，已失效）规定："居间介绍买卖毒品的，无论是否获利，均以贩卖毒品罪的共犯论处。"以此来看，《禁毒解释》并未区分居间介绍买卖与代购代买，凡在买卖毒品之间起到作用的，一律定性为贩卖毒品罪，不考虑行为人的主观目的。此种规定，虽便于操作，有助于打击犯罪，却存在客观归罪的问题。

2000 年，《南宁会议纪要》（已失效），指出："有证据证明行为人不是以营利为目的，为他人代买仅用于吸食的毒品，毒品数量超过刑法第三百四十八条规定数量最低标准，构成犯罪的，托购者、代购者均构成非法持有毒品罪。"相较于《禁毒解释》，《南宁会议纪要》强调了代购代买的主观目的，要求代购代买人必须出于营利目的，才会构成贩卖毒品罪，否则少量持有的情况下不是犯罪。

2008 年，《大连会议纪要》强调："有证据证明行为人不以牟利为目的，为他人代购仅用于吸食的毒品，毒品数量超过刑法第三百四十八条规定的最低数量标准的，对托购者、代购者应以非法持有毒品罪定罪。代购者从中牟利，变相加价贩卖毒品的，对代购者应以贩卖毒品罪定罪。明知他人实施毒品犯罪而为其居间介绍、代购代卖的，无论是否牟利，都应以相关毒品犯罪的共犯论处。"在

《南宁会议纪要》的基础上，《大连会议纪要》再次强调何为牟利，即在代购过程中变相加价。此外，居间介绍人、代购代买人在明知他人实施毒品犯罪的情况下，即行为人明知吸食者购买毒品从事贩毒行为，仍为其居间介绍、代购的，应当认定为贩卖毒品罪的共犯。

2015年，《武汉会议纪要》规定："行为人为他人代购仅用于吸食的毒品，在交通、食宿等必要开销之外收取'介绍费''劳务费'，或者以贩卖为目的收取部分毒品作为酬劳的，应视为从中牟利，属于变相加价贩卖毒品，以贩卖毒品罪定罪处罚。"相比来看，《武汉会议纪要》贯彻了之前的规定，只是再次明确何为变相加价、从中牟利，即需要扣除必要交通、食宿之外收取的费用。另外指出，代购者出于贩卖的目的收取部分毒品作为酬劳的，也属于从中牟利。

二、代购者与居间介绍人

代购者与居间介绍人，二者是否存在异同，上述规范未加以明确。有观点认为，代购与居间介绍是不同的概念，二者不能等同而论。代购是在吸食者的要求下购买毒品，按照吸毒者意志行事，较为被动；居间介绍是在牵线搭桥，提供渠道或者信息，较为主动。

实际来看，区分代购与居间介绍没有太多意义，因为代购与居间介绍具备更多的是相同之处。首先，代购作为吸食者的代理方，直接从事毒品交易，作为交易主体出现。与之不同的是，居间介绍不直接参与交易，只是为买卖双方创造机会。表面上，二者虽存有不同，一个是交易主体，一个是居间中介，但是他们实质相似，都是作为交易主体的帮助者参与其中。其次，为贩毒者提供帮助，均可改变二者的定性。代购是为吸食者服务，帮助吸食者购买毒品，代购人一旦为贩毒者提供交易机会，代购便转化为代卖，构成贩卖毒品罪的共犯。同样，居间介绍人可以为贩毒者服务，也可以为吸毒者服务，但是其一旦为贩毒者提供帮助，同样会沦为贩卖毒品罪的共犯。

此外，牟利与否是二者认定的关键：牟利或者赚取差价的代购，被认定为贩卖毒品罪，未牟利的代购者则被允许少量持有毒品；居间介绍人不以牟利为要件，若是从中牟利，则不再是居间介绍，而是居中倒卖，成为毒品交易主体，同样会被认定为贩卖交易罪。

具体来说，《武汉会议纪要》区分了居间介绍与居中倒卖，认为居间介绍不以牟利为要件,“办理贩卖毒品案件,应当准确认定居间介绍买卖毒品行为,并与居中倒卖毒品行为相区别。居间介绍者在毒品交易中处于中间人地位,发挥介绍联络作用,通常与交易一方构成共同犯罪,但不以牟利为要件;居中倒卖者属于毒品交易主体,与前后环节的交易对象是上下家关系,直接参与毒品交易并从中获利”。此外,《大连会议纪要》《武汉会议纪要》均明确规定代购者从中牟利,变相加价贩卖毒品的,对代购者应以贩卖毒品罪定罪。

三、代购毒品的认定

如何认定代购,审判实践经历了客观归罪向主客观统一的转变。目前来看,不论是否牟利,将居间介绍全部认定为贩卖毒品罪,确实忽视了贩卖毒品罪有偿转让的犯罪故意,因为单纯为吸食者提供居间介绍的,主观上只是出于帮助他人吸食的需要,而非有偿转让毒品。

代购者、居间介绍人,主观上有可能是为了帮助贩毒者,也有可能是为了帮助吸毒者,关键要通过客观证据认定行为人的主观状态,行为的犯罪故意不同,其司法认定理应存在区别。考虑到代购者、居间介绍人主观状态的复杂性,代购毒品的行为不能一概而论,需要具体分析。

第一,接受吸食者委托,为他人代购用于吸食的毒品,客观上无加价行为,不是贩卖毒品罪。贩卖毒品罪,是指有偿转让毒品或者以贩卖为目的而非法收购毒品的行为。代购人虽然创造了毒品交易机会,造成毒品的扩散,但因系无偿转让,主观上没有谋利目的,因此不符合贩卖毒品罪的犯罪故意,无法构成贩卖毒品罪。

(2015)赣刑一终字第31号幸某贩卖毒品案就是如此,其中涉及一起代购毒品的事实案件。被告人帮助吸食者购买1克冰毒,吸食者将其用于吸食,事后吸毒者被抓获,当场在其身边查获身边0.32克冰毒。判决认为,被告人受他人委托,仅为他人无偿代购1克冰毒,主观上无谋利故意,客观上无加价行为,且现有证据不能证明被查获的0.32克冰毒被用于贩卖,故其行为依法不构成贩卖毒品罪。

第二,代购人明知他人贩卖毒品,仍为其代购毒品的,不论是否谋利,代购人均构成贩卖毒品罪。此种情形符合《大连会议纪要》的规定,“明知他人实施毒品犯罪而为其居间介绍、代购代卖的,无论是否牟利,都应以相关毒品犯罪的共犯论处”。

上述案例中，如果有证据证明吸食者身边被查获的0.32克毒品是被用于贩卖的，并且代购人明知吸食者会将其代购的毒品用于贩卖，代购人便是为他人的贩毒行为提供帮助，不论其是否无偿代购，均是贩卖毒品罪的共犯。

第三，代购人为吸食者代购毒品，收取部分毒品用于吸食的，如何认定。

《武汉会议纪要》规定："以贩卖为目的收取部分毒品作为酬劳的，应视为从中牟利，属于变相加价贩卖毒品，以贩卖毒品罪定罪处罚。"代购人收取部分毒品用于自我吸食，是否属于收取部分毒品作为酬劳，变相加价？

事实上，收取部分毒品自我吸食的，不是将毒品作为酬劳。因为，代购人将收取的毒品用作吸食，表明其帮助代购毒品的目的只是自我吸食，不是为了获取酬劳。《刑事审判参考》第105集中一起案件的观点也是如此，"蹭吸毒品的行为原则上不应定罪处罚。蹭吸虽然从生活意义上看，确实可以视为谋利行为，因为吸毒人员获取毒品通常需要支付金钱等对价，而蹭吸使作为吸毒者的代购者省去了这部分费用。但是，贩卖毒品罪的本质特征是促进毒品的流通，蹭吸者是自身吸食，自我消耗，并没有造成毒品的进一步流通"。

最后，代购者在交通、食宿等必要开销之外收取"介绍费""劳务费"，应当视为从中牟利，是贩卖毒品罪。以此认定贩卖毒品罪，还要注意两点，一是交通、食宿等必要开销，是以交易双方约定数额为准，还是以通常的必要费用为准；二是确认交通、食宿之外是否还有其他必要开销。

第十二章　界分介绍贿赂罪与行贿罪帮助犯

介绍贿赂罪，是指行为人向国家工作人员介绍贿赂，情节严重的行为。介绍方在行贿人与受贿人之间进行沟通、撮合，与共同行贿中的帮助行为存在太多相似之处，往往容易混淆，难以区分清楚。本书通过一起判决切入其中，借以探讨二者的边界问题。

一、(2015)佛中法刑二初字第57号判决

(一)法院查明的三起事实

法院查明：2011年8月，陆丰市公安局抓获了涉嫌窝藏毒资的林某丙("8·12"案件)。被告人吴某乾由廖某(另案处理)介绍认识了林某丙之子林某乙(另案处理)。林某乙和廖某先后多次拿给吴某乾现金共计人民币540万元，由吴某乾请托时任广东省陆丰市公安局的领导及办案人员为林某丙办理取保候审和解冻涉案财产。2011年9月9日，林某丙被陆丰市公安局执行取保候审。

2011年农历春节期间，涉嫌故意伤害的张某丁(另案处理)的弟弟为了使张某丁向陆丰市公安局自动投案时得到从轻处理，通过林某丙让被告人吴某乾请托时任陆丰市公安局局长的陈某甲给予关照。2011年3月，张某丁被取保候审。后吴某乾到陈某甲的办公室将张某丁的弟弟张甲丁准备的现金人民币20万元送给陈某甲。

2012年八九月，吴甲乙为使因涉嫌运输制毒物品而被陆丰市公安局禁毒大队抓获的其妹夫免予处理，请被告人吴某乾帮忙，被告人吴某乾请托时任禁毒大队副大队长的陈某乙，当晚吴甲乙的妹夫被释放。次日吴某乾将吴甲乙送予的现金人民币2万元通过吴某乾的堂弟吴某戊送给陈某乙。

(二)法院认定的不同结果

法院认为,林某乙因为“8·12”案件,请被告人吴某乾帮忙,并为吴某乾提供款物,被告人吴某乾答应林某乙后,为谋取不正当利益,自行决定行贿对象、行贿方式、行贿款额等,给予国家工作人员以财物,上述行为并非在行贿人与受贿人之间牵线搭桥、介绍沟通,而是与行贿人形成共谋之后,积极为行贿人完成行贿行为,与行贿人构成共同犯罪,应以行贿罪定罪处罚。

被告人吴某乾为张某丁请托陈某甲并转送贿款,在该两宗案件中,被告人吴某乾均是在行贿人与受贿人之间沟通关系,为行贿人转送贿款,应认定为介绍贿赂罪。

吴甲乙的妹夫被抓获后,吴甲乙请求吴某乾帮忙,被告人吴某乾主动、独立选择请托对象陈某乙,在陈某乙完成请托事项时,被告人吴某乾将吴甲乙准备的款项交给受贿人。在本案中,吴甲乙与陈某乙之间没有直接联系,被告人吴某乾不是在行贿人与受贿人之间沟通关系,而是积极为行贿人完成行贿行为,应认定为行贿罪。

二、裁判要旨:强调居间

通过法院对这三起事实的不同认定,我们可以看出,法院在界定行贿罪与介绍贿赂罪中强调的是介绍人与行受贿双方的紧密程度、是否处于居间方的中立地位。对于居间人紧密参与行贿行为,主动、独立选择请托对象,自行决定行贿方式、行贿款额的,被认定为行贿罪共犯;对于居间人在行受贿双方起到沟通关系,转送贿款的被认定为介绍贿赂罪。

北京市海淀区人民法院曾刊登的刘某行贿案,也强调了行为人的居间作用,同时考量了行为人主观上的牟利性。在刘某行贿案中,海淀区人民法院认为,“行贿人请托刘某帮忙办理保外就医、减刑假释,并依据刘某的要求给予其钱款,刘某从中谋利,可见,刘某的目的并非单纯促成行受贿的达成,而是从中谋取不正当利益;刘某并未引见双方认识或沟通,而是在收受钱款后,将部分钱款直接交付给受贿方,可见其并非中立居间介绍,相反对行贿人一方具有明显的依附性,其行为超越了介绍贿赂的边界,构成了行贿的共犯”。

值得注意的是,这种并非中立,对行贿一方具有明显依附性的居间行为,正是道出了介绍贿赂罪与行贿罪共犯的核心区别。

三、界分介绍贿赂罪与行贿罪共犯

我国《刑法》第 392 条第 1 款规定："向国家工作人员介绍贿赂，情节严重的，处三年以下有期徒刑或者拘役。"

关于介绍贿赂罪的存废，理论界争议不断。有观点认为，介绍贿赂人以及介绍贿赂行为并不像有些学者所设想的犹如经纪人及其经纪行为那样，具有完全的独立性并起相对独立的作用。在受贿与行贿之间，总是有倾向性地代表某一方，或者是受某一方的委托进行活动，因此，对介绍贿赂的，根据其具体活动，应按照受贿罪或者行贿罪的共犯（教唆犯或帮助犯）处理。

我们认为这种观点是可取的，但是这种立法论的观点，并不能有效解决司法实践中的难题。截至目前来看，介绍贿赂罪正是将部分受贿罪或者行贿罪的共犯行为正犯化，从而被独立评价。为此，我们仍然有必要提炼归纳介绍贿赂罪与行贿共犯的区别、差异。

（一）介绍贿赂罪的评价范围

最高人民检察院司法解释规定，介绍贿赂是指"在行贿人与受贿人之间沟通关系、撮合条件，使贿赂行为得以实现的行为"。结合司法实践，我们认为，介绍贿赂的评价范围可以包括：

第一，介绍认识。介绍贿赂的应有之义，就是介绍行受贿双方相识，安排双方见面或使双方知晓对方，通过为贿赂双方建立沟通渠道，促成双方就贿赂交易进行沟通。

第二，信息传递。介绍人在行受贿双方之间传递贿赂交易的信息，包括向受贿方转答行贿方行贿的意愿、行贿的金额以及所欲谋求的利益，向行贿方转答受贿方受贿的意愿及所要求的贿赂等。

第三，撮合条件。在贿赂实现的过程中，行受贿双方的意愿可能会不完全一致，在要求的具体职务行为和贿赂金额方面产生分歧，介绍人便会从中进行沟通协调，说服一方降低要求或干脆妥协，最终促使行受贿得以实现。

第四，转交财物。有观点认为中间人如有转交财物的行为应当被认定为行贿罪共犯，介绍贿赂罪仅限于介绍人为安排行贿人与受贿人沟通、见面，而不得参加行贿、受贿的具体过程。我们认为这种观点存在偏颇，如上判决亦将转交贿赂的行为认定为介绍贿赂罪。实际上，代为转交财物的行为实为介绍人居间撮合促成贿赂交易的具体体现。

（二）把握界分要点

正如废除论者认为的那样，实践中的介绍人在受贿与行贿之间，总是有倾向性地代表某一方，或者是受某一方的委托进行活动，但是这种倾向性在司法实践中又该如何把握。

我们认为，介绍贿赂罪就是将行贿共犯中的介绍居间行为独立成罪，因而区分二者仍应回归于二者的地位和作用。海淀区人民法院给出的裁判观点值得借鉴，“对行贿一方具有明显依附性的非中立行为应当被认定为行贿共犯”，也即具有明显倾向性的介绍贿赂行为已经完全依附于行贿一方，丧失了中立性，超出了介绍贿赂罪的评价范围，应当被认定为行贿罪共犯。

这种明显超出介绍居间范围的行为，具体来说，应当通过以下几点加以把握：

第一，介绍人参与贿赂的程度。在行受贿过程中，介绍人积极帮助行贿方出谋划策，与行贿方联系过密，代为实施大部分行为，比如教唆行贿方产生谋取职务行为的意志、自行寻找贿赂对象、向受贿方自行请托事项、自行决定贿赂金额。这时的介绍人显然已经超越了中介角色，而与行贿方成为一体。

第二，是否为行贿方建立联系。行贿人意图谋求国家工作人员的职务行为，但自己不能或不便亲自请托，于是找到能够通过关系谋求到该职务行为的介绍人。如果介绍人并未建立沟通渠道撮合双方实现贿赂交易，而是以自己的名义向国家工作人员请托事项，应以行贿罪论处。

第三，介绍人参与谋划的程度。介绍人在促进贿赂实现的过程中，是否仅参与了贿赂意思的联络、贿赂条件的撮合、贿赂款物的转移等活动的沟通和实施，而未与行贿人谋划具体如何谋取利益、策划如何实现贿赂、商定利益分配等。

第四，介绍人的主观意图。介绍人主观上是帮助行贿的故意还是介绍居间的故意，通常而言，介绍人只具有帮助沟通、传达消息、撮合条件、介绍相识的意思，而不具有帮助行贿人谋取不法利益、利用受贿方职权的意图。

第五，介绍人利益的独立性。介绍人从中居间，通过帮助沟通、打通渠道的方式谋取财物或情面利益，但是这种利益必须是一种独立的利益，而非与行受贿方一致。如果行贿起初，介绍人与行贿方确定了利益分配方法，介绍人的利益便丧失了独立性。

综上，司法实践中，我们应结合具体案情，把握以上几点界分介绍贿赂罪与行贿罪共犯，从而准确适用法律，裁量刑罚，达到罪责刑相适应的效果。

第十三章　集资诈骗案:“借新还旧”=非法占有目的?

有无非法占有目的,是区别非法吸收公众存款案和集资诈骗案的关键。面对非法集资类案件,能否以“借新还旧”“拆东墙补西墙”认定非法占有目的,进而判定为集资诈骗罪,是办理此类案件的关键问题。

1.“借新还旧”=非法占有目的?

2001 年以来,如何认定非法占有目的,司法解释的落脚点是“不能返还”或“逃避返还”。二者具备其一,就可以推定集资人的非法占有目的。关于“逃避偿还”,司法解释规定如携集资款潜逃、转移资金、隐匿财产的情形。

关于“不能返还”,《全国法院审理金融犯罪案件工作座谈会纪要》(法〔2001〕8 号)规定:明知没有归还能力而大量骗取资金的,可以认定为具有非法占有的目的。《最高人民法院关于审理非法集资刑事案件具体应用法律若干问题的解释》(法释〔2022〕5 号,以下简称《非法集资解释》),对“明知没有归还能力而大量骗取资金的”作了进一步的细化规定,即“集资后不用于生产经营活动或者用于生产经营活动与筹集资金规模明显不成比例,致使集资款不能返还的”。《最高人民检察院关于办理涉互联网金融犯罪案件有关问题座谈会纪要》(高检诉〔2017〕14 号,以下简称《高检院纪要》)对“不能归还”也作了原则性规定,“(1)大部分资金未用于生产经营活动,或名义上投入生产经营但又通过各种方式抽逃转移资金的;(2)资金使用成本过高,生产经营活动的盈利能力不具有支付全部本息的现实可能性的;(3)对资金使用的决策极度不负责任或肆意挥霍造成资金缺口较大的;(4)归还本息主要通过借新还旧来实现的;(5)其他依照有关司法解释可以认定为非法占有目的的情形”。

分析以上规定,只有《高检院纪要》,将“归还本息主要通过借新还旧来实现”作为一种独立的情形来认定非法占有目的。但同时最高人民检察院规定，此情形只是原则性规定，不能涵盖司法实践之万一。

“借新还旧”，即将后吸纳的集资款用于偿还在前形成的本息，能否作为独立情形来推定非法占有目的。《非法集资解释》在出台过程中，曾有过讨论。2011 年第 5 期的《人民司法》刊登过最高人民法院刘为波的一篇文章，《非法集资解释》的理解与适用，指出“经研究，‘以新还旧’‘以后还前’确实可以初步断定最终不具有归还能力，但其不具有归还能力的根本原因不在于是否支付本息，而是没有具体的生产经营活动，对此，完全可以适用本项规定认定为以非法占有为目的。同时，支付本息是非法集资的一个基本特征，在一定意义上，按期支付本金和高额回报反而有可能说明行为人主观上没有非法占有目的，为了防止不必要的误解，故未采纳”。

《高检院纪要》虽将“借新还旧”作为独立推定非法占有目的情形之一。但在司法审判过程中，还是要结合《非法集资解释》规定加以理解，特别是“集资后不用于生产经营活动或者用于生产经营活动与筹集资金规模明显不成比例，致使集资款不能返还”。

2018 年 7 月 3 日，最高人民检察院发布第 10 批指导性案例，周某集资诈骗案（检例第 40 号），对于认定非法占有目的具有指导性意义。此案是在《高检院纪要》施行后发布的关于非法占有目的方面的指导性案例，应给予重点关注。

检例第 40 号的指导性意义在于，“对非法占有目的的认定，应当围绕融资项目真实性、资金去向、归还能力等事实、证据进行综合判断。行为人将所吸收资金大部分未用于生产经营活动，或名义上投入生产经营，但又通过各种方式抽逃转移资金，或供其个人肆意挥霍，归还本息主要通过借新还旧来实现，造成数额巨大的募集资金无法归还的，可以认定具有非法占有的目的”。此案的办理，不论是公诉方还是裁判方，均未以“借新还旧”单独推定行为人主观上具备非法占有目的，而是同时结合“将所吸收资金大部分未用于生产经营活动，无法归还巨大的募集资金”综合认定。

值得注意的是，互联网金融犯罪最大的特点是因互联网的作用，金融风险被不断放大。因此，在互联网金融犯罪活动中，“借新还旧”所带来的危害性同样被放大，不同于传统上的非法集资活动。

《高检院纪要》的出台背景正是考虑到互联网金融犯罪办理过程中出现的

新情况、新问题，最高人民检察院公诉厅先后在昆明、上海、福州召开座谈会，作了深入研究，才发布的座谈会纪要。

总而言之，《高检院纪要》关于"借新还旧"的规定，只是原则性规定，不具有必然性。其对于非法占有目的的认定，还需结合其他情形综合判定。行为人是否具有非法占有目的，不应仅凭"借新还旧"来推定。因为，"借新还旧"在一定程度上意味着行为人有意愿偿还出借人的本息。特别是，面对非互联网金融犯罪活动，更不能仅仅注意到"借新还旧"就足以认定行为人对后续募集的资金严重不负责任，持放任态度，从而推定行为人的非法占有目的。

2. "借新还旧"案件，如何辩护？

司法实践中，面对"借新还旧"类集资诈骗案件，不能停留在只分析"借新还旧"不足以推定行为人的非法占有目的，还应结合证据延展出多个方面。

"借新还旧"与非法占有目的关系问题，是此类案件在法律适用方面的共性问题。就个案来说，应结合全案证据提炼出案件自身存在的独特问题，具体问题具体分析，找出个性问题。

第一，"借新还旧"，是不是站得住脚。

根据《高检院纪要》规定，公诉方直接援引以"借新还旧"推定集资人的非法占有目的，是辩护人必须给予正视的。看到检方指控行为人"借新还旧"，不一定就意味着行为人使用资金是"以新吸纳的资金偿还在前的本息"，还应仔细审查在案证据，判断"借新还旧"模式是不是站得住脚。

比如，"借新还旧"所偿还债务的性质，是在先募集的本金和利息，还是已经形成的其他债务。江西省上饶市中级人民法院二审改判无罪的一起案件，[①]一审凭借"林某某以月息2分或3分为承诺，先后向他人借款，用于归还其之前向他人借款、利息以及个人消费"，认定林某某具有非法占有目的。与之相反，二审则未以此认定非法占有目的，其指出"林某某所借款项大部分用于归还之前的旧债，其所归还的旧债大多是基于生产经营活动而产生的，例如支付煤矿运费款、收购煤矿股份款、电瓶厂退货款、归还烟酒款等，大多不是用于归还个人消费债务"。

第二，"借新还旧"，有个"度"的问题。

"肆意挥霍集资款，不能归还"存在一个"度"的问题，即只有行为人对集资

---

① (2017)赣11刑终348号二审刑事判决书。

款“肆意”挥霍，不在乎是否有收益，才可以认定具有非法占有目的。如果将大部分资金用于投资或生产经营活动，只将少量资金用于个人消费或挥霍的，则不属于《非法集资解释》要求的“集资后不用于生产经营活动或者用于生产经营活动与筹集资金规模明显不成比例，致使集资款不能返还”。

“借新还旧”同样如此，也有一个“度”的问题。即“借新还旧”资金比例、筹集规模的情况；“借新还旧”的形成时间、形成过程，都要充分分析。通过比较资金整体使用状况、筹集资金的规模、资金实际用途、在先本息与“借新还旧”之间的比例、有无其他预期收益回报等，准确把握“借新还旧”是不是铁板一块，是不是能够被分而化之，是不是准确反映资金的整体使用状况。

第三，“借新还旧”，有个时间问题。

非法占有目的产生于行为人募集资金之前或募集资金之时。如果在案证据不能查清行为人何时出现资金周转困难，不能查实何时利用自有资金还是募集资金购买汽车、住房，不能查实何时没有预期可得利益，往往就不能查实“借新还旧”的形成时间、形成过程，就不能将事后产生的非法占有目的溯及既往到行为人募集资金之时。

（2014）温龙刑初字第164号案件，温州市龙湾区人民法院认定被告人张某某同时构成非法吸收公众存款罪、集资诈骗罪。二审时，温州市中级人民法院改判被告人为非法吸收公众存款罪，不构成集资诈骗罪。其中，改判的理由之一是“现有证据无法证实张某某购买手表的时间和价格，购买手表、汽车的资金来源，被告人出现资不抵债的时间界限”。此案，二罪变为一罪，究其原因，可以归结为，对于某部分资金的非法占有目的、非法占有目的形成时间，在案证据上难以查证属实。

因此，要把“借新还旧”的时间问题搞清楚。如果不能查明何时“借新还旧”，“借新还旧”背后何时资不抵债，何时没有预期可得利益，则难以认定非法占有目的。

须要注意的是，有些募集资金的情形，行为人同时具备以“现金流”和“转账”的方式接受集资款。如果从出借人处“拿现金”比例较大的，通常不具备进行司法会计鉴定的条件，往往会将非法占有目的的认定变得更为复杂，即难以将案件认定为集资诈骗罪。

此种情形下，应当注意把握几个问题，判断证据是否充分：一是行为人有无实际经营、投资活动；二是行为人有无预期可得收益，是否具备偿还本息的可能性；三是"借新还旧"的资金来源能否查清楚，是完全的"借新"，还是根本不能查清行为人偿还在先本息的资金来源，尤其是与新吸纳的现金不能准确区分的；四是比较"借新还旧"资金规模与在先已形成本息的具体比例；五是判断"借新还旧"形成时间。

综上来讲，"借新还旧"模式下，有必要结合"借新还旧"偿还本息数额大小和资金整体使用状况，判断"借新还旧"是否成立，"度"有多大，形成于何时，准确认定有无非法占有目的。

第十四章　贪污罪的边界问题

相较于贪污罪，挪用公款罪量刑较轻，主要是因为二者主观目的不同。贪污罪主观上是“排除意思”，挪用公款罪则是“利用意思”。然而，“排除意思”和“利用意思”往往难以辨别，导致贪污罪、挪用公款罪的界限不明。

一、以“虚假支出”掩盖公款去向，不宜直接认定非法占有目的

《最高人民法院关于印发〈全国法院审理经济犯罪案件工作座谈会纪要〉的通知》规定：“行为人挪用公款后采取虚假发票平账、销毁有关账目等手段，使所挪用的公款已难以在单位财务账目上反映出来，且没有归还行为的，应当以贪污罪定罪处罚。”根据规定，不能因为行为人存在“虚列支出”掩盖公款去向的行为，就直接推定行为人的非法占有目的。相反，对于采取虚假发票平账、销毁有关账目等行为，要进行实质判断，真正排除行为人主观上的“利用意思”。

具体来说，评价虚假发票平账、销毁有关账目等手段行为，关键有三点：(1)行为人的这种手段行为是否事出有因；(2)这种手段能否真正掩盖公款的真实去向，是否能够使得公款已经无法显现在单位账目之中；(3)行为人态度上，是否存在归还公款的行为，如存在归还行为，则仍然无法排除行为人主观上的“利用意思”。

指导性案例第1088号赵某贪污、挪用公款案值得关注。被告人赵某原系国有独资企业天津市政管理局第二市政公路工程有限公司干部。2008年7月赵某所在公司根据产业结构调整需要，由上级单位天津城建集团有限公司决定划转至天津城建隧道股份有限公司，赵某受天津城建集团有限公司委派担任国有控股企业天津城建隧道股份有限公司会计。2011年4月，赵某被任命为该公司财务核算中心副主任。

2009年4月至12月，被告人赵某利用负责快速路配套工程盾构管片项目财

务工作的职务之便,采取提取备用金的手段,多次从其负责的项目账上支取现金共计人民币783,800元,用于个人赌博。

2010年1月至2011年10月,赵某采取偷盖单位印鉴、私自填写现金支票的方式提取单位银行存款共计人民币3,223,000元,用于个人赌博。其中,有累计人民币2,952,659.58元的账目赵某以支付相关单位劳务费、租金、材料款等记账形式予以列支,弥补其私自支取公款的账面差额。赵某曾私盖一本"天津市环城地铁管片有限公司"(系盾构管片项目与天津市环美混凝土制造有限公司成立的合资公司,但从未开展业务)的收据用以掩盖挪用公款的事实。自2008年7月至2011年10月案发前,赵某挪用单位公款4,006,800元,虚列支出2,592,659.58元。赵某以现金还款方式陆续归还公款共计人民币1,377,500元,给单位造成实际经济损失人民币2,629,300元。

一审时,天津市第一中级人民法院认为,被告人赵某身为国有控股企业的财务管理人员,利用职务之便侵吞公款,且数额特别巨大;挪用公款归个人使用,进行非法活动,且数额巨大。判决认定,被告人赵某犯贪污罪,判处无期徒刑,剥夺政治权利终身,并处没收个人全部财产;犯挪用公款罪,判处有期徒刑12年,决定执行无期徒刑,剥夺政治权利终身,并处没收个人全部财产。

进入二审后,天津市高级人民法院认为,对于被告人赵某所提其没有非法占有公款故意,其行为属于挪用公款性质的上诉理由。经查,赵明以"虚列支出"形式掩盖公款的真实去向,但其所列支出与提取款项存根票据不存在一一对应关系,故仅能掩盖账面总体差额,其提取公款行为有账可查;虚列支出的收款单位与赵某所在单位有正常业务往来,虚列支出项目在工程结算时无法核销,故无法达到侵吞公款之目的;被告人具有陆续归还公款行为。因此被告人"虚列支出"的行为不能证明被告人主观故意发生转化,与采取虚假发票平账、销毁有关账目且无归还行为的转化型贪污犯罪不属同一性质。判决认定,维持一审判决中对被告人赵某犯挪用公款罪的定罪;撤销天津市一审判决中对被告人赵某犯贪污罪的定罪量刑、挪用公款罪的量刑以及数罪并罚的量刑;上诉人赵某犯挪用公款罪,判处有期徒刑15年。

透过这起案件,我们可以看出一审、二审法院裁判逻辑明显不同:对于以"虚列支出"形式掩盖公款去向的手段行为,一审法院只是从形式上加以判断。不同于一审法院的做法,二审法院进行了实质考察,重点分析行为人使用如此手段能否排除行为人主观上的“利用意思”。

行为人虽以支付相关单位劳务费、租金、材料款等记账形式予以列支，弥补其私自支取公款的账面差额，但是由于虚假发票与所列支出无法一一对应，收款单位与所列支出也无法真正核销，也就意味着行为人“虚列支出”的手段还是难以遮掩单位账面上被挪用的公款。行为人虽有“虚列支出”行为，却无法真正掩盖公款去向，单位账目有据可查的，不宜直接认定行为人具有非法占有目的。

二、没有平账或销毁账目的，宜推定行为人具有“利用意思”

行为人若根本没有采取平账或销毁账目等方式的，在没有证据认定行为人非法占有目的的情况下，则更不应排除行为人主观上的“利用意思”，从而认定为贪污罪。

指导性案例第 194 号梁某贪污案正是如此。1996 年 8 月至 1999 年 9 月，被告人梁某伙同被告人张某，利用梁某担任某国家机关老干部局行政处财务科会计职务上的便利，采取支出款项不记账、销毁支票存根及银行对账单的手段，使用现金支票和转账支票从梁某分管的银行账户中，先后 150 余次提款、转款共计人民币 670 万元，梁某将大部分赃款交由张某用于营利活动，小部分赃款被二人挥霍。

一审时，北京市第一中级人民法院认为，被告人梁某身为国家工作人员，被告人张某勾结国家工作人员，利用梁某担任某国家机关老干部局行政处财务科会计的职务便利，侵吞大量公款，构成贪污罪，且情节特别严重，依法均应惩处。判决认定，被告人梁某犯贪污罪，判处无期徒刑，剥夺政治权利终身，没收个人全部财产。一审宣判后，梁某以原判认定其具有非法占有公款主观故意证据不足，定贪污罪不准，量刑过重为由提起上诉。

进入二审后，北京市高级人民法院认为，梁某利用职务上的便利，采用支取公款不记账、销毁支票存根和银行对账单的手段，伙同张某将自己经管的巨额公款支出使用，虽然部分公款被挥霍，但梁某并没有采取平账或销毁账目等其他方式改变公款的所有权，且在私自支出使用公款期间，还陆续归还人民币 145 万元，这些事实证实其与张某没有非法占有公款的主观目的，遂改判梁某为挪用公款罪，判处有期徒刑 15 年，剥夺政治权利 3 年。

梁某贪污案件中，行为人虽采取支出款项不记账、销毁支票存根及银行对账单的手段,使用现金支票和转账支票提款,但是行为人根本不存在平账或者销毁单位账目等行为,并且公款用途在于进行经营,只是挥霍了一小部分,事后还有过归还行为,排除非法占有目的更为恰当。

司法实践中,过去长期以行为人挪用公款后是否虚假平账作为区分挪用公款罪与贪污罪的标准,这种区分标准过于重视账目处理方面的证据,而忽略行为人主观方面的证据。主观见之于客观,账目的处理部分反映出行为人的主观目的,不同于上述"虚假列支"的情形,行为人没有平账,更没有销毁单位账目也就意味着单位账目能够正常显示公款的进出,也就意味着行为人并非不想归还。在单位账目明了的情况下,推定行为人主观上具有"利用意思"更为适宜,除非另有证据证实行为人肆意挥霍或者有能力归还却隐瞒公款去向拒不归还。

总而言之,判断行为人主观上是非法占有目的,还是只是"利用意思",不应机械认定,要具体结合个案证据综合分析,真正做到主客观相统一。

第四编

刑事合规

第一章　刑事合规本土化探索

近年来，中国本土正在不断地探索和推进作为舶来品的“刑事合规”。当前，“刑事合规”还处在试点阶段，没有形成完整的体系和标准的操作流程。不过，随着试点单位的逐步铺开，刑事合规的本土化实践，基本为刑事合规勾勒出一个大概的脉络，为企业涉刑案件的办理提供了指引。

一、第一期试点探索情况

2020 年 3 月，最高人民检察院启动涉案违法犯罪依法不捕、不诉、不判处实刑的企业合规监管试点工作，在上海浦东、金山，江苏张家港，山东郯城，广东深圳南山、宝安等 6 家基层检察院，试点开展“企业犯罪相对不诉适用机制改革”。

事实上，刑事合规第一期试点改革，是涉案企业合规实践探索的前半场，是“能不捕的，不捕；能不起诉的，不起诉”的具体体现。回头来看，最高人民检察院确定的各试点单位，主要是围绕企业涉刑案件刑事合规不起诉展开实践探索活动。

例如，山东省郯城县人民检察院在“刑事合规不起诉”实践探索活动中，制定出台《企业犯罪相对不起诉实施办法》，着力在不起诉必要性审查、助推企业守法合规经营方面深入探索。事实上，山东省郯城县人民检察院探索的刑事合规不起诉模式，可以总结为“不起诉 + 合规检察建议”的工作方式，通过对涉案企业进行评估，将涉案企业纳入刑事合规考核当中，再以检察建议的方式要求涉案企业就刑事问题作出整改和完善，最终对涉案企业作出相对不起诉决定。

在该模式下，山东省郯城县人民检察院在 2020 年 12 月 23 日前，已办理企业犯罪案件 22 件 44 人，开展不起诉必要性审查 5 件，刑事合规考察 4 件，不捕 5 人、不诉 7 人。相对不起诉必要性审查方面，重点是把握案件适用范围、企业合规表现、不起诉是否符合公共利益基本要求、经济影响评估等。

再如，试点工作过程中，深圳市南山区人民检察院制定《关于涉企业犯罪案件适用附条件不起诉试点工作方案（试行）》，加大对涉案企业适用不起诉制度的探索力度，对涉案企业情况查清摸透，协助企业建立健全各项制度，促进企业依法合规经营。

在深圳市南山区人民检察院的办案模式下，通过依法不起诉企业涉案人员，减少司法办案对涉案企业正常生产经营活动的影响。比如，在一起虚开增值税专用发票案中，涉案企业为深圳市政府重点扶持企业、深圳市高新技术企业，具有多项药品发明专利，南山区人民检察院了解到涉案企业正处于上市辅导期，在督促涉案人员补缴税款后作出不起诉决定。

江苏省张家港市人民检察院、上海市金山区人民检察院，与上述刑事合规试点探索大同小异，基本都是将刑事合规建设作为检察建议的重要内容，将企业刑事合规建设活动作为涉企案件刑事问题处理的重要参考，对于情节轻微，刑事合规计划整改到位的涉案企业，则会给予相对不起诉的处理。

深圳市宝安区人民检察院探索的刑事合规不起诉模式，则有些不一样。深圳市宝安区人民检察院是将附条件不起诉考验期与独立监控人两者结合起来，以刑事合规计划考察合格作为涉企刑事案件不起诉的条件和前提来对待。

附条件不起诉的模式，主要是由检察院给予涉案企业一定的考察期。只不过，不同地区的检察院对考验期的期限设置有所不同。但是，在该模式下，检察院主要是通过考察涉案企业考验期内的合规表现，据此决定是否给予不起诉处理。

2020 年 8 月 28 日，深圳市宝安区人民检察院出台《深圳市宝安区司法局关于企业刑事合规独立监控人选任及管理规定（试行）》，为刑事合规不起诉的实施制定配套措施。就规定来看，独立监控人作为刑事合规计划的考核者、制定者、监控者，为检察院对涉企刑事案件作出相应处理决定提供参考。浙江省的多家办案单位，都是以附条件不起诉的方式开展刑事合规，即通过验收涉案企业的合规计划承诺，来决定是否作出不起诉决定。

总体来看，第一期试点改革的探索，就刑事合规不起诉来看，基本是两种模式：（1）附条件不起诉；（2）不起诉 + 检察建议。附条件不起诉的情形下，刑事合规计划考察是否合格，是检察院作出不起诉的前提条件。相对不起诉的情形下，是检察院对企业或相关人员作出不起诉决定后，再以检察建议的方式要求企业就暴露出的刑事问题,制订和践行刑事合规计划。

不过,就现行法律来看,《刑事诉讼法》第177条规定的是“相对不起诉”,即“对于犯罪情节轻微,依照刑法规定不需要判处刑罚或者免除刑罚的,人民检察院可以作出不起诉决定”。因此,涉企案件刑事合规不起诉的探索活动,但凡是在法律明确授权之前,还是要在“相对不起诉”的框架下进行,即只能限于“犯罪情节轻微”的案件。

至于“刑事合规”附条件不起诉,可能还要等到法律的进一步修订和授权,针对企业涉刑附条件不起诉作出专门规定和明确标准,比如就作出承诺开展“刑事合规”计划的企业如何开展验收,验收情况是否合乎“不起诉”的规格,能否作出不起诉决定等多个方面。

还需指出的是,哪些涉案企业可以被纳入刑事合规考核当中,给予相对不起诉激励,现在来看,这些标准依旧还不是很明朗,或尚处在探索之中。

对此,我们应给予必要的关注,刑事合规激励措施的适用,到底是要哪些涉案企业满足评估考察条件,即能符合检察院对经济影响、公共利益、市场秩序、犯罪轻微等方面的调查,通过刑事合规不起诉的方式要求企业建设刑事合规活动。

二、第二期试点探索情况

2021年4月,最高人民检察院下发《关于开展企业合规改革试点工作方案》(以下简称《工作方案》),启动第二期企业合规改革试点工作。根据《工作方案》,第二期改革试点范围较第一期有所扩大,涉及北京、辽宁、上海、江苏、浙江、福建、山东、湖北、湖南、广东等10个省、直辖市。

随着第二期企业合规试点改革活动的铺开,“对涉案企业负责人依法不捕、不诉、不判实刑”的“后半篇文章”正式开启。在这一期的改革过程中,《工作方案》就“刑事合规”有了明确的定义、定位、要求和适用场合,即“开展企业合规改革试点工作,是指检察机关对于办理的涉企刑事案件,在依法作出不批准逮捕、不起诉决定或者根据认罪认罚从宽制度提出轻缓量刑建议等的同时,针对企业涉嫌具体犯罪,结合办案实际,督促涉案企业作出合规承诺并积极整改落实,促进企业合规守法经营,减少和预防企业犯罪,实现司法办案政治效果、法律效果、社会效果的有机统一”。

此外,《工作方案》对涉案企业刑事合规试点探索活动提出明确要求,即“开展企业合规改革试点要与依法适用认罪认罚从宽制度和检察建议、依法清理‘挂案’、依法适用不起诉结合起来。对涉企案件，在依法贯彻相关检察政策的同时，督促企业建立合规制度，履行合规承诺；提出企业合规建设意见和建议，包括整改方向和意见，并促进‘挂案’清理工作，依法平等保护企业合法权益；对符合刑事诉讼法规定的不起诉案件，做到应听证尽听证”。

就此来看，涉企刑事案件的合规改革，不会仅仅局限于“刑事合规不起诉”，而是有着“合规不批捕”“合规不起诉”“合规量刑从宽处理”三个方面的探索活动。并且，在接下来的探索活动中，以检察建议督促涉案企业履行合规计划承诺，将会成为检察机关发挥法律监督机关重要作用的关键手段。

特别是，在第二期试点改革探索活动过程中，由于试点单位不再受限于基层检察院，而是扩展至市级检察院，可以看出此次刑事合规的探索活动，不再集中于适用“合规不起诉”的“情节轻微”的犯罪案件，而是扩展到了市级检察院承办的案件。

2021年6月3日，最高人民检察院举办“依法督促涉案企业合规管理，将严管厚爱落到实处”新闻发布会，发布企业合规改革试点四起典型案例。

企业合规第一期试点活动，由于围绕基层检察院开展，主要面向又是“合规不起诉”，相对来讲，试点单位可以提供的典型案例较少。对比来看，企业合规第二期试点改革，一是试点单位多了起来；二是试点单位不再限于基层检察院；三是试点案例更多的将不再是“合规不起诉”，而是“合规从宽处理”的案件。

因此，企业合规第二期试点改革活动，将会提供更多的典型案例；将会纳入更多的涉企犯罪案件；将会探讨面向“认罪认罚”与“合规从宽”相结合的情形；将会形成更加标准的合规计划验收程序。

三、第三方评估机制的探索

在第一期试点活动中，检察院在办理相关“刑事合规”案件时，就“刑事合规”是否落到实处，是否符合标准，是否满足条件，各试点单位均有着不同的验收和评估情况，不同地区试点情况有所区别。

“刑事合规”在进行到第二期试点改革探索时，《工作方案》对合规验收和评估有了明确的要求，即“各试点单位应当结合本地实际，探索建立企业合规第三方监管机制。通过第三方监管、监督、促进企业践行合规承诺”。

2021年6月3日,最高人民检察院举行“依法督促涉案企业合规管理,将严管厚爱落到实处”新闻发布会,发布《关于建立涉案企业合规第三方监督评估机制的指导意见(试行)》(以下简称《指导意见》)。

(一)第三方机制的建立

《指导意见》第1条规定:“对符合企业合规改革试点适用条件的,交由第三方监督评估机制管理委员会,选任组成的第三方监督评估组织对涉案企业的合规承诺进行调查、评估、监督和考察,考察结果作为人民检察院依法处理案件的重要参考。”

《指导意见》的出台,标志着“刑事合规”第三方组织评估考察模式的正式建立。在第三方组织考察模式之下,首先要明确的是涉案企业合规第三方机制适用范围。《指导意见》第3条、第4条、第5条,从正反两个方面确定了第三方机制的案件适用范围。

《指导意见》第5条从反面列举了禁止第三方机制适用的情形,相当于第三方机制适用的负面清单:人为进行违法犯罪活动而设立公司、企业的;公司、企业设立后以实施犯罪为主要活动的;公司、企业人员盗用单位名义实施犯罪的;涉嫌危害国家安全犯罪、恐怖活动犯罪的;其他不宜适用的情形。就规定来看,除去危害国家安全犯罪和恐怖活动犯罪,以上禁止第三方机制适用的情形,只是打着单位名义的自然人犯罪,实际上与单位毫无关联,自然不应适用涉案企业合规项下的第三方机制。还要指出的是,《指导意见》第5条规定的情形,正是区别公司、企业等是否属于涉案企业合规范围的分水岭。

(二)第三方机制的适用

《指导意见》第3条规定:“第三方机制适用于公司、企业等市场主体在生产经营活动中涉及的经济犯罪、职务犯罪等案件,既包括公司、企业等实施的单位犯罪案件,也包括公司、企业实际控制人、经营管理人员、关键技术人员等实施的与生产经营活动密切相关的犯罪案件。”就规定来看,第三方机制适用的案件范围,不只是公司、企业等实施的单位犯罪,还包括重点人员实施的与公司、企业生产经营活动密切相关的犯罪。这意味着部分与公司、企业相关联的自然人犯罪,同样在涉案企业合规当中。事实上,这种模式符合我们的实际情况,因为不同于西方国家的情形,我们的企业家、管理人与公司、企业有着密不可分的关系。

涉案企业在符合《指导意见》第3条规定的情况下，还需满足第4条的规定，才能启动第三方机制，即要做到三点：(1)涉案企业、个人认罪认罚；(2)涉案企业能够正常生产经营，承诺建立或者完善企业合规制度，具备启动第三方机制的基本条件；(3)涉案企业自愿适用第三方机制。

总体来说，第三方机制的适用条件，就是涉案企业合规试点中对涉案企业、人员的要求。目前来看，涉案企业是国家大型企业还是中小微企业，还是两者都符合涉案企业合规试点的要求，现在还没有一个定论。但是，基本可以确定的是，涉案企业在当地的税务、劳工、经济方面要有一定的影响，才能受到刑事激励措施的照顾。

（三）第三方机制的启动

《指导意见》第10条第1款规定："人民检察院在办理涉企犯罪案件时，应当注意审查是否符合企业合规试点以及第三方机制的适用条件，并及时征询涉案企业、个人的意见。涉案企业、个人及其辩护人、诉讼代理人或者其他相关单位、人员提出适用企业合规试点以及第三方机制申请的，人民检察院应当依法受理并进行审查。"

根据规定，第三方机制的启动，可以分为三种方式：一是办案机关主动审查涉案企业是否符合适用条件，并征询涉案企业、个人的意见；二是涉案企业、个人主动申请适用第三方机制；三是辩护人、诉讼代理人主动申请启动适用企业合规和第三方机制。在此机制下，涉案企业、个人的辩护人在办案过程中，如果遇到企业、个人符合"刑事合规"条件的，可以经涉案企业、个人同意，主动申请适用第三方机制。

要注意的是，不论是涉案企业、个人，还是辩护人、诉讼代理人、其他相关单位、人员申请主动适用企业合规试点以及第三方机制的，最终都须经办案检察院审查涉企犯罪案件是否符合第三方机制启动条件，并商请第三方机制管委会启动第三方机制。

综上来说，刑事合规的本土化实践，虽然还在探索过程中，但是已经初具规模，形成一套适用的机制。从当初的刑事合规不起诉到现在的涉案企业合规，说明"刑事合规"的落地将会更多地呈现为检察机关主导范围内的刑事激励措施，包括不批捕、变更强制措施、不起诉、量刑从宽处理多个方面。

第二章　刑事合规与刑事风控

前些年，就企业的刑事问题而言，谈得比较多的是刑事风险防控，即通过事先的防范和控制，避免企业因为刑事问题受到影响。直到 2020 年，最高人民检察院逐步开展刑事合规试点活动，企业的刑事合规问题，日益成为企业关注的热点话题。

一、刑事合规与刑事风控

事实上，对企业来讲，刑事合规活动的开展，实则是事后的救济。与之相反，刑事风险防控，是事先的预防、风险控制。

从最高人民检察院第二期刑事合规试点活动来看，刑事合规规范用语是"涉案企业合规"。显然，既然是"涉案企业合规"，就意味着与企业相关的案件已经进入刑事诉讼程序当中，面临着接受刑事调查的问题。就此来看，刑事合规的开展，更多的是在企业或企业重点职员涉嫌犯罪后，围绕涉案企业自身可能存在的问题，被动开展刑事合规活动。涉案企业按照相关规定，遵守第三方监管组织的要求，适时地、有效地开展刑事合规活动，就可以获得一定的刑事激励，如不批捕、不起诉、从宽量刑。

与之不同，刑事风险防控，是在企业运营期间尚未出现任何刑事问题的情况下，主动围绕自身业务、财物、税务等方面建构符合刑法规范的建制、文化等，从而避免企业或人员出现刑事问题。因此，刑事合规与刑事风控，至少在两个层面有明显的不同点：

一是定位不同。刑事合规，是自上而下的试点改革探索活动。目的是探索出一套适合我国刑事诉讼程序的刑事合规激励机制，帮助涉嫌刑事犯罪的企业、人员建构刑事合规计划，从而使得涉案企业、人员在刑事合规活动有效开展后除罪化处理或从宽处理。刑事风控，是企业主动为避免受到刑事调查、避免企业涉嫌犯罪,在企业的发展过程中,自行建立的风险防控方案。

二是梯次不同。如前所述,刑事合规发生在刑事案件发生之后,是在企业存在刑事犯罪的情况下开展的活动。刑事风控,是在企业不存在任何问题的情况下,还未进入刑事诉讼活动过程中就开展的活动。

刑事合规与刑事风控,虽然有不同点,但目标实际上又有着一定的相同点。二者都是为了保障企业正常运行,避免企业因为刑事调查受到波及和影响,都是为了保障企业更好地健康发展。事实上,刑事合规与刑事风控,是企业解决刑事风险和刑事危机的两种策略,是面临不同问题的两种路径。刑事危机的解决,是企业自身遭遇到了刑事调查,进入刑事诉讼程序,需要借由外在力量的介入,建设有效的刑事合规计划,帮助企业再次回到正常轨道上来。刑事风险的防控,是企业主动发现、寻找自身有无刑事问题,是企业将可能存在的刑事风险控制在萌芽中。

有效的刑事合规,实际上更是刑事风险防控的升级版,是自身在未做到刑事风控的情形下,通过第三方的帮助,建构了一套符合企业自身发展的机制,避免再次陷入刑事问题当中。

企业未发生刑事问题的时候,同样可以将刑事合规机制,运用到刑事风控中,帮助企业做好日常的合规建设,控制企业刑事风险。在这个层面上,刑事合规与刑事风控有着一样的作用和意义。

二、刑事风控的合规思维

刑事合规,有着明确的适用前提和方向,即围绕涉案企业自身的问题建设有效刑事合规体系,通过刑事合规活动的开展,取得不起诉、不批捕或从宽判刑。既然如此,我们在企业日常运营过程中,同样应以刑事合规的思维来对待刑事风险防控,避免企业走向犯罪的深渊。企业在日常的运营过程中,最大的风险实则是刑事风险,而刑事风险的控制就成为企业的一个重要方面。如何把握刑事风控,我们可以通过刑事合规的具体方式来实现。

最高人民检察院下发的《关于开展企业合规改革试点工作方案》明确指出,“检察机关办理涉企犯罪案件,要针对企业涉嫌具体犯罪,结合办案实际,督促涉案企业作出合规承诺并积极整改落实,促进企业合规守法经营”。

出现刑事问题之前,是刑事风控关注的角度。涉嫌犯罪后,刑事合规才可以更加地有的放矢,找出案件涉及的刑事问题。我们有必要将刑事合规的思维和路径,运用到刑事问题尚未出现之时,更好地发挥刑事风控的作用,促进企业守法合规经营。

因此,刑事风控的合规思维,就是企业日常经营过程中,将刑事合规的操作方式、思维、路径运用到日常刑事风控当中,做到真正地将刑事风险控制落实到实处。比如,曾经备受关注的“雀巢员工侵犯公民个人信息案”。刑事合规理念刚提出的时候,此案就经常被提及,甚至有说法称是“企业刑事合规抗辩第一案”。事实上,刑事合规有着特定的含义,“刑事合规抗辩第一案”的说法不够严谨,此案并不是典型意义上的刑事合规案件。但是,对于企业而言,该案件的思维值得借鉴,是企业在日常管理中将刑事合规思维运用到刑事风控之中,避免企业发生刑事问题的典型事例。

“雀巢员工侵犯公民个人信息案”的争议问题在于,单位员工的行为能否被看待为单位行为,这是本案中员工的主要抗辩,即认为本案应当认定为单位犯罪。经过一审、二审,本案认定员工构成犯罪,但否定成立单位犯罪。

之所以出现这个结果,关键在于(2017)甘01刑终89号刑事裁定书所指出的,“雀巢公司不允许员工以推销婴儿配方奶粉为目的,直接或间接地与孕妇、哺乳妈妈或公众进行接触,不允许员工未经正当程序或未经公司批准而主动收集公民个人信息”“《雀巢指示》《关于与保健系统关系的图文指引》等文件禁止员工对医务专业人员不得进行金钱、物质引诱”“雀巢公司手册、员工行为规范等证据证实,雀巢公司禁止员工从事侵犯公民个人信息的违法犯罪行为,员工违反公司管理规定,为提升个人业绩而实施的犯罪为个人行为”。

透过这起案件,我们能够看出,作为企业的雀巢公司之所以能够免责,重点是因为企业在日常管理过程中严格避免员工个人责任被认定为单位责任,从而在这个问题方面做了很多举措,如制定指示文件、员工手册、操作指引,对员工的行为进行规范、指引、控制,并要求员工做好承诺。

正是企业在责任分割方面做了风险控制,才得以避免被个人责任引火烧身。所以,企业在日常管理中,应当以刑事合规的思维去思考刑事风险防范,从而避免出现刑事犯罪。比如,就有企业因为未能做到这方面的防范,从而出现单位犯罪的情形。为什么会出现这个问题,可以从三个方面进行说明:一是企业未对员工个人行为进行约束,未制作相应文件;二是企业未能形成合规文化,对可能存在的一些刑事问题有所忽略或是未能认识到位；三是企业负责人或直接管理人员对员工行为予以放任、姑息或鼓励。

为此，以刑事合规的思维对待刑事风控，可以帮助企业在有可能出现刑事问题时，更好地做到刑事合规抗辩，帮助企业做好单位责任与个人责任的切割。当然，更能帮助企业做好合规守法经营。

三、刑事合规的风控思维

刑事合规，旨在解决涉案企业出现刑事问题以后，借由有效刑事合规计划，再次将企业带到正常轨道上来。因此，有效刑事合规计划是刑事合规能否落地的关键。

《关于建立涉案企业合规第三方监督评估机制的指导意见（试行）》明确规定，涉案企业提交的合规计划，主要围绕与企业涉嫌犯罪有密切联系的企业内部治理结构、规章制度、人员管理等方面存在的问题，制定可行的合规管理规范，构建有效的合规组织体系，健全合规风险防范报告机制，弥补企业制度建设和监督管理漏洞，防止再次发生相同或者类似的违法犯罪。

由此可见，刑事合规计划，应当围绕内部与涉嫌犯罪相互关联的问题制定切实可行的合规管理规范。因此，我们在制订刑事合规计划时，有必要将刑事风控的思维纳入其中，即完善企业内部规范，避免企业再次犯罪，保障刑事合规计划切实可行。例如，宝安区人民检察院在办理岁月数字公司 3 名员工涉嫌职务侵占案中，宝安区人民检察院向该公司发出检察建议书，建议其加强合规管理。在检察院的帮助下，该公司共排查刑事风险点 3 处，健全完善了岗位职责履行的约束机制、仓库提货管理的程序机制，构建了物品报废管理的监督机制。

涉案企业在制订刑事合规计划时，首要做的就是排查涉案企业中已经存在的或可能存在的刑事风险点，再针对这些风险点制定妥当的管理机制和约束措施。既然如此，涉案企业制订刑事合规计划，就有必要具备刑事风控的思维方式，因为排查和控制风险，正是刑事风控所关注的问题和焦点。

具体来说，排查刑事风险点，主要是做好四个方面：

一是排查企业自身业务是不是合乎刑法规范。

有些企业，业务板块方面有多样性，就需要排查每个业务板块的问题，有的业务板块虽然是占比和贡献率都很小，但出现问题往往是致命的。我们曾经办理过的一些涉企犯罪案件,很多就是很小的一个业务板块存在问题,如某某企业为了一时方便,利用跨境电商的途径进行走私,涉嫌走私普通货物物品罪;还有某某企业为了利率占比很小的业务,贪图小的利益,利用虚假宣传的方式进行欺诈,涉嫌诈骗罪;再有某些企业从事数据存储加工服务,却利用提供服务的便利条件将储存的公民个人信息进行销售获利,涉嫌侵犯公民个人信息罪,这些都需要格外关注。

二是排查企业竞争行为是不是合乎刑法规范。

当下,企业的竞争模式同样应当被刑事合规关注。有些企业虽然业务板块不存在问题,但针对竞争对手的手段可能会有问题。比如,司法实践中就有这样的案件,A 公司和 B 公司的产品具有竞争关系,A 公司和 B 公司之间发生了针对竞品的斗争。在未经授权的基础上,A 公司采用技术手段获取了 B 公司的数据,涉嫌非法获取计算机信息系统数据罪。还有的案件是,企业为谋取竞争优势,向主管单位或招标单位负责人给予好处,谋求不正当利益,涉嫌单位行贿罪;再或者是 A 公司雇佣社会闲散人员到竞争对手 B 公司经营地点起哄闹事,或是搞破坏,则会涉嫌寻衅滋事罪、破坏生产经营罪等。

三是排查企业融资方面是不是合乎刑法规范。

企业因为融资或会存在刑事风险的问题主要聚焦两个方面:(1)非法吸收公众存款罪;(2)骗取银行贷款罪。非法吸收公众存款罪,常常是企业面向不特定人群,以还本付息的方式吸收资金。骗取银行贷款罪,则是以欺骗的手段向银行提供贷款资料,骗取银行贷款。这两个罪名,通常是企业在融资方面出现问题的罪名。比如,有企业为扩大生产经营,向员工、亲朋甚至社会不特定人员吸收资金;有企业则以造假的方式,向银行进行贷款,这些问题应当引起企业的关注。

四是排查企业税务方面是不是合乎刑法规范。

企业在税务方面存在的刑事问题,比较常见的是逃税罪和虚开增值税专用发票罪。

《刑法》第 201 条第 4 款规定:“经税务机关依法下达追缴通知后,补缴应纳税款,缴纳滞纳金,已受行政处罚的,不予追究刑事责任;但是,五年内因逃避缴纳税款受过刑事处罚或者被税务机关给予二次以上行政处罚的除外。”相对来讲,企业逃税触犯刑责的风险较低。因为,发生逃税行为后,企业积极补缴税款的一般不会被追究刑事责任,需要注意的是,有个例外性规定。

与逃税罪不同的是，虚开增值税专用发票罪，涵盖面更广，更加容易触犯。因此，企业应该对税务方面是否合规、是否存在虚开增值税专用发票罪的风险给予足够关注。

以上四个方面的刑事风险，是我们办理涉企刑事案件常见类型。除此之外，作为企业，应以链条式进行闭环式排查全面的刑事风险，做好刑事风控梳理、培训，形成刑事合规建制。

总体来看，不论是刑事风控还是刑事合规，目标是一致的，都是希望企业能够积极地预防和处置刑事风险问题，保障企业健康发展。虽然二者有所区别，但是二者的落地和建设都离不开企业的支持，特别是企业在刑事文化方面的培养还须有所提高。

第三章　从典型案例看刑事合规实践探索

2020年6月3日,最高人民检察院举办"依法督促涉案企业合规管理,将严管厚爱落到实处"新闻发布会,发布企业合规改革试点四起典型案例。这些案例是刑事合规不起诉试点改革的成果,既让涉案企业因为违法行为付出代价,又帮助建立了合规体系,维系企业正常经营,保障社会经济秩序。

透过这四起案例,我们发现,涉案企业刑事合规呈现出以下特点:一是涉案企业刑事合规是检察机关积极主导、推动的合规考察活动;二是涉案企业刑事合规与认罪认罚、不起诉相互衔接;三是涉案企业刑事合规具体模式的多样性;四是涉案企业刑事合规是围绕刑事内控的问题开展专项合规考察。

一、检察机关的主导性

2020年3月,最高人民检察院在6家基层检察院开展企业刑事合规不起诉改革的试点工作,试点单位分别为上海市浦东新区人民检察院、上海市金山区人民检察院、江苏省张家港人民检察院、深圳市宝安区人民检察院、深圳市南山区人民检察院、山东省临沂郯城县人民检察院。

最高人民检察院推动的刑事合规试点改革,在《关于充分发挥检察职能服务保障"六稳""六保"的意见》中有着非常明显的体现,"深刻认识'六稳''六保'最重要的是稳就业、保就业,关键在于保企业,努力落实让企业'活下来''留得住''经营得好'的目标"。

刑事合规不起诉,简单来讲,就是给犯错的企业一个机会,而不是一棍子打倒。刑事合规,正是最高人民检察院优化民营企业的营商环境,具体落实"依法能不捕的不捕,依法能不诉的不诉"刑事政策的方案。

因此，围绕涉案企业刑事合规活动的开展，离不开检察院的推动和主导。最高人民检察院发布的4起典型案例，凸显出涉案企业刑事合规是检察机关在受理涉企刑事案件之后，发现涉案企业有必要进行整改和完善的，符合刑事合规试点要求的，则督促、协助、要求、指导涉案企业开展刑事合规建设活动。

例如，张家港市L公司、张某甲等人污染环境案，“检察机关经审查认为，L公司及张某甲等人虽涉嫌污染环境罪，但排放污水量较小，尚未造成实质性危害后果，可以进行合规考察监督并参考考察情况依法决定是否适用不起诉。同时经调查，L公司系省级高科技民营企业，年均纳税400余万元、企业员工90余名、拥有专利20余件，部分产品突破国外垄断。如果公司及其主要经营管理人员被判刑，对国内相关技术领域将造成较大影响”。

显然，张家港市L公司、张某甲等人污染环境案，能够通过刑事合规建设活动获得不起诉，关键是公安机关将案件移送检察院之后，检察机关考虑到涉案企业行业地位和涉案企业犯罪行为造成的社会危害性，主动评估办案影响，为了保障企业健康发展，才会将该案件纳入刑事合规考察中。

另外，有些涉案企业不是刑事合规不起诉，而是刑事合规从宽处理。要注意的是，在刑事合规从宽量刑的情况下，涉案企业刑事合规考察或会持续到判决以后。例如，上海市A公司、B公司、关某某虚开增值税专用发票案，在法院判决后，检察机关联合税务机关上门回访，发现涉案企业的合规建设仍需进一步完善，遂向其制发检察建议并公开宣告，建议进一步强化合法合规经营意识，严格业务监督流程，提升税收筹划和控制成本能力。

从最高人民检察院发布的典型案例来看，不论是涉案企业刑事合规的启动还是持续，都离不开检察机关的主导。在办案过程中，检察机关作出的不起诉、不批捕、缓刑建议，将是涉案企业有意愿做好刑事合规建设活动的正向激励。这是当前试点改革探索活动中，涉案企业的刑事合规活动能否开展的一个关键。

二、合规不起诉与合规从宽

“能不诉的，不诉”是检察机关充分考量不起诉裁量权的体现。为了保障民营企业能够健康发展，办案机关不能“办一个案子、搞垮一个企业”。检察机关充分考虑起诉裁量权，对涉案企业进行甄别，有条件地适用不起诉，将那些通过刑事合规考察的企业予以“去犯罪化”，相比将涉案企业或人员全部判刑，更有惩戒和教育意义。

刑事合规不起诉，正是将涉案企业刑事合规考察作为决定是否可以适用不起诉的一个条件。因此，刑事合规与不起诉的衔接，是开展刑事合规活动第一期试点改革的一个重要特点。例如，王某某、林某某、刘某乙对非国家工作人员行贿案，在这一点上说得很清楚。检察机关在办理此案的过程中了解到，Y 公司属于深圳市南山区拟上市的重点企业，该公司在专业音响领域处于国内领先地位，已经在开展上市前辅导，但本案暴露出 Y 公司在制度建设和日常管理中存在较大漏洞。

“检察机关积极推动企业合规与依法适用不起诉相结合，依法对涉案企业负责人作出不起诉决定，不是简单一放了之，而是通过对企业提出整改意见，推动企业合规建设，进行合规考察等后续工作”，将涉案企业的刑事合规建设作为适用不起诉的条件。

当然，不是说但凡通过刑事合规，就可以实现不起诉的结果。在最高人民检察院推动的第二期刑事合规试点改革活动中，最高人民检察院已经明确地提出“开展企业合规改革试点工作，是指检察机关对于办理的涉企刑事案件，在依法作出不批准逮捕、不起诉决定或者根据认罪认罚从宽制度提出轻缓量刑建议等的同时，针对企业涉嫌具体犯罪，结合办案实际，督促涉案企业作出合规承诺并积极整改落实，促进企业合规守法经营，减少和预防企业犯罪，实现司法办案政治效果、法律效果、社会效果的有机统一”。

这标志着办理涉企刑事案件，检察机关开展的刑事合规考察，可以结合具体案件情况和企业涉嫌的具体犯罪，作出“合规不批捕”“合规不起诉”“合规从宽量刑”三种不同的决定。

因此，刑事合规不起诉，只能说是在刑事合规试点改革活动中的第一个阶段性的重要体现，但不是全部。刑事合规从宽量刑，则是在认罪认罚的背景下，将刑事合规作为从宽处理的一个重要参考情节，对开展刑事合规的企业给予宽大量刑建议。例如，上海市 A 公司、B 公司、关某某虚开增值税专用发票案，检察机关以 A 公司、B 公司、关某某涉嫌虚开增值税专用发票罪对其提起公诉并适用认罪认罚从宽制度。上海市宝山区人民法院采纳检察机关全部量刑建议，以虚开增值税专用发票罪分别判处被告单位 A 公司罚金 15 万元，B 公司罚金 6 万元，被告人关某某有期徒刑 3 年，缓刑 5 年。

刑事合规从宽处理的意义在于，"检察机关在督促企业作出合规承诺并开展合规建设的同时，通过适用认罪认罚从宽制度，坚持和落实能不判实刑的提出判缓刑的量刑建议等司法政策，努力让企业'活下来''留得住''经营得好'，取得更好的司法办案效果"。

要指出的是，涉案企业的犯罪情况，涉案企业经营活动上遇到的困难，经营上的漏洞和问题，特别是将涉案企业起诉判刑对涉案企业的经营影响，是检察机关决定是否为涉案企业建设刑事合规体系，以及决定是否适用不起诉的关键因素。例如，新泰市 J 公司等建筑企业串通投标系列案件，检察机关考虑到的情况：一是检察机关实地到 6 家企业走访调查，掌握企业疫情防控常态化下复工复产情况及存在的困难问题；二是 6 家企业常年承接全市重点工程项目，在繁荣地方经济、城乡建设、劳动力就业等方面作出了突出贡献；三是如作出起诉决定，6 家企业 3 年内将无法参加任何招投标工程，并被列入银行贷款黑名单，将对企业发展、劳动力就业和全市经济社会稳定造成一定的影响。

三、涉案企业合规方式

最高人民检察院发布的四起典型案例，在涉案企业刑事合规方式上，虽均为检察机关主动开展，但具体的合规方式还是有所不同。

在张家港市 L 公司、张某甲等人污染环境案中，涉案企业刑事合规建设活动的具体方式可以归纳为六点：一是检察机关向 L 公司送达《企业刑事合规告知书》；二是 L 公司提交书面合规承诺、行业地位、科研力量、纳税贡献、承担社会责任等证明材料；三是检察机关对 L 公司作出合规考察决定；四是 L 公司制定详细合规计划；五是 L 公司每月向检察机关书面汇报合规计划实施情况；六是检察机关组织专业人员进行评估。

在上海市 A 公司、B 公司、关某某虚开增值税专用发票案中，涉案企业刑事合规开展方式可以总结为四点：一是检察机关走访调查了解涉案企业经营、纳税、就业情况；二是检察机关督促涉案企业作出合规承诺并开展合规建设；三是法院判决后，检察机关联合税务机关上门回访；四是检察机关组织合规建设回头看。

在王某某、林某某、刘某乙对非国家工作人员行贿案中，具体的合规开展方式可以概括为四点：一是检察机关与 Y 公司签署合规监管协议；二是制定可行的合规管理规范，构建有效的合规组织体系；三是 Y 公司重构内部架构，制定系列规章制度，组建合规人员；四是检察机关通过回访 Y 公司推动合规建设。

在新泰市 J 公司等建筑企业串通投标系列案件中，检察机关是以检察建议的方式推动涉案企业开展刑事合规建设。具体情况是，检察机关向 6 家涉案企业发出检察建议，要求企业围绕所涉罪名及相关领域开展合规建设，并跟踪监督合规建设情况，再通过举办检察建议落实情况公开回复会，实现对合规建设情况的验收。

综合来看，刑事合规活动的开展情况，在不同地区还是有所区别的，比如刑事合规建设是否“回头看”；是不是检察建议的模式；是合规不起诉还是从宽处理；企业是主动开展合规承诺还是被动开展；是组织专业人员验收还是组建评估小组验收等。不过，总体而言，都是由检察机关牵头负责，涉案企业承诺合规计划，最后通过考察、评估的方式完成涉案企业合规验收。

事实上，涉案企业合规方式，尤为重要的是涉案企业的合规计划是治标还是治本，是不是停留在纸面上，是不是具备有效性，以及涉案企业合规计划验收标准的有无，验收人员的组建等方面。

四、涉案企业刑事合规考察内容

透过最高人民检察院发布的四起典型案例，可以发现涉案企业刑事合规的建设内容主要是围绕检察机关办案过程中了解的涉案企业内部与涉嫌犯罪相关联的刑事问题。

围绕企业生产经营可能存在的刑事问题，最高人民检察院发布的四起典型案例，包括了污染环境罪、对非国家工作人员行贿罪、虚开增值税专用发票罪、串通投标罪四个有代表性意义的罪名。

在王某某、林某某、刘某乙对非国家工作人员行贿案中，涉案企业刑事合规考察的主要是行受贿问题。“检察机关与 Y 公司签署合规监管协议后，要求 Y 公司围绕与商业贿赂犯罪有密切联系的企业内部治理结构、规章制度、人员管理等方面存在的问题，制定可行的合规管理规范，构建有效的合规组织体系，健全合规风险防范报告机制，弥补企业制度建设和监督管理漏洞，防止再次发生相同或者类似的违法犯罪”。

在张家港市 L 公司、张某甲等人污染环境案中，涉案企业刑事合规的重点关注内容是与污染环境罪相关联的问题。检察机关在认真审查调查报告、听取行政机关意见以及综合审查企业书面承诺的基础上，对L公司作出合规考察决定。L公司全面排查企业合规风险，制订详细合规计划，检察机关委托税务、生态环境、应急管理等部门对合规计划进行专业评估。L公司每月向检察机关书面汇报合规计划实施情况。

结合两起案件来看，涉案企业刑事合规考察的内容，基本就是以企业涉嫌构成的犯罪相互关联的问题。不论是行贿案还是污染环境案，刑事合规考察的核心内容是企业在刑事犯罪方面明显存在漏洞或风险是否查漏补缺。如果在相关联刑事问题方面有所完善后，还能够对企业整个链条上的经营、管理问题进行全面排查，制订详细的合规计划，则是在专项合规基础上进行全面的、整体的合规。

《关于建立涉案企业合规第三方监督评估机制的指导意见(试行)》第11条第2款规定："涉案企业提交的合规计划，主要围绕与企业涉嫌犯罪有密切联系的企业内部治理结构、规章制度、人员管理等方面存在的问题，制定可行的合规管理规范，构建有效的合规组织体系，健全合规风险防范报告机制，弥补企业制度建设和监督管理漏洞，防止再次发生相同或者类似的违法犯罪。"因此，涉案企业刑事合规的体系建设，是在涉案企业的刑事问题被司法机关调查之后，就办案机关认定的犯罪问题相互关联的经营和管理问题进行健全和完善，堵塞漏洞，防范企业再次发生违法犯罪。

要特别指出的是，为了将刑事合规落到实处，要实质地判断企业行为是否深入解决内部存在的刑事问题。比如，一起非法经营案中，涉案企业未经批准非法从事资金支付结算，表面上看是企业自行从事资金支付结算行为，但实质上则是要具体考量企业从事非法支付行为背后的因素，并结合刑事合规考察的具体要求，就企业背后因素存在的问题作全部梳理后予以解决、控制，才是刑事合规的真正意义，否则只是就表面的问题合规化，"去罪化"处理，将来还是难以避免再次违法犯罪。

综上来说，最高人民检察院发布的四起典型案例，一定程度上就刑事合规试点改革探索进行了案例说明，总结了第一期试点改革活动的经验和问题，为下一步涉案企业刑事合规的推广和发展提供了样本，同时为不同的企业提供了可资借鉴的方案。

第四章 跨境电商刑事合规路径

近年来,受益于互联网高效便捷和消费理念升级,跨境电子商务零售进口(以下简称跨境电商)呈现出爆发式的增长态势。作为新业态的跨境电商,伴随着蓬勃发展的同时,不少衍生出以“低报价格”“伪报贸易”“刷单”“伪报品名”等为主要方式的走私类犯罪。

为“避免办一个案件,毁掉一个企业”,以刑事合规或检察建议督促企业合规整改,是当前司法领域的一项重大举措。考虑到保障民营企业健康发展的刑事司法政策和刑事合规所带来的积极效应,作为新业态的跨境电商,在涉嫌走私类刑事案件时,更应受到积极的引导和扶持。

一、跨境电商监管政策

跨境电商方面的监管规定,目前主要集中于财政部、海关总署、国家税务总局、商务部等联合出台的几份文件,尚未有更高层面的规定。譬如,《财政部、海关总署、国家税务总局关于跨境电子商务零售进口税收政策的通知》(财关税〔2016〕18 号)、《财政部、海关总署、国家税务总局关于完善跨境电子商务零售进口税收政策的通知》(财关税〔2018〕49 号)、《海关总署关于跨境电子商务零售进出口商品有关监管事宜的公告》(以下简称《194 号公告》)、《商务部、发展改革委、财政部、海关总署、国家税务总局、市场监管总局关于完善跨境电子商务零售进口监管有关工作的通知》(商财发〔2018〕486 号)(以下简称《486 号通知》)。

随着这些文件的出台,跨境电商监管趋于完善,尤其是《486 号通知》和《194 号公告》的出台,基本勾勒出跨境电商的合规要素。正常规范化的跨境电商呈现出的状态为:

1. 跨境商品属于《跨境电子商务零售进口商品清单》内,限于个人自用并满足跨境电商零售进口税收政策规定的条件;

2. 跨境电子商务企业(货物所有权人)作为境外企业,要委托境内企业作为代理人(境内服务商),承担海关申报责任;

3. 境内服务商需要委托有资质的企业完成物流、支付、交易、报关;

4. 能够实现交易、支付、物流电子信息“三单”对碰,保障整个交易和消费者的真实性。

经营跨境电商,如果未能满足监管规定的要求,可能会触犯走私的相应规定,带来走私涉刑风险和隐患。比如,《486 号通知》和《194 号公告》都有所规定的内容,对违反本通知规定参与制造或传输虚假“三单”信息、为二次销售提供便利、未尽责审核订购人身份信息真实性等,导致出现个人身份信息或年度购买额度被盗用、进行二次销售及其他违反海关监管规定情况的企业依法进行处罚。对涉嫌走私或违规的,由海关依法处理;构成犯罪的,依法追究刑事责任。

结合以上规定来看,跨境电商的合规要素关键在于把握三点:(1)能否确保“三单”信息的真实性,还是制造或传输虚假“三单”信息;(2)是否存在进行二次销售或为二次销售提供便利条件;(3)能否确保消费者的真实身份信息和购买额度,还是冒用他人身份信息或购买额度。

要指出的是,跨境电商具体的刑事问题,还要考察“三单”信息不一致的根本问题在哪、具体的走私方式如何、有无低报价格、伪报品类、冒用他人身份完成跨境交易、是否有二次销售、是否逃避缴纳税收等。

二、跨境电商走私方式

2016 年 3 月 24 日发布的《关于跨境电子商务零售进口税收政策的通知》(财关税〔2016〕18 号)规定,跨境电子商务零售进口商品享受关税税率为 0,进口环节增值税、消费税暂按法定应纳税额的 70% 征收。对不属于跨境电商零售进口的个人物品以及无法提供“三单”电子数据的跨境电商零售进口商品,仍按个人物品征收行邮税。超过单次限值、累加后超过个人年度限值的单次交易,均按照一般贸易方式全额征税。

2018 年 11 月 29 日发布的《关于完善跨境电子商务零售进口税收政策的通知》(财关税〔2018〕49 号),则将跨境电子商务零售进口商品单次交易限值由人民币 2000 元提高至 5000 元,年度交易限值由人民币 20,000 元提高至 26,000 元。

作为一种新兴的国际商贸形式,跨境电商的税收存在优惠,且进出口手续便捷高效。正是出于跨境电商的便捷性和税收优惠,跨境电商领域内走私犯罪风险高发,走私形式多种多样。司法实践中,较为常见的有“刷单”走私、“低报价格”走私、“推单”走私等形式。

(一)“刷单”走私

就规定来看,跨境电商是指中国境内消费者通过跨境电子商务交易平台自境外购买商品,并通过“网购保税进口”(海关监管方式代码 1210)或“直购进口”(海关监管方式代码 9610)运递进境的消费行为。即跨境电商提供的税收优惠和简便手续,有适用范围和适用对象的限制。

“刷单”走私,是在不满足跨境电商要求的适用范围和适用对象,不符合真实消费者购买境外商品的情况下,涉案人员将本应以一般贸易或行邮进境的商品,通过冒用他人的真实身份信息,经由跨境电商平台,在交易限额内完成交易,化整为零,实现大额交易的走私方式。由于真实的购买者不是名义上的下单者,“三单”对碰并不符合真实的“三单”信息,违反海关监管规定,逃避缴纳或少缴纳税款。“刷单”走私,在享受税收优惠的同时,还减少了境外商品进境的审批手续。因此,“刷单”走私,成为当前跨境电商所涉走私案件中最主要的走私方式。

2018 年的广州志都供应链管理有限公司走私普通货物、物品案,曾被称为“刷单走私第一案”,就是通过“刷单”进行走私犯罪行为,逃避缴纳税款。(2016)粤 01 刑初 452 号刑事判决书指出,“志都公司对外承接整批的货物报关业务,由其职员相互配合、非法收购他人身份资料、快递单证等,勾结网络支付公司、跨境贸易商务平台等,制作虚假的个人订购信息、物流信息和支付信息,伪报为个人海外购商品并推送至海关部门报关进口,违反海关规定、破坏关税管理秩序及偷逃关税”。

透过该案可以看出,“刷单”走私类似于蚂蚁搬家,基本上是围绕着消费者做文章,具体方式可以归纳为:(1)事先获得其他人的个人信息;(2)通过获取的个人信息制造虚假的个人消费订单;(3)结合虚假订单,制造虚假的物流单和支付单;(4)获取境外物品。

(二)“低报价格”走私

“低报价格”走私方式,多为涉案人员通过搜集多个电商平台上的跨境订单信息，并将订单信息中的销售价格调低后，再通过其他的跨境电商平台，把订单推送给海关。通过跨境电商推送的订单，“三单”信息只是看似一致。事实上，被推送的订单信息，只是被制造出来的虚假信息，商品的真实价格早已被调低。

“低报价格”走私方式具体操作上基本可以归纳为：(1)搜集其他平台的真实购物订单信息；(2)获得订单信息后，将商品的价格进行低报处理；(3)将调低的价格通过跨境电商平台制造成虚假的交易信息；(4)获取伪造的物流、支付信息。

例如，浙江省高级人民法院办理的一起走私普通货物、物品案，就是以“低报价格”的方式完成走私。(2019)浙刑终432号刑事判决书指出，“被告人将在不同渠道已经成交的商品、行邮物品等信息导入新邮路公司名下的跨境电子商务交易平台‘邮鹿跨境购’，做低报处理后在平台上生成虚假的交易单据，又通过与支付公司合作以循环支付等方式形成虚假的支付单据，经推送以上虚假信息向海关申报，最终通过跨境贸易电子商务零售进口渠道以伪报贸易性质、低报价格等方式完成走私”。

(三)“推单”走私

“推单”走私，是指第三方平台与跨境电商平台相互配合，将第三方平台上实际发生的订单推送到跨境电商平台完成跨境交易。此模式下，“三单”信息显然是不真实的，因为跨境电商平台上的订单信息并未真实地在平台上发生，而是导入的其他平台上的订单信息。但是，消费者和购物行为本身是真实发生和存在的。

司法实践中较为普遍的是，将平台间的“推单”行为认定为“伪报贸易”走私，即将本应以个人邮递进境报关进口的涉案物品，伪报为跨境电商直购进口商品，以逃避海关监管。要注意的是，境外商品所有权毕竟尚未发生转移，交易和购物又是真实发生的，只是通过跨境电商运递进境，是否有必要将“推单”行为单独评价为“伪报贸易”，其合理性如何，值得探究。

广州市中级人民法院审理的一起走私案件，既有“低报价格”又有“推单”行为。然而，法院评价的违法行为只是“低报价格”，未对“推单”进行认定。(2019)粤01刑初167号刑事判决书显示，经审理查明，“被告人作为天章供应链公司运营部负责人，收集天章供应链公司在京东、淘宝等多个平台产生的跨境电商订单，发送到指定邮箱，通过惠某公司的乐某购跨境电商平台将未在该平台产生的订单信息推送给海关。在此过程中，被告人将线上订单调低销售价格后发送给惠某公司，由惠某公司推送订单"。法院认为部分，只将"低报价格"进行否定评价，即"天章供应链公司实施的低报价格行为是一种明显的不法行为"。该案意味着，不存在"低报价格"的平台间"推单"行为，是否符合"伪报贸易"的走私行为，一定程度上还是有着较大的空间，应当引起格外重视。

除了以上较为典型的跨境电商走私方式外，在跨境电商运营过程中还有"包税"走私、"伪报品名"走私等多种方式。要注意的是，不同的走私方式，意味着走私行为的定性不同；罪与非罪的边界不同；认定税款额度的标准不同。比如，就税款额度的认定来说，(2019)浙刑终432号刑事判决书就指出，"对于明显伪报贸易性质的，按照一般贸易计算税率；对于一般贸易与跨境电商有争议的，按照有利于被告人的跨境电商计算税率；对于商品、物品分类有争议的，按照税率较低的种类计算"。

三、跨境电商刑事合规路径

伴随监管政策趋于严格，跨境电商经营过程中衍生出的走私方式逐渐暴露。如果"一刀切"地将涉案单位认定为走私犯罪，而不甄别涉案单位的具体情况，对于涉案单位而言是不负责任的，不符合当前检察机关落实"保障民营企业健康发展"的刑事司法政策。特别是，跨境电商牵涉到上下游的多家单位，如平台企业、支付企业、物流企业等，一旦认定犯罪，多家有着发展前途的企业都会受到重创。

2020年3月，最高人民检察院启动涉案企业合规改革试点工作，在上海、江苏、山东、广东的6家基层检察院开展企业合规改革第一期试点。2021年3月，最高人民检察院扩大试点范围，在北京、上海、江苏、浙江等10个省份的27个市级检察院、165个基层检察院积极推进。

涉案企业合规改革过程中，最高人民检察院微信公众号于2021年9月3日发布的"当好'老娘舅'，做实企业合规"文章中提到一起广东深圳的低报价格走私合规案件，值得我们关注。广东深圳某公司因低报价格进口榴莲，涉嫌走私普通货物罪，被移送审查起诉。深圳市人民检察院在办案中发现，该公司是一家拥有员工5000人的集团企业，经营发展良好，低价报关属于偶发现象。检察机关在涉案企业整改过程中，主要做了三件事：(1)内设合规专员，进行日常合规管控，包括资质、资金、外汇、税务等方面；(2)配合行政监管，不定期向海关提供采购价格；(3)对涉案企业开展监督考察，通过深圳市宝安区合规委形成第三方监督评估组织，确保合规整改的成效。

除此之外，青岛市人民检察院办理的一起“伪报贸易”跨境电商走私案件，则是以公开送达检察建议的方式助力企业做好刑事合规，帮助企业渡过难关。该案件中，青岛某实业有限公司，接受客户委托，代理进口化妆品。该单位负责人于某，联系朋友陈某通过陈某任职的跨境电商平台，用比较低的税费来进口化妆品。他们在跨境电商平台的协助下，伪造国内个人用户从电商平台购买化妆品的订单、发货记录，以跨境电商平台销售给国内个人客户的名义逃避有关部门的监管，从而实现少缴税费进口化妆品的目的。

案发后，跨境电商企业决定停止跨境电商业务。办案机关为充分发挥检察机关参与社会综合治理中的积极作用，通过检察建议等形式促进涉案企业守法合规经营。具体则是：

第一，多次考察企业，识别出企业存在的管理漏洞，公司管理机制的不健全。比如，公司业务流程缺乏监督，货物出库没有严格监管，开展电商服务的网络系统设置不完善等。

第二，提出检察建议。比如，要落实建立风控部门、堵塞管理漏洞、完善业务审批机制、更改系统设置、加强法制培训等具体举措。

第三，公开送达检察建议，要求认真整改，合法合规经营。

第四，涉案企业积极按照检察建议进行针对性整改，完善企业内控制度，规范合规做好跨境电商业务。

透过两起涉案企业合规案件，我们可以总结归纳出，跨境电商在经营过程中，刑事合规介入的步骤可以分为两个方面：

1. 在事前尚未进入刑事程序中的企业，企业应当完善内控系统，识别出是否有“伪报贸易”“刷单”“低报价格”“伪报品名”等走私方式，搭建内部监督流程，避免企业陷入走私刑事犯罪的射程；

2. 在事后进入刑事程序中的企业，应当积极地提出整改意愿，愿意为企业进入正规经营付出努力，同办案机关积极沟通，避免被起诉。具体如何落实整改，关键是配合检察机关到企业中识别出问题所在，并承诺就识别出的风险防控不到位、公司管理有漏洞、进出口流程不规范、业务审批不健全等方面的问题，认真进行合规整改，接受整改监督，确保执行到位。

最高人民检察院自推动涉案企业合规考察以来，涉案企业合规改革正在逐步推进过程当中。鼓励涉案企业搭建合规体系，将严管厚爱落到实处，为涉案企业提供一个“改错”机会，是涉案企业合规改革的重要内容。在涉案企业合规改革过程中，对涉刑事案件的新兴事物，应结合“可不捕的，不捕；可不诉的，不诉”的刑事司法政策，通过合规考察的方式，帮助企业搭建风控体系，防控企业管理漏洞，普遍提高法律意识，避免违法行为再次发生。

跨境电商，作为新兴贸易形式，有很大的发展前景；作为新兴业态，也在不断地完善。因此，面对有整改意愿和整改必要的涉案企业，比如，在跨境电商经营过程中，偶有走私的，认罪认罚的，有退缴意愿的，停止违法行为拥抱监督的，可通过“检察建议＋合规不起诉”来强化监督，助推企业健康发展。

第五章　数据刑事合规问题

2019 年,杭州、上海多家数据科技公司接连被查。接连首批被查的杭州魔蝎数据科技有限公司(以下简称魔蝎科技)案件,迎来两审判决,以侵犯公民个人信息罪落下帷幕。判决显示,魔蝎科技犯侵犯公民个人信息罪,判处罚金 3000 万元。公司法人周某某被判有期徒刑 3 年,缓刑 4 年;技术总监袁某被判有期徒刑 3 年,缓刑 3 年。

一、魔蝎科技获刑:信息非法留存

法院查明,魔蝎科技将开发的前端插件嵌入网贷平台 App 中,网贷平台用户使用网贷平台的 App 借款时,需要在魔蝎科技提供的前端插件上输入其通信运营商、社保、公积金、淘宝、京东、学信网、征信中心等网站的账号、密码。经过用户授权后,魔蝎科技的爬虫程序即代替用户进入其个人账户,利用各类爬虫技术,爬取(复制)上述企事业单位网站上贷款用户本人账户内的通话记录、社保、公积金等各类数据,并按与用户的约定提供给网贷平台用于判断用户的资信情况,并从网贷平台获取每笔 0.1 ~0.3 元不等的费用。其间,魔蝎科技在和个人贷款用户签订的《数据采集服务协议》中明确告知贷款用户,“不会保存用户账号密码,仅在用户每次单独授权的情况下采集信息”,但未经用户许可仍采用技术手段长期保存用户各类账号和密码在自己租用的服务器上。截至 2019 年 9 月案发时,以明文形式非法保存的个人贷款用户各类账号和密码条数多达 21,241,504 条。

法院认为,魔蝎科技明确告知不会保存用户各类账号密码,还是未经许可非法留存用户信息,是以其他方法非法获取公民个人信息,构成侵犯公民个人信息罪。①

---

① 参见(2020)浙 0106 刑初 437 号魔蝎侵犯公民个人信息案。

透过此案可以发现,用户在京东、淘宝等账号内的信息,虽存储在第三方平台账户内,但经过用户单方授权许可,法院并未以此认定魔蝎科技还需经过用户和第三方平台双重授权才能获取数据。这说明杭州市西湖区人民法院倾向认同,用户存储在第三方平台账户内的信息,凭借用户单方授权即可,无须平台再次授权。

就认定逻辑来看,魔蝎科技获刑是因魔蝎科技虽经用户许可获取信息,但是在未经用户授权许可的情况下,超越使用目的,擅自以技术手段非法留存用户个人信息。因此,魔蝎科技获取用户单方授权,运用爬虫技术获取相关数据,是在获得授权的基础上开展爬虫(复制)数据,所以在数据获取方面不是本案裁判关注的内容。

获取相关数据后,魔蝎科技未能遵从相互之间的约定,没有做到"用后即焚",相反,在未经用户授权的情况下将账号密码非法留存,是法院最终认定魔蝎科技以其他方法非法获取公民个人信息的落脚之处。《关于办理侵犯公民个人信息刑事案件适用法律若干问题的解释》第 1 条规定:"'公民个人信息',是指以电子或者其他方式记录的能够单独或者与其他信息结合识别特定自然人身份或者反映特定自然人活动情况的各种信息,包括姓名、身份证件号码、通信通讯联系方式、住址、账号密码、财产状况、行踪轨迹。"因此,魔蝎科技侵犯公民个人信息一案,在明确告知用户不会保存个人信息的情况下,还将用户信息留存在自己租用的服务器上,即数据获取后的沉淀行为,是本案值得关注的方面。

二、网络爬虫:刑事边界

如上所述,魔蝎科技获刑,本质上是信息处理方面存在问题,而非在信息获取方面。因此,认定此案,实际上与网络爬虫技术的运用不存在关联。网络爬虫,可以归为获取数据的一种方式,在当下互联网时代,大行其道,应用场景非常广泛。但要注意的是,不是说运用爬虫技术获取数据,就必然存在违法犯罪问题,应当给予区分对待。

网络爬虫,作为技术来讲,本身不存在任何色彩问题,关键还是要看获取数据的主体是否有权限,获取的数据是否被采取保护措施,获取的数据性质是不是符合可识别性的公民个人信息。进而考虑是否触及侵犯公民个人信息罪或非法获取计算机信息系统数据罪等。

(一)获取数据的权限

作为最高人民检察院指导性案例的卫某某、龚某某、薛某某非法获取计算机信息系统数据案,对获取数据的权限问题有过明确说明,即没有授权、超越授权,均是获取数据的非法方法。

龚某某因工作需要,拥有登录某大型网络公司内部管理开发系统的账号、密码、Token 令牌(计算机身份认证令牌),具有查看工作范围内相关数据信息的权限。龚某某、卫某某经事先合谋,龚某某向卫某某提供自己所掌握的公司内部管理开发系统账号、密码、Token 令牌。卫某某利用龚某某提供的账号、密码、Token 令牌,违反规定多次在异地登录该公司内部管理开发系统,查询、下载该计算机信息系统中储存的电子数据。①

第 36 号指导性案例的发布,是非法获取计算机信息系统数据罪的分水岭。该案表明,没有授权、超越授权,即便未采用技术手段获取数据,仍然可以被归入为“侵入”计算机信息系统,标志着行为人若是超出授权范围,获取无权取得的数据,可以构成非法获取计算机信息系统数据罪。

要指出的是,行为人在权限许可范围内获取数据,由于没有突破许可权限,即便采用网络爬虫的方式获取数据,也不会构成非法获取计算机信息系统数据罪。因为在取得权限的情况下,没有突破权限范围,网络爬虫模拟人工点击,批量获取数据,只是相对于人工而言,提高了获取数据的效率。北京市海淀区人民检察院不予批捕的一起案件就是如此。检方不批捕的理由可以概括为,“于某某为公司正式员工,根据公司授权登陆聊天工具后能够即时浏览到本案中的全部员工数据,该信息属于其职权范围内可以知晓的内容,而其使用数据爬取策略,仅仅系提高了查阅的效率,而非本质上的越权获取或者窃取等非法手段”。②

(二)获取数据的性质

采用爬虫技术,获取不同性质的数据如公开数据,是否构罪,往往是网络爬虫获取数据面临的争议问题。同案不同判的情形并不少见,有判决以公开的公民信息已经不再具备隐私要求不认为是犯罪,有的判决则恰恰相反。

例如,南京市中级人民法院办理的一起侵犯公民个人信息案件,被告人利用

---

① 参见检例第 36 号卫某某、龚某某、薛某某非法获取计算机信息系统数据案。

② 参见北京市海淀区检察院于某某非法获取计算机信息系统数据案。

工作便利,下载企业税务登记信息,获取包括企业法定代表人或联系人姓名、居民身份证号码、手机号码等税务登记信息。其后将该信息销售给他人,用于拨打电话做广告推销。被告人称这些信息是可以在网上查询到的公开信息。法院最终认为,"识别性是公民个人信息的根本属性,不要求具有个人隐私的特征。即便是已经公开的公民个人信息,也属于刑法所保护的公民个人信息"。①

北京市海淀区人民法院审理的一起非法获取计算机信息系统数据案,同样存在数据性质是否公开的问题。行为人通过破解防范抓取措施,在数据抓取的过程中使用伪造 device_id 绕过服务器的身份校验,使用伪造 UA 及 IP 绕过服务器的访问频率限制,获取服务器内数据。问题是,本案视频信息在 App 用户范围内是公开的,是否意味着本案的数据是公开的。法院认为,被害单位允许用户缓存观看视频,但未允许用户下载数据,信息虽然是可供观看的,但信息背后的数据未丧失保护措施。信息的有限公开,不代表视频数据可以为公众所共享,更不可以认为数据失去了安全保护的必要性。本案中,被告单位未经被害单位授权,使用网络爬虫程序绕过 App 用户认证系统,获取被害单位网站服务器内的视频数据的行为,构成非法获取计算机信息系统数据罪。②

就此来看,网络爬虫是否构成非法获取计算机信息系统数据罪,终归是要回到权限问题上来,是否具备权限,有无超越权限,这是检例第 36 号案确定的标准。是否构成侵犯公民个人信息罪,一方面要看权限问题,另一方面则要判断所获取的信息是否具备公民个人信息要求的识别性。

三、数据问题:合规审查

魔蝎科技侵犯公民个人信息,给大数据行业带来很多变数。一时之间,谈"数据"色变。围绕数据涉刑核心问题,关键在于数据获取、数据交易、数据处理,较为容易触犯的罪名集中于非法获取计算机信息系统数据罪和侵犯公民个人信息罪。

(一)数据交易方面

数据交易是大数据行业的核心环节。经营数据,目的在于通过分析和挖掘,

---

① 参见(2017)苏 01 刑终 870 号刑事判决书。
② 参见(2017)京 0108 刑初 2384 号刑事判决书。

找到有需求的一方，从而进行数据交易。进行数据交易，未做到严格审查，最后祸及公司的不在少数，或是被认定为单位犯罪或是关闭整条业务线。“数据堂”相关人员侵犯公民个人信息案件，是个典型案例。

该案业务模式是，先向合作企业购进数据，再对数据进行整理、存储，并根据用户的兴趣、爱好不同加工，分别打上不同的标签后，放入公司集群。最后，再按照客户需求提取符合条件的数据，将数据发送给客户。①

此模式之下，数据交易常常会触犯侵犯公民个人信息罪，理由有两点：一是，通过购买的方式获取包含能够识别特定自然人身份的信息，符合以购买、收受、交换等方式获取公民个人信息；二是，未对获取的数据进行脱敏化处理，可以识别到个人的，以出售方式向他人非法提供公民信息。这是数据交易通常存在的问题，没有对信息进行分类管理，更没有审核哪些信息需经过脱敏化处理，哪些信息需做到匿名化处理。因此，在未尽到合规审核的情况下，交易的数据或是单独或是与其他信息相结合能够关联到特定自然人或是可以反映出特定自然人活动，多会触及侵犯公民个人信息罪。

（二）数据获取方面

数据行业容易出问题的环节，较多地发生在数据获取方面。魔蝎科技获刑虽然与数据获取方式关系不大，但违反约定，未经过用户同意自行储存备用，同样与数据获取有一定关联，应当引起重视。

《网络安全法》第 41 条第 2 款规定：“网络运营者不得收集与其提供的服务无关的个人信息，不得违反法律、行政法规的规定和双方的约定收集、使用个人信息，并应当依照法律、行政法规的规定和与用户的约定，处理其保存的个人信息。”

当前非法获取数据的行为，主要不再是买卖的方式，更多是如上述规定的内容，超越使用目的或收集与服务无关的信息，再或是没有按照约定收集、使用数据。正如魔蝎科技获取数据后的沉淀行为以及超越服务目的广泛收集数据的行为。

为确保数据获取合乎规范，通常来说，可以就以下六点进行审查：

一是利用爬虫技术获取数据，应当以授权 + 同意为前提，避免在未授权或超

---

① 临沂市中级人民法院（2018）鲁 13 刑终 549 号刑事判决书。

越授权的情况下获取数据。

二是通过技术手段获取数据,要避免对系统形成破坏或是干扰,以及是否绕开、规避、突破系统的防抓取措施。

三是未经过用户同意,要避免获取单独或相互结合能够识别到特定自然人的公民个人信息。

四是要审核合作方获取数据的方式以及获取的数据内容是否可识别。

五是获取数据,要符合用途或服务目的。其中对获取的数据,要分门别类、区别管理、去除标识,涉及公民个人信息还要做到以最少的保存期限完成收集目的。

六是竞争过程中,不得以技术手段侵入或攻击计算机系统,窃取对方的竞品数据。

数据刑事问题,是摆在数据行业面前的头等问题。为防范因数据处理不当导致刑事犯罪,应以最严格的要求对待,把问题集中于数据收集、存储、加工、使用、交易环节。收集数据,以爬虫为例,是否取得用户同意和授权,是否遵守网站、App 协议,是否具有正当性,是否绕过系统安全措施,是否爬取公民个人信息是重点关注的方面。未授权的情况下,是否存在侵入或以其他技术手段获取数据,如通过反向编译、模拟请求、突破、绕开防范措施等解析源代码,从源代码中推导算法,或建构 IP 池,破解对方反爬虫措施,实现与对方系统交互,请求获取数据。获取数据之后,还要注意审查所获取数据的内容,是否包含特别种类的信息,如公民信息、商业秘密。数据加工、使用和交易环节同样如此,避免出现不必要的刑事风险。

第五编

司法理念

第一章　诉权与裁判权的碰撞

刑事诉讼的目的，在于查明案件真相，正确适用法律，做到有罪必罚，同时还要做到避免无辜者受罚。

一、诉讼构造与价值选择

关于刑事诉讼的构造或模式，法治国家普遍采用控审分离背景下的控辩主义模式，即控辩之间平等对抗，法院居中裁判。此类诉讼构造，又存在两个下位权重要素，当事人主义（控辩平等）与职权主义（审问调查）。正是二者此消彼长或彼此交融，才将诉讼构造引向不同的价值追求。

诉讼模式在立法上的不同选择，从根本上讲，取决于查明案件真相与保障人权的利益权衡，关键在于立法的天平倾向哪一侧。过于注重查明真相，自然要倚重职权主义，充分调动审查的主动性，极端的如早期的纠问模式。当下的职权主义则是在承认控审分离的基本前提下，积极发现真相，程序规则约束力不大，压缩被告人的辩护空间，比如将被告人的如实供述作为一项义务加以对待，或是法院具备调查证据的职权等。出于保障人权的考虑，给予被告人尊严，则会比较注意抑制公权力行使的界限，恪守程序规则，要求限制公民基本权利的行为必须出自正当程序。当事人主义模式情境下，法律通常就会赋予控辩双方平等的对抗地位，以共同推动刑事程序的进展，双方均可调查事实、搜集证据、传唤证人。考虑到检察院与被告人诉讼行为能力的高低落差，同等武装控辩双方，是当事人主义的一大特色，比如赋予被告人充分的沉默权和辩护权。

当前较为常见的情形，是以当事人主义为基础，以职权主义为补充。德国学者罗克辛教授指出，德国刑事诉讼同时混合着纠问模式和对抗制诉讼。法官调查以起诉内容为限，避开主动追究，同时庭审时奉行主动调查原则，有责任提出有利或不利于被告人的证据。与之类似，日本刑事诉讼构造也是采纳这样的模式。正如日本学者田口守一教授所称的"判例也认为，诉讼推进的主动权原则上赋予了当事人；职权主义不是与当事人主义相对立，相反这种必要的职权主义是为了使当事人主义更有效地发挥作用"。

当事人主义和职权主义优先顺序的不同，或是二者在立法中的权重不同，代表着不同的价值裁量，也有着不同的选择和结论。当事人主义和职权主义不同的侧重程度，具体到通过正当程序限制正义实现的程度方面，有着明显区别：(1)禁止双重危险或禁止不利益变更原则贯彻的彻底与否；(2)自白任意性程度的不同把握；(3)通过非法手段获取的被告人供述，之后被告人面对检察官或法官所作的重复性供述是否能够排除；(4)通过非法手段收集物证、书证排除规则的适用范围；(5)法院依职权调取证据的情形等方面。

二、禁止不利益变更原则

严格奉行当事人主义的美国，要求控辩双方实质平等。为此，美国宪法有多条保障被告人权利的规定，目的就是限制权力行使须受制于正当程序，同时也弥补处于劣势的被告人。其中，美国宪法第五修正案规定的是禁止双重危险原则，"任何人不得因同一罪行而两次遭受生命或身体的伤害"。在这种情况下，部分州的刑事程序直接禁止检察官的上诉，只赋予被告人上诉权。有些州即便允许检察官上诉，但也有着严格的限制。

在检察官上诉权方面，当事人主义与职权主义混杂的大陆法系国家，确定的则是"禁止不利益变更原则"，虽授予检察官上诉权，但同时规定检察官如为被告人之利益上诉的，二审法院不得加重被告人刑罚。

德国《刑事诉讼法》第358条规定："如果上诉是由被告人独立提起的，或由检察官为他的利益提起的，或他的法定代理人提起的，不得作出不利于被告人的变更。"日本《刑事诉讼法》第402条规定："对于被告人提出控诉的案件或者为被告人利益而提起控诉的案件，不得宣告比原判刑罚更重的刑罚。"这就是"禁止不利益变更原则"。我国台湾地区"刑事诉讼法"也有类似规定，"被告上诉或为被告之利益而上诉者，第二审法院不得谕知较重于原审判决之刑"。

"禁止不利益变更原则"背后的法理，是源于德国的判决确定力规则。确定力规则，要求无罪判决或有罪判决在有利被告的限度范围内均有确定力，二审不得随意更改这种有利事实的认定。

事实上,“禁止双重危险”或“禁止不利益变更原则”的立法化,同样是平衡案件真相与保障人权,也就是诉讼构造之下价值衡量选择的问题。当事人主义模式下,控辩双方平等对抗,检察院虽代表国家进行追诉,但与被告人的地位无异,扮演的是负有举证责任的原告角色,法院则只得围绕控辩双方的争点展开。坚持当事人主义的要求,须做到不告不理。那么,既然作为控诉方的检察院未提出对被告人的第二次控告,作为裁判员的二审法院自然无权加以审判。

被告人上诉或者检察院为被告人利益控诉的案件,实际上等同于当事人主义中的原告缺失,二审法院面临的争点只有一审量刑是否过重的问题。此时的二审法院,还是只得审查当事人提出的诉求,即便一审量刑确有不当,也不得损害被告人已经确定的利益。所以,“禁止不利益变更原则”是贯彻当事人主义诉讼模式的必然产物。

相比之下,我国尚未从根本上完全确立以当事人主义为基础的诉讼模式,随之也就没有完整确立“禁止不利益变更原则”。《刑事诉讼法》第 237 条规定:“第二审人民法院审理被告人或者他的法定代理人、辩护人、近亲属上诉的案件,不得加重被告人的刑罚。第二审人民法院发回原审人民法院重新审判的案件,除有新的犯罪事实,人民检察院补充起诉的以外,原审人民法院也不得加重被告人的刑罚。人民检察院提出抗诉或者自诉人提出上诉的,不受前款规定的限制。”就规定来看,我们确立的上诉不加刑原则是不全面的“禁止不利益变更原则”。检察院的抗诉,未以不同利益进行区分。检察院提出抗诉的场合,存在例外,二审法院可以加重被告人的刑罚。这显然是不同于“禁止不利益变更”要求的“为被告人利益而提起控诉的案件”,不得加重被告人刑罚。

实际上,我国检察院的法律地位兼任三种角色,既有肩负举证责任的原告角色,又有监督法律正确实施的监督者角色,还有承担客观公正义务的中立角色。与此同时,《刑事诉讼法》还赋予二审法院不受上诉、抗诉的范围限制,须就第一审判决认定的事实和适用法律进行全面审查。也就是说,检察院的抗诉,不可能是为了被告人之利益,而是为了检察院的职权定位,监督一审判决是否妥当。

问题是,检察院虽是为了履行法律监督职能,但是其提出的具体抗诉理由,有时在实质上与被告人之利益趋同,比如均认为一审判决量刑过重,要求二审法院从轻量刑。这种情况下,二审法院如何裁判,从法理上讲是清晰的,但纯粹从法条上进行理解可以加重被告人刑罚,则“似对非对”,又“似错非错”。究其根源,之所以出现这种困境,主要还是理念与法条的关系问题,根本是诉讼模式背后的价值选择问题。

三、反思余某平交通肇事案

我国刑事诉讼的基本构造,大体上处于控辩模式之下,更为侧重案件真相的查明,“重打击,轻保护”,职权主义色彩较为浓厚。具体到“禁止不利益变更原则”方面,上诉不加刑贯彻得不是很彻底,检察院抗诉的不受上诉不加刑的限制,没有明确规定检察院的抗诉求轻实质上等同于被告人因量刑过重上诉的场合,二审同样不得加重被告人刑罚。

最近引起热议的余某平交通肇事案,就是如此。被告人认为量刑过重提起上诉,检察院也提出抗诉,且检察院的抗诉请求与被告人的上诉请求殊途同归,均要求判处缓刑。检察院的抗诉意见:原判量刑错误。主要理由有四点:(1)本案不属于法定改判情形,一审法院改判属程序违法;(2)一审法院不采纳量刑建议的理由不能成立(从重量刑的理由不能成立);(3)余某平符合适用缓刑条件,该院提出的量刑建议适当;(4)一审法院对于类似案件曾判处缓刑,对本案判处实刑属同案不同判。

从检察院提出的抗诉理由来看,检察院主要的诉请是,检察院提出的量刑建议适当,一审法院不采纳量刑建议,无故改判违法。虽然检察院未明确提出量刑过重,却包含类似内容,比如其认为一审认定的从重量刑均属不当,实际上与被告人上诉提出的量刑过重具有本质上的实质利益趋同。

具体来说,一审中,检察院的量刑建议是判处被告人有期徒刑 3 年,缓刑 4 年,一审法院判处被告人 2 年有期徒刑(实刑)。二审中,检察院的抗诉要求是采纳一审提出的量刑建议,即有期徒刑 3 年,缓刑 4 年。显然,从整体角度来看,判 3 缓 4 与实刑 2 年,孰重孰轻,不是简单的算术题。缓刑虽是刑罚执行方式,但因不须羁押,不论是社会文化语境之下的理解,还是站在被告人立场实质解释,缓刑当然轻于实刑。也即检察院的抗诉理由是一审判决量刑过重。

那么,检察院因量刑过重而提起抗诉,是为了被告人利益抗诉吗？当然不是。严格来说,被告人与检察院追求的利益有不同之处,被告人追求的是量刑从轻,检察院抗诉追求的是自己出具量刑建议的妥当性,法院应当予以采纳。

要注意的是,二者的利益表面上虽有不同,可本质上具有同质性,都是要求二审法院对被告人判处缓刑。按照刑诉法理来说,利益同质相当的,应当按照被告人上诉同等对待,二审不得加重刑罚。然而,由于上诉不加刑原则贯彻得不彻底,再加上成文法体系下,检察院抗诉的,二审法院依法加重量刑,可以说是忠诚于"法律"。所以,若是要求法院忽略法律条文,径行援引德日诸国的刑诉法理从体系上理解上诉不加刑,恐怕也是对法院抱有不当的幻想或是期冀法院避开法律条文谈理念。当然,检察院抗诉的,二审法院不予理会上诉不加刑,法律上虽说得过去,可终归是不符合当下的法感情,特别是在域外法理已经展示出强大理性的背景下。

事实上,面对检察院抗诉量刑过重,二审法院查明案件存在加重刑罚空间的,不必一定加重量刑,发回重审可能是当下最能接受的结果。反常的是,余某平交通肇事案,二审法院以翔实说理充分驳斥检察院和被告要求判缓刑的说法,直接加重被告人刑罚。不得不说,这与近年来认罪认罚的推进有着万千关联。

当前,认罪认罚全面铺开之后,检察院与被告人达成量刑协商的,审判阶段中检察院量刑建议的精准性必然会触碰到法院的裁判权。如果法院强调裁判权的绝对性,对认罪认罚协商量刑导致裁判权的旁落有所抵触,那么量刑建议的不采纳也就成为一种利益驱逐。法院虽然无须做到欣然接受,但也大可不必如此。认罪认罚背景下,量刑建议的妥当与否始终操之于法官之手,这是法律所明确的。问题是,认罪认罚的案件,检察院与被告人达成量刑协商,双方建立攻守联盟的,法院不甘心成为量刑协商到量刑裁判的衬托。那么,检察院与法院的权力分配,必终有抵牾。

回到余某平交通肇事案,检察院与被告人达成的量刑较为轻缓,法院实际判处的刑罚较重。随后的二审,实际上就演变为检察院的量刑建议与法院的司法裁判权之间的碰撞,被告人则完全地沦落为裁判的客体。在"禁止不利益变更原则"未被全面确认的情况下,作为法律监督地位的检察院为了本部门量刑建议的妥当性,选择抗诉求轻,必将会置被告人于尴尬境地。同理,检察院抗诉求轻,法院过于强调裁判权的职权地位,假手检察院抗诉,不受上诉不加刑的限制,加重刑罚也将牺牲被告人的利益。此种情形下,被告人的利益将会被全然抛之脑后,剩下的是权力分配间的争夺,这才是值得警醒与关注的。

刑事诉讼法的存在价值,就是承认人类在认识论上的不足,以程序正义的方式限制绝对真相,充分运用程序规则认定罪与非罪。践行程序规则,给予被告人人格尊严，也就是要克制部门利益的官僚化，包括抑制侦查机关的不法行为，还有法检部门的利益冲动。

为了避免类似局面的再次出现，就须以规则打破权力部门间的利益争夺。重整诉权与裁判权的关系，充分顾及被告人之利益，给予被告人充分的、不打折扣的上诉权，更应成为立法层面关心的问题。若本案成为“禁止不利益变更原则”能否全面确立的审查样本，才能称得上是一个司法改革过程中“有着标志性意义的判决”。

第二章　反思冤案:避免无辜者被冤枉

秋山贤三,是日本知名冤案问题专家。早年其曾在横滨、东京、德岛地方法院以及东京高等法院担任法官,之后辞职成为一名律师,从事过许多冤案事件的辩护工作。因其同时有着法官与律师的双重职业背景,因此他的书《法官因何错判》虽着眼于日本刑事司法,但其中探讨的问题未尝不适合当下的中国司法,值得我们关注与借鉴。

一、冤案事件始末

《法官因何错判》中,秋山贤三剖析的三起冤案事件,可以作为观察冤案的样本,获得有益的司法经验。

(一)德岛收音机商杀人事件

“德岛收音机商杀人事件”,是秋山贤三担任再审法官时,宣判被告人无罪的冤案。

1953 年 11 月 5 日凌晨 5 点 10 分左右,在德岛市经营收音机业务的 S(50 岁)被人用刀刺死。案发现场遗留有匕首、手电筒等物,而且房顶上的电话线与电线均被切断。起初,德岛市警方以“外部犯人论”进行搜查,认定 K 为犯罪嫌疑人。之后,德岛地方检察院将搜查方针转变为“内部杀人论”,将与 S 同居的姘妇富士茂子锁定为犯罪嫌疑人。

为了收集符合“预判”的供述,德岛地方检察院逮捕拘留少年 N 和 A(居住在 S 家的店员),强制收集 4 份对富士茂子不利的口供,“目击 S 与富士茂子的搏斗”“在茂子的指示下,切断屋顶上的电话线、电线”“在茂子的指示下,将日式鱼生刀从两国桥上丢入河中”“在茂子的指示下,从某处借来匕首”。在此之后,茂子作出认罪自白。与此同时,德岛地方法院未考虑本案存在的疑点,而是按照检察院起诉书的意见，对富士茂子作出有罪判决。

宣判有罪后，茂子及兄弟姐妹不断地、一次次地提起再审申请。直到案件发生戏剧性变化之后，案件才引起足够的重视。首先是少年N和A坦言作过对茂子的伪证；其次是德岛地方检察院公开二十二册“不提交记录”，包括现场勘查报告拍摄的6张照片（证实茂子一家人的被单上有“胶鞋鞋印”）。

1980年12月13日，此时距离案发之时近27年，德岛地方法院决定再审“茂子杀人事件”。直到5年之后，1985年7月9日，在茂子缺席（茂子已离世）的法庭上，作出茂子无罪的判决。

（二）袴田事件

“袴田事件”，是秋山贤三转任律师后，参与辩护的案件，本书成书之前袴田还在申请再审。

1966年6月30日凌晨1点多，某工厂专务理事一家（父母、子女）惨遭杀害，房子被烧毁。案发后不久，住在该工厂的一个员工，前拳击手袴田严，被锁定为犯罪嫌疑人。秋山贤三将此案作为样本之一，主要是因为本案存在媒体预判的植入。媒体通过警方知悉案件情况后，先行报道。权威媒体还刊登时任警局局长的评论性文章，倾向性分明，“从袴田房中搜出的‘带血的睡衣’就是科学搜查的胜利”“顽固与反社会性是犯罪者的共通性格，袴田是最为极端者”。

（三）长崎事件

1997年10月1日，长崎乘坐电车时，站在长崎前边的女子突然指认长崎强制猥亵。凭借女子的陈述，一审、二审法院作出有罪判决，这就是“长崎事件”。这起事件中，最大的特点是证据的脆弱性，其只有被害人供述，没有物证及其他证据。唯一的科学证据，纤维鉴定意见还因“被告手指上的纤维”与“受害者衣物上纤维”缺乏同一性，未被法院采信。

面对如此案件，由于缺乏足够的证据，本应宣告无罪，但一审、二审法院以被害人陈述自然、合理为由，认定长崎有罪。有罪判决作出的解释是，其他证据可以对被害人的陈述进行补强，比如受害人与被告人距离相近；被告人说了两次对不起，想用钱解决问题。

二、冤案暴露出的问题

“德岛收音机商杀人事件”，秋山贤三痛切感受到法院的失职，“审理的法官只要慎重作出科学合理判断，遵从罪疑惟轻原则，茂子不至于如此受苦”。有罪判决认定茂子与 S 的搏斗，问题重重。少年证人称作案工具被丢入河中，可是无论如何却找不到这把刀；S 作为退役军人，体格强壮，与不足一米五的茂子决斗，却发生这样的奇特现象，匪夷所思，S 身上有 11 处负伤，茂子仅在左腹部处有擦伤，手心手背均无任何防御伤。

秋山贤三举出的这起冤案，给我们带来三个问题，应当引起足够的重视：(1)被告人认罪供述，能否经得住检验。在警方、检方的控制之下，被告人认罪是否自愿，是否没有受到外在强制，有无辩解，不是绝对的。(2)检方作为公诉方，有着自身的局限性，即追求有罪强过追求公正。检方提供的证据是否充分，是否确实，是否有瑕疵，需要法官慧眼识珠。(3)职业法官是否“同人间有着职业距离”，能否根据经验法则、逻辑经验，深刻洞察案件事实。

“袴田事件”虽然尚在申请再审，但是秋山贤三通过分析，发现此案同样疑点重重。作案衣着“睡衣”的认罪供述以及睡衣附着“血迹、油渍”被作为重要物证，而后却又在工厂酿造桶中发现“五件衣物”，“带血的睡衣”被从证据中撤掉。就此，判决给出的解释是，结束杀戮前穿的是“五件衣物”，之后换成“睡衣”纵火。问题是，这种说法不能说明袴田为何要换装，以及本案衍生出来的其他问题没有得到彻底解决。

第一，“五件衣物”着装的实验表明，“长裤”的尺寸很小，袴田无法穿着“五件衣物”之中的“长裤”。

第二，唯一能将五件衣物与袴田联系起来的，居然是在袴田老家发现的一块“布头”，其与“长裤”的布料相同。

第三，“五件衣物”中“长裤”与“衬裤”附着的血迹，只检测出丈夫一人的血渍，没有其他三人的血渍。

第四，作案动机一再更改，起初是与专务妻子存在不正当关系，之后变成母子三人要一笔钱去外面租公寓，判决认定的则是袴田为了强占专务的钱款。

第五，判决否定被告人 44 份供述的证据能力，采纳一份来自检察官的调查书。判决说明警方违法调查，肯定被告人供述受到强制性、威胁性的影响。但是，对于一天内同时作出的三份供述，警方的两份被排除，却肯定检方的调查。在秋山贤三看来，检方调查同样存在问题，这份供述只是对之前供述的总结，并且地点相同，时间接近，被告人自白任意性存在欠缺。

与上述两个案件不同，“长崎事件”是在缺乏补强证据的情况下，法官仅凭借被害人陈述，就认定被告人有罪。

只有单方证言的情况下，法官如何认定事实，是事实认定的常有问题。刑事诉讼中的事实观，实则是用已然的证据回溯证明过往的历史事实，只是这种回溯过往的证明必须做到排除合理怀疑的程度，排除他杀的可能性。既然如此，那么如何完善证言的补强是处理此类案件的前提。

三、反思冤案：避免无辜者被冤枉

“一个案子，对于法律家而言，不过是‘无数案件中的一起’，对于被告而言，却是人生的重大转折点。”无辜者不被冤枉，避免冤案的再次发生，是刑事司法应当追求的境界。

通过分析以上三个案件，秋山贤三指出日本刑事司法广泛存在“潜在冤案”的因由集中于四个方面：

第一，证据问题。证据收集阶段缺乏权力限制，普遍存在供述的强制、证言的引导、证据的匿藏，对被告人有利的事实基本难以出现在供述笔录之中。

第二，法官问题。法官的视野有限，面对起诉阶段的全案证据，盲目信任检方，对被告人存在先入为主的有罪预判，无法站在被告人的立场，去尝试理解被告人。

第三，证明标准问题。刑事诉讼程序中，难以贯彻“超越合理怀疑程度”，无法践行“罪疑惟轻”原则。

第四，司法构造问题。99%的有罪率。辩护方处于劣势，检方过于强势，法官与检察官具有同质性，存在联手对抗辩护方的可能。

面对上述问题，秋山贤三给出的建议：(1)要极大地增强辩护方的防御能力，强化辩护人在搜查阶段的辩护权；(2)增加检方公开全部证据的法定义务；(3)法官要意识到审判席的高度，认识到会有看不见的事实；(4)践行“罪疑惟轻”原则；(5)司法者应经受社会磨炼，了解社会、了解人；(6)司法者不轻易相信供述证据，洞察错谬的可能性；(7)法官要重视被告人的辩解；(8)法官应保持百姓视角，遵循民众常识。

事实上，秋山贤三指出的冤案成因以及冤案对策，同样切合当下的中国司法，我们应当深刻反思。

第一，被告人的防御能力过于弱小。在侦查阶段，没有律师在场权，就无法限制警方、检方搜查阶段的权力，导致的结果必然是问题案件中普遍存在供述强制。对被告人有利的事实难以如实呈现在警方、检方制作的笔录之中。另外，还会存在匿藏证据的可能，比如少移交一份供认笔录，就可能直接影响自首情形的有无。

第二，法官与检察官的天然关系，二者具有同质性。法检两方对辩护人的意见缺乏足够的重视。经常出入法庭的我们都会看到，检察官与法官走的是一个通道，律师走的是另一个通道，通道的不同也能看出些门道。

第三，案卷移送主义，使得司法者对被告人具有先入为主的有罪预判，过于轻视被告人的自我辩解。

第四，过高的有罪率，使得司法者相信案件大多数不会存在问题。有问题的案件不是百里挑一，也不是千里挑一，而是万分之一，怎么这个案件就存在问题。

第五，能否恪守“排除合理怀疑”的证明标准，真正做到“疑罪从无”。如同秋山贤三指出的“职业法官十戒”一样，司法改革尚未达到完美的境界时，司法工作者的内心审慎心态，即“法意识”问题，是当前刑事审判中最为重要的。

第三章 《公正的审判》:关注刑事被告人的权利

权利与秩序,就像跷跷板的两端,一端升起,一端就下降,想要两端平衡不是那么轻而易举。在《公正的审判》这本书中,作者介绍了美国刑事案件中被告人权利的演变,这个演变过程也就是权利与秩序的博弈,自由与保守的较量。

一、缘何保障被告人权利

通常而言,成为刑事被告人意味着对秩序的侵犯。为了保护秩序,追究被告人的刑事责任,历史上存在两种理念,一是刑事诉讼程序的重点在于保证刑事被告被判有罪,让无辜者受到惩罚还是比放纵有罪者要好;二是我们宁可让有罪之人逃脱死刑也绝不应该让一个无辜者受到指控并被惩罚。

这两种理念的区别在于,秩序的保障是否以可能侵犯无辜者的权利为代价。在美国历史上,法庭曾经一度采用未经合法搜查、扣押取得的证据,也曾在一段时间内不在意被告人是否有律师的协助。直到联邦最高法院改变了地方州以往一贯的先例,认为上述行为有悖于正当程序、公正审判,比如联邦最高法院通过博伊德案确立了宪法仅允许搜查违禁物品,寻找犯罪证据的行为都是不合理的搜查,是非法的。特别是,在沃伦法官主政美国最高法院时期,司法能动主义、自由主义盛行,多数意见认为,被告人权利的保障意味着公正的审判,因为个人在国家力量面前过于弱小,只有确定了被告人可以寻求律师协助、警察非法取得的证据不可使用的规则,才能平衡这种落差,弥补被告人的弱势,保护个人权利不被侵犯。

二、正当程序革命

正当程序从全国到各州的确定,以及正当程序内容从狭小向广泛的迈步,就是刑事被告人权利保障的演进史。书中讲到,20 世纪只有一个人将最高法院贴上了个人标签,那就是厄尔·沃伦。沃伦法院的代表性在于,在此之前,从未有过一群法官如此强烈地支持刑事被告人的权利;在此之后,刑事被告人的权利不再州与州不同,而是真正的全国性权利,权利法案实现了国家化,权利法案的程序性保障真正适用于各州的刑事司法。

(一)证据排除规则

在 1956 年,沃伦法院撤销了一个下级法院的判决,多数意见认为,"如果联邦侦探可以轻视联邦的政策并在联邦或者州的诉讼中适用他通过非法行为所取得的成果"这样的规则是无效的。

在 1960 年,沃伦法院通过埃尔金斯诉合众国一案,确定了证据排除规则适用各州,也即联邦不再接受、不再采信非法扣押等违反宪法而收集的证据。

在 1961 年,沃伦法院通过马普诉俄亥俄州案,将证据排除规则适用于州刑事程序之中。

(二)律师协助

在吉迪恩诉温莱特案中,吉迪恩是一个流浪者,因盗窃罪被定罪,审判法官拒绝吉迪恩要求律师辩护的请求。沃伦法院的法官们一致认为,一个被告太穷,以致请不起律师,除非提供了律师协助,否则审判是不公正的。

(三)不得强迫自证其罪

1964 年的马洛诉霍根案,沃伦法院以微弱多数意见,将不得强迫自证其罪确立为正当程序的一部分。这实际上已经抛却了曾经的先例,即不得强迫自证其罪只是一个证据规则,而非公正审判的组成部分。

1964 年的埃斯科韦多诉伊利诺伊州案,将强迫自证其罪扩展到受警察讯问的嫌疑人,羁押讯问前警察需先告知嫌疑人享有如下权利:保持沉默权、讯问时要求律师在场、无钱聘请律师要求法院指定律师。

(四)刑事被告与不利证人进行对质

1965 年的波因特诉得克萨斯州案,得克萨斯州法律允许,在刑事被告没有律师陪同的情况下出庭,初审法院可以接受预审中获得的证据。但美国最高法院的判决认为得克萨斯州的程序违反了第六修正案,尽管律师出庭,但错过了与不在场证人质证的机会,从而侵犯了刑事被告与对不利证人对质的权利。

(五)正当程序的判断

在本顿诉马里兰州案中,沃伦法院认为,最高法院对基本公正的否定取决于刑事诉讼中的一个要素,而非刑事诉讼总的情况。

一旦某项特定保障对美国司法来说是根本性的,只要有所违反便是对正当程序的否定。最高法院判断正当程序的标准变得不确定,但对于法院来说则考虑得更为全面、广泛。

由此,沃伦法院通过一个个判例,确定了一项项规则,完成了正当程序革命,从而将刑事被告的权利保障置于公正审判之中,但是如此不确定的判断依据也导致了一定的反复,这一切均归于法院的多数意见。

三、阿拉梅达县的三层刑事司法

书中介绍,加利福尼亚州阿拉梅达县的刑事司法存在三种样态:

其一,谋杀、纵火以及政治丑闻这种有名的案件,抓住了公众的注意力并将注意力集中于最不利审判的因素上。在这一层次中,被告人的权利获得了保障,但他们也是昂贵的和不普遍的。

其二,通常严重的犯罪案件,这个层次的案件没有戏剧性。每件都是常规处理,只有不到一半的案子进入审判,许多进入审判的被告都做了有罪答辩,这一层次关注的是效率而非法律程序。

其三,醉酒、斗殴、赌博这些案件排满了法院的工作日程表,目的是对劳工阶级进行训诫。正当程序不是这些案件关注的事情,这个层次的案件极少有律师参与,陪审团也很少见,而被告以工厂流水线的方式走过法庭。这一层次中,秩序指导着警察、检察官及法官的行为。

这种三层次的刑事司法反映了一种社会情况,正如作者所言,"正当程序在阿拉梅达县并非一纸空文,但也没有支配司法的实施,在引起公众注意力的案件中,被告人的权利显得格外明显,在那些不引人瞩目的案件中,控制犯罪则处于核心地位"。

四、被告人权利与公共安全的平衡

1960 年以前,美国宪法上的免受不合理搜查有两个限制:第一,检察官可以使用非法取得的证据;第二,联邦法院可以允许使用州官员在不涉及联邦参与也没有受到联邦指令的搜查中非法取得的证据。

1961年后,联邦最高法院取消了这两项限制,证据排除规则不再存在例外,并且普遍适用于全国。

1984年,证据排除规则出现了例外,法官们在合众国诉里昂一案中判决,依据有效的搜查证理性或者善意地获得的证据在法庭上是可以接受的,即使搜查证后来被证明是有瑕疵的。

1959年的斯帕诺诉纽约州案,使得没有嫌疑人律师在场的情况下延长警察询问所取得的供认无效。

1964年的埃斯科韦多诉伊利诺伊州案,使得警察不能拒绝刑事被告聘请律师,将米兰达一案的结果——免于自证其罪扩张至受到警察讯问的嫌疑人。沃伦法官代表最高法院的意见,详细阐述了警察讯问不公正除了使被讯问者屈服于审讯者外没有其他目的;警察采用欺诈和诱骗的方式以及将被讯问者置于被隔绝、被抛弃和被攻击的讯问环境,应当受到谴责。

1986年的科罗拉多诉康奈利案,1987年的合众国诉塞勒诺案,则开始强化警察对抗犯罪的能力。具体表现:执法官员适用米兰达规则获得了更大的自由;嫌疑人要求律师协助的话,警察必须停止讯问,但是可以采用不具威胁性的策略,例如假装同情嫌疑人以便获得供认。

随着时间的推进,我们可以看到权利保障的妥协,已经部分让步于打击犯罪的需要。随着经济的发展,人们对秩序的要求,甚于对权利的保障,公众强烈要求打击犯罪。在这种背景下,持司法保守主义的多数意见倾向于对证据排除规则、律师协助加以变通,采用非法搜查、扣押取得的证据并非一概不予采用,正如通过刑讯取得的证据不可以采用,通过欺诈取得的证据便可以采用。这种以侵犯权利来迎合公众安全的做法,是值当的吗?事实上,保护权利的各项措施与犯罪率上升没有必然因果关系;权利保障的妥协,会不会再次修改权利保障条款,是谁也不能预料的。

第四章　法官荣获二等功引思：无罪判决是怎样形成的？

2011年，贵州省湄潭县湄江镇发生命案，一名男子死在自己家中。命案发生后，与该男子一起回家的情人陶某，因有作案嫌疑，被公安机关刑事拘留。随后，陶某因涉嫌故意杀人罪被起诉到遵义市中级人民法院。经审理，合议庭认为此案存在诸多疑点，最终在被害人家属的谩骂声之中，对被告人作出无罪判决。

判处陶某无罪的2年后，杀害男子的真凶落网。听到这个消息后，陶某故意杀人案主审法官张某波如释重负，足以见得当年判决陶某无罪没有任何问题。

2019年3月8日，贵州省高级人民法院作出决定，分别为审理此案的合议庭和主审法官张某波荣记二等功。

一、司法者的担当与无辜者的命运

刑事诉讼的目的，不单是惩处犯罪，还要防止冤假错案，确保无罪者不受刑事追究。面对命案的发生，被害人家属喊杀之声不绝于耳，办案部门压力之大可想而知。

2015年，由死缓改判无罪的陈某昊故意杀人案，曾经引起巨大社会反响，原因之一就是案件证据未发生任何改变的情况下，广东省高级人民法院将死缓改判为无罪。原审法院认定陈某昊犯故意杀人罪，判处死刑，缓期2年执行。后案件进入广东省高级人民法院。指控犯罪的事实、证据均未发生改变的情况下，广东省高级人民法院采纳辩护人提出的非法证据排除申请，导致多项证据因非法取证被排除，其中包括被告人的有罪供述、伪造“陈某昊”签名的书证、搜查所得的物证等。最终，广东省高级人民法院认为此案存在非法搜查、指事问供、伪造书证等违反法定程序的行为，作为非法证据予以排除。排除非法证据后，原审法院采信的证据就无法形成一个完整的证据链条，无法排除陈某昊以外的第三人进入现场作案的可能性。

再回到陶某故意杀人案，面对舆论压力和被害人亲属谩骂威胁，主审法官能够勇于担当，严格审查全案证据，不放过任何一个疑点，坚持疑罪从无、证据裁判，是本案无罪判决生成的根源，有效避免了冤案发生。此案审理过程中，合议庭、主审法官均发现存在不少矛盾之处，存在合理怀疑以及第三人作案的可能性。具体来看：

1. 力量对比上的疑点。死者房间内四处都是喷溅的血迹，意味着当时一定发生了打斗，但是身材瘦弱的陶某显然难以与五大三粗的罐车司机冉某波对抗。

2. 陶某衣物上无血迹与其他证据相互矛盾。案发后陶某虽去过现场，但案发现场厕所的水龙头没有动过，小旅店的老板也证明，陶某只在房间里待了几分钟，没有时间淋浴冲洗。陶某身上衣物并未换过，而陶某除脚上的皮靴之外，身上、内外层衣物上均无冉某波血迹，与其供述近距离刺杀冉某波的情形不相吻合。

3. 作案工具上没有陶某的生物信息。现场提取的作案工具，刀上没有陶某的 DNA 和指纹，间接证据无法形成证据链。

司法体制运行中的弊病是无罪判决率较低的肇因，诸多事实不清、证据不足的案件被“疑罪从有、疑罪从轻”。面对疑虑重重的案件，主审法官能够主动承担责任是无辜者终获无罪的重要因素。本案审理牵涉命案，司法者敢于担当，勇于说“不”的精神更是弥足珍贵。因为“徇私枉法”“滥用职权”“收受好处”等刺耳声始终充斥在被害人家属的咒骂声之中，早已拦下众多的无罪判决。

二、程序正义筑牢防范冤案之藩篱

程序正义，被誉为“看得见的正义”，强调法律程序的正当性、法律过程的公平性。最早可追溯到 1215 年英格兰《大宪章》的规定，“除非经由贵族法官的合法裁判或者根据当地法律，否则不得对任何自由人实施监禁、剥夺财产、流放、杀害等惩罚”。

追溯程序正义的源头，我们可以发现，程序正义的作用主要在于保障公民的基本权利，是刑事裁判的基础。正如美国联邦宪法第 5 条所规定的，“未经正当的法律程序，不得剥夺任何人的生命、自由和财产”。

与之相似,程序正义的价值同样是我国《刑事诉讼法》以及相关司法解释所追求的,最为主要的则是非法证据排除规定,“采用非法方法收集被告人供述、证人证言、被害人陈述,应当予以排除。收集物证、书证不符合法定程序,可能严重影响司法公正的,应当予以补正或者作出合理解释”。只有在保障公民基本权利的前提下,证据的取得才具有合法性,进而才会使得刑事裁判具备公正性。

陶某故意杀人案中,陶某一共有 13 次供述,其中 9 次作了有罪供述,4 次作了无罪辩解。9 次有罪供述中,陶某承认其与冉某波长期保持不正当男女关系,冉某波长期不愿给其名分。案发当天,其从龙里县专程赶往思南县与冉某波会面时,冉某波因打麻将不下楼接陶某。陶某因故生恨,半夜临时起杀心,趁着冉某波睡着之后,拿起放在沙发上的一把羊角刀,将冉某波杀害后逃走。4 次无罪辩解中,陶某称夜间有小偷入室盗窃。小偷被发现后,先向其嘴角划了一刀,又向坐起来查看情况的冉某波胸口刺了一刀,随之与冉某波扭打在一起,扭打中小偷拿着刀多次刺向冉某波,使得冉某波逐渐失去意识。在陶某承诺不再喊叫之后,凶手才放开冉某波,小偷拿着冉某波的皮衣和陶某的手提包逃走。

由于陶某有罪供述、无罪辩解多次反复,辩护人向法院申请非法证据排除申请。2010 年,最高人民法院、最高人民检察院、公安部、国家安全部、司法部联合发布《关于办理死刑案件审查判断证据若干问题的规定》和《关于办理刑事案件排除非法证据若干问题的规定》,强调排除刑讯逼供取得的证据。问题是,案发时的 2011 年,非法证据排除的操作细则尚未出台,排非程序如何进行多是摸着石头过河。

时至今日,最高人民法院虽已出台《人民法院办理刑事案件排除非法证据规程(试行)》,但是对于辩护人申请非法证据排除的案件,法院多以没有必要加以拒绝,实际进入非法证据排除程序的案件寥寥无几。因此,陶某故意杀人案,合议庭同意启动非法证据排除程序,要求 4 名办案警察和 2 名司法鉴定人员出庭说明案件情况,在今天看来,都是难能可贵的。遵义市中级人民法院坚持裁判之独立性,启动非法证据排除程序,要求办案人员出庭说明情况,对被告人负责,对辩护人尊重,是充分履行了程序正义中的规则要求,筑牢了防范刑事错案的藩篱。

三、认真对待证据裁判

证据裁判，是刑事诉讼活动的基石，要求作出裁判必须依据证据，证据必须经过法庭质证程序确认属实。

2016 年出台的《关于推进以审判为中心的刑事诉讼制度改革的意见》明确指出，要严格按照法律规定的证据裁判要求，没有证据不得认定案件事实。贯彻证据裁判，将规则落实到个案之中，关键是审核证据的证明能力与证明力，既要关注单个证据或某类物证、书证的审查判断，又要建构证据体系，排除合理怀疑。单个证据只有经过庭审质证进行严格判断，建构的证据体系才得以成立，这也是新近出台的各类关涉刑事诉讼规范性意见所提倡的原则与规则。

我国司法传统强调证据之间相互印证，形成完整的证据锁链，证据之间排除矛盾或者证据矛盾得到合理解释。我们把这种模式称为“证据印证模式”。证据之间相互印证，是说具有两个信息源以上的证据间能够相互验证，就形成了完整的证据链条，排除合理怀疑。

相互印证有其积极意义，强调证据携带的信息必须经过验证，有力地确保证据的真实性。然而，司法实务中，司法者过于形式化地加以理解，将证明模式变得机械化，常常忽略单个证据的瑕疵或缺陷。陈某昊故意杀人案中，原审法院就是如此，“证据之间相互印证，结合本案其他证据，足以证实被告人实施了杀人行为”，而忽略单个证据存在“非法搜查、指事问供、伪造书证”等违法情形，没有排除在法庭之外。

陶某故意杀人案，司法者正是实质地看待每一份证据，着重分析被告人有罪供述的真实性，指出被告人有罪供述的不可靠，进而认为存在第三人作案的可能：

1. 被告人行动轨迹、言词举动，标志着被告人供述的杀人动机过于牵强；

2. 现场血迹的分布状态、打斗情况，突出被告人身上没有血迹与被告人所称与死者有过近距离打斗之间的冲突；

3. 被告人离开案发现场的视频图像，指出了被告人供述所称杀人后的状态不合常理；

4. 被告人有罪供称作案凶器羊角刀是从沙发上拿的，又与其他证据相矛盾，还无法解释为何刀上没有被告人的指纹；

5. 房屋门锁被毁，案发现场被破坏，无法排除第三人作案可能。

司法者没有形式地理解“证据印证模式”，没有将案卷笔录中供认杀人事实的内容“掐头去尾”，机械形成证据相互印证的结论，而是严格坚持证据裁判标准，运用证据规则、日常经验逻辑等方法严密审查证据，才使得本案没有冤枉无辜者。

第五章　疑罪从无:认罪判无罪

广东省高州市曾发生一起交通肇事案件,余某当天主动到办案单位投案自首。余某供称“无证驾驶撞人致死”。但该案在余某自首认罪的情况下,历经一审、二审,法院作出事实不清、证据不足的无罪判决。

一、证据不足,判处无罪

一审、二审审理过程中,余某始终供认有罪,但两审法院均认为本案事实不清、证据不足,指控犯罪事实不能成立。二审判决更是详细说明了本案证据中存在的问题。

第一,指认笔录被依法排除。

《刑诉解释》第 105 条规定:辨认前使辨认人见到辨认对象或辨认对象没有混杂在具有类似特征的其他对象中的,辨认笔录不得作为定案的根据。本案中,辨认笔录违反此规定,存在诸多问题:(1)一审开庭在前,现场指认在后,通过庭审举证、质证,余某已经全面了解到事故现场情况;(2)辨认对象没有混杂在具有类似特征的其他对象中;(3)组织辨认的对象即肇事车钥匙,没有物证提取笔录,来源不清;(4)现场指认无见证人;(5)指认笔录所述部分内容不属实,且花坛撞击点的指认结果与现场勘查照片明显不符,不具同一性。

第二,余某供述系孤证,没有其他证据可以印证。

余某供述的“犯罪各个环节事实”,诸如取车、行车路线、肇事三节要么与其他证据相互矛盾,要么没有其他证据可以印证。

1. 关于余某所述取车。法院认为,在案证据仅有言词证据,并无客观性证据。就言词证据而言,余某供述内容前后不一,与其他证言相互矛盾,不合常理,并且证人证言的可信度也较低。

2. 关于余某所述行车路线。法院认为,现有证据不足以证明余某所述关于行车路线的事实。

3. 关于余某所述肇事。法院认为，除余某供述外，本案唯一能将余某与肇事现场、肇事现场车辆联系起来的证据就是指认笔录。但是，该笔录制作不科学、不规范，不具合法性，不能作为定案根据，故本案没有将余某与肇事现场或肇事现场车辆联系起来的任何证据。

第三，不予采信道路交通事故认定书。

2014 年 8 月 21 日，高州市交通警察大队作出《道路交通事故认定书》。根据现场勘查、当事人陈述及其他材料，认定余某系肇事者，应负事故的全部责任。

2016 年 11 月 22 日，广东省茂名市公安局交通警察支队复函，"我支队认为认定余某为肇事驾驶员的依据充分"。

法院认为，《道路交通事故认定书》之所以认定余某为肇事者，不是依据客观性证据和技术性证据，而是依据余某的有罪供述及现场勘验笔录。本案仅仅根据余某的有罪供述及无法确定是否与其具有关联性的现场勘验笔录，就认定余某为交通肇事者，依据不充分。

二、自愿认罪，不影响无罪判决

本案中，余某关于肇事过程中的细节供述不但前后矛盾，且与其他证人证言相互冲突，又没有任何能够将余某与肇事现场或肇事现场车辆联系起来的客观证据，没有达到确实、充分的证明标准。

（一）证据确实、充分的标准

《刑事诉讼法》第 55 条第 2 款规定："证据确实、充分，应当符合以下条件：（一）定罪量刑的事实都有证据证明；（二）据以定案的证据均经法定程序查证属实；（三）综合全案证据，对所认定事实已排除合理怀疑。"

根据规定，"证据确实、充分"是对据以定案的证据质和量的总体要求。质的要求是指，每个证据都必须是客观真实的，而且具有关联性，能够证明案件事实。量的要求是指，案件事实必须有足够的证据加以证实。《刑诉解释》第 139 条第 1 款和第 2 款对证据的"质"作出规定，"对证据的真实性，应当综合全案证据进行审查。对证据的证明力，应当根据具体情况，从证据与案件事实的关联程度、证据之间的联系等方面进行审查判断"。

据此，判断证据是否已达确实、充分的方法，就是看在案证据是否真实可靠，形成的有罪事实是否能排除合理怀疑。达到这一标准的，可以认定被告人有罪。否则，不能认定有罪。

（二）孤证不能定案

“孤证不能定案”，是指每一个证据的证明力之有无或者大小，都不能靠该证据本身得到证明，而必须通过对证据本身的情况、证据与其他证据之间有无矛盾及能否互相印证、证据在全案证据体系中的地位等问题进行全面的衡量，才能作出合理的判断。

“孤证不能定案”要求证据之间相互印证，相互补充，单个证据无法证实自身的证明力，其更为强调的是言词证据的补强规则。《刑事诉讼法》第 55 条第 1 款对此作出规定，“对一切案件的判处都要重证据，重调查研究，不轻信口供。只有被告人供述，没有其他证据的，不能认定被告人有罪和处以刑罚；没有被告人供述，证据确实、充分的，可以认定被告人有罪和处以刑罚”。

根据规定，被告人自愿认罪的情况下，还需着重考察被告人供述的真实性以及其他证据在收集、固定的过程中是否合乎法律程序，是否排除证据之间的矛盾。如果其他证据的收集、固定违反程序性规定被依法排除或者与被告人供述相互矛盾，无法达到证据确实、充分的法定标准，不能认定有罪。

三、认罪认罚，应严格坚持证据裁判

2016 年 11 月 11 日，最高人民法院、最高人民检察院、公安部、国家安全部、司法部联合出台《关于在部分地区开展刑事案件认罪认罚从宽制度试点工作的办法》（以下简称《认罪认罚办法》）。认罪认罚制度正在稳步推进。要注意的是，被告人自愿认罪，侦查机关、人民检察院、人民法院更应当严格按照程序和标准收集、固定、审查、运用证据、作出裁判，而不是降低证明标准、弱化证据裁判。《认罪认罚办法》第 4 条第 4 款强调认罪认罚案件中证据裁判的重要性，“坚持证据裁判，依照法律规定收集、固定、审查和认定证据”。

在认罪认罚背景下，被告人可以获得从宽处理。但由于口供具有随意性，被告人存在虚假供述的可能性，从而导致冤假错案。因此，在被告人可能为了从轻处罚，存在虚假供述的情况下，司法机关更应当严格遵守证据裁判规则，依法收集、固定、审查、运用刑事证据，防范冤假错案。

《刑诉解释》第 141 条规定：“根据被告人的供述、指认提取到了隐蔽性很强的物证、书证，且被告人的供述与其他证明犯罪事实发生的证据相互印证，并排除串供、逼供、诱供等可能性的，可以认定被告人有罪。”可以看出，认定被告人有罪，需要做到两点，一是排除被告人供述的虚假性，排除存在诱供、逼供的可能性，需要审查被告人供述是否合乎常理；二是其他证据与被告人供述相互印证，相互之间可以达到补强的效果，排除合理怀疑。

本案“重证据、轻口供”，充分运用证据裁判规则，彰显了疑罪从无的原则。即便被告人已“认罪”，只要证据存在疏漏，没有形成完整的证据链条，就可能被判无罪。

第六章　无罪的基本:证据裁判

2014年6月9日,西双版纳州中级人民法院一审以故意杀人罪、强奸罪数罪并罚,判处卢某新死缓。卢某新在看守所关押了4年之后,2017年1月6日,云南省高级人民法院当庭宣布卢某新无罪。云南省高级人民法院认为,原判决认定卢某新犯故意杀人罪、强奸罪事实不清、证据不足,不能认定卢某新有罪。这是一起典型的疑罪从无案件,即现有证据不足以认定被告人犯罪,无法排除第三人作案可能性。

一、疑点在何处

据媒体报道,案发当天下着大雨,锄头大部分泡在河里,锄头柄上却提取到卢某新的DNA。在公安机关讯问过程中,有8次讯问记录,卢某新仅在第七次作了有罪供述,随后又翻供。8次讯问笔录为什么仅有一次有罪供述?仅有的一次有罪供述,讯问笔录上记载的时间、地点与讯问录像画面显示的时间、地点尚且不同。指认现场的录像中,卢某新对现场并不熟悉,指认过程不自然,似有诱导可能性。其他证据还存在收集不规范问题,如DNA鉴定的检材没有明确的提取笔录,对锄头擦拭物的提取过程存在三种不同说法。

《刑事诉讼法》规定,认定被告人有罪,必须达到犯罪事实清楚,证据确实、充分的证明标准。卢某新案在上述证据存有疑点的情况下,云南省高级人民法院将其中三份证据排除:(1)锄头柄部检出卢某新DNA的鉴定意见依法不能作为定案根据;(2)卢某新唯一一次有罪供述不能作为定案的证据;(3)现场指认录像、指认笔录不能作为定案的证据。相关证据被排除后,其他在案证据均不能证实卢某新与被害人邓某被强奸、杀害的事实之间存在关联性。

二审期间还出现新的证据,公安部出具的鉴定书证实被害人阴道擦拭物上检出的混合STR峰谱不排除包含被害人邓某、被害人丈夫和第三人的DNA分型，所检被害人内裤上检出精斑反应，其混合 STR 峰谱不排除包含被害人丈夫和第三人的 DNA 分型，但均未检出卢某新的 DNA 分型，不能排除他人作案的可能。

二、证据如何裁判

证据裁判原则，是指在刑事诉讼中认定被告人有罪和处以刑罚，必须以证据为根据，没有证据或证据不足就不能作出有罪裁判。贯彻证据裁判原则，重点在于规范侦查机关依法收集、固定、保存证据，规范司法机关审查、运用证据。

卢某新案无罪判决富含证据裁判信息，其中全面论证了鉴定意见、有罪供述、现场指认的审查、采纳过程。

（一）鉴定意见的审查与认定

《刑诉解释》第 97 条规定："对鉴定意见应当着重审查以下内容：……（三）检材的来源、取得、保管、送检是否符合法律、有关规定，与相关提取笔录、扣押物品清单等记载的内容是否相符，检材是否可靠。"第 98 条规定："鉴定意见具有下列情形之一的，不得作为定案的根据：……（三）送检材料、样本来源不明，或者因污染不具备鉴定条件的。"根据规定，检材的审查重点在于送检材料是否有合法明确的来源，是否与提取笔录相符。

卢某新案无罪判决指出，锄头柄部检出卢某新 DNA 的鉴定意见不能作为定案根据，因为用于 DNA 鉴定的锄头柄部擦拭物来源不清。现场勘查笔录、勐腊县公安局腊公刑聘字〔2012〕183 号鉴定聘请书证实，锄头柄部擦拭物为现场提取；勐腊县公安局 2014 年 5 月 16 日出具的情况说明、勐腊县公安局技术室 2014 年 11 月 18 日出具的情况说明均载明，锄头原物封装送西双版纳傣族自治州公安局刑科所后提取柄部擦拭物；勐腊县公安局 2015 年 11 月 18 日出具的情况说明载明，锄头原物、锄头柄部擦拭物同时送至西双版纳傣族自治州公安局刑科所。以上关于检材提取过程的证据之间相互矛盾，无法确定作为鉴定检材的锄头柄部擦拭物的来源。

（二）有罪供述的审查与认定

《刑诉解释》第 93 条规定，对被告人供述和辩解应当着重审查以下内容：讯问的时间、地点，讯问人的身份、人数以及讯问方式等是否符合法律、有关规定。

必要时，可以调取讯问过程的录音录像、被告人进出看守所的健康检查记录、笔录，并结合录音录像、记录、笔录对上述内容进行审查。

《刑事诉讼法》第123条第1款规定："侦查人员在讯问犯罪嫌疑人的时候，可以对讯问过程进行录音或录像；对于可能判处无期徒刑、死刑的案件或其他重大犯罪案件，应当对讯问过程进行录音或录像。"

审查有罪供述，应当重点审查讯问起止时间、讯问地点与录音录像是否同步。讯问录像与讯问笔录的起止时间、讯问地点存在矛盾的，控方应当补正或者作出合理解释，不能补正或者作出合理解释，不得作为定案的根据。卢某新案排除唯一一次有罪供述，理由是讯问笔录与录音录像不同步，录音录像存在重大疑问，无法作出合理解释。

1. 在案证据显示，卢某新有罪供述的讯问地点相互矛盾。勐腊县公安局提讯证、第七次讯问笔录载明讯问地点在勐腊县看守所第二审讯室，但讯问录像显示的讯问地点并非看守所讯问室，二者存在明显矛盾。

2. 在案证据显示，卢某新有罪供述的讯问起止时间相互矛盾。勐腊县公安局提讯证证实，卢某新于2012年9月21日22时0分至22日1时20分被提讯；第七次讯问笔录载明2012年9月21日22时47分至22日1时8分卢某新作出了有罪供述；讯问录像显示第七次讯问时间为2012年9月21日22时0分至22日1时49分。

3. 卢某新有罪供述讯问录像存在重大疑问，没有作出合理解释。当庭播放的讯问录像图像中仅有卢某新的背影，且没有声音。勐腊县公安局于2014年5月16日出具说明称，画面无声音系拾音器出现故障；同年11月5日又出具说明称，因办案场所改造未及时安装录音设备。两份说明前后不一，存在明显矛盾。此外，录像画面显示，面对卢某新方向有一部摄像机，但无该摄像机录制的视频资料。对此，公安机关未予说明。

（三）现场指认录像、指认笔录的审查与认定

规范侦查行为的程序规定集中于《刑事诉讼法》《公安机关办理刑事案件程序规定》《人民检察院刑事诉讼规则》。但这些法律规范没有关于"指认"的规定，也即在诉讼中发挥着证据印证作用的"指认"，实际上没有明确的法律依据。

如何发现指认录像、指认笔录的瑕疵，可以参考辨认笔录及录像的相关规定。《刑诉解释》第104条规定："对辨认笔录应当着重审查辨认的过程、方法，

以及辨认笔录的制作是否符合有关规定。"第105条规定："辨认笔录具有下列情形之一的，不得作为定案的根据：……（五）辨认中给辨认人明显暗示或者明显有指认嫌疑的。"《公安机关办理刑事案件程序规定》第262条规定："对辨认经过和结果，应当制作辨认笔录，由侦查人员、辨认人、见证人签名。必要时，应当对辨认过程进行录音录像。"

根据上述规定，指认笔录、录像的审查重点在于，指认过程是否存在明显暗示或者诱导嫌疑，指认笔录与现场指认录像是否存在矛盾，现场指认过程是否自然、符合常理。

2012年9月22日，卢某新在作出有罪供述的次日，对作案现场进行了指认。现场指认录像显示，卢某新在指认时多次迟疑不决，现场多次出现他人提示的情形，指认过程不顺畅、不自然。卢某新指认现场时描述的作案过程与指认笔录及其有罪供述存在明显矛盾。云南省高级人民法院以现场指认不能排除存在诱导的可能，从而未采纳现场指认录像、指认笔录。

党的十八届四中全会指出，要推进以审判为中心的诉讼制度改革，其中一项核心要求就是全面贯彻证据裁判原则。卢某新案从严审查被告人口供的真实性，以及被告人与犯罪事实之间的关联性，显示了证据裁判的重要性，防范了冤案的发生。

第七章　警惕刑事辩护变“形式”辩护

最高人民法院、司法部联合发布《关于开展刑事案件律师辩护全覆盖试点工作的办法》(以下简称《刑事辩护办法》),试点推行刑事案件审判阶段律师辩护全覆盖。《刑事辩护办法》的实施,将会使试点地区审判阶段的律师辩护率由原来的30%提高到100%,意味着我国将全面贯彻律师辩护。

一、正当程序应有之义:律师辩护

1963年的吉迪恩诉温莱特案,一度成为美国确立律师辩护制度的标志性案件,并为法律人士津津乐道。

克拉伦斯·吉迪恩是美国佛罗里达州一名51岁的白人流浪汉,被佛罗里达州帕拿马市警方以涉嫌盗窃罪拘捕,后被判处5年监禁。开庭审理前,佛罗里达州地方法院主审法官罗伯特·麦克拉瑞询问吉迪恩是否做好了出庭准备,吉迪恩说他毫无准备,因一贫如洗,无钱请律师,希望法官为其提供一位律师,帮助其辩护。由于吉迪恩面临的指控是5年监禁,根据佛罗里达州的法律规定,他无权获取法律援助,只能自行辩护。

开庭时,助理检察官威廉·哈里斯代表控方出庭,哈里斯检察官向法庭提交了现场目击者的证言。亨利·库克作证说,“案发当天早晨5点30分,台球厅的窗户已被人砸破,他清楚地看到吉迪恩在台球厅里,随后,他从台球厅里出来,手里还拿着一瓶葡萄酒,他到附近的电话亭打了个电话后,就坐一辆出租车走了”。

面对犀利的检察官、有准备的证人,吉迪恩在法庭上非常无助,他根本无力抗衡拥有法学博士学位的哈里斯检察官,也无法有利地反驳证人证言,最后吉迪恩被认定为盗窃罪,监禁5年。

服刑期间,吉迪恩自学法律,并向联邦最高法院大法官申诉审判的不公正,因为他没有平等地获得法律保护。在《赤贫人申诉书》中,吉迪恩说他贫穷,对法律一窍不通，无力对抗检察官，法庭却不为其指定律师，导致他没有获得专业律师的辩护，侵害了宪法第六修正案和第十四修正案第1款中赋予每个公民的权利。

吉迪恩提到的宪法第六修正案规定："在所有刑事案中，被告人有权要求由律师协助辩护。"第十四修正案第1款规定："任何州，如未经正当法律程序，均不得剥夺任何人的生命、自由和财产；亦不得对任何在其管辖下的公民，拒绝给予平等的法律保护。"

1963年1月，联邦最高法院重新开庭审理吉迪恩案，首席大法官沃伦指定艾博·福塔斯为吉迪恩提供法律帮助。福塔斯律师指出，宪法第六修正案规定的律师权已经成为富人的特权，穷人无法获得律师协助。

1963年3月18日，9位大法官全体一致裁决，律师权属于公平审判最基本的内容，应当纳入宪法第十四修正案"正当法律程序"的保护之列，以此撤销州地方法院的判决，并要求地方法院重新审理。地方法院再次开庭审理吉迪恩案时，陪审团宣布吉迪恩无罪。随后，发生了戏剧性的一幕，开庭时作证吉迪恩有罪的证人才是本案的真正罪犯，警方以盗窃罪拘捕了亨利·库克。

吉迪恩诉温莱特案向世人宣告，被告人获得律师辩护才符合正当的法律程序；公正的审判需要每个被告人获得律师辩护；公平的法律保护要求每个被告人有权获得律师辩护。否则，律师缺席或许将导致整个程序的违法，审判的不公，就像吉迪恩一样罔被监禁。

二、律师辩护全覆盖确定的两项规则

《刑事辩护办法》出台之前，只有几种特殊情形的被告人被赋予了律师权，显然未将律师协助作为公正审判的必要程序。《刑事辩护办法》的出台，则将全面贯彻"律师协助"，保障审判的公正。

第一，通知辩护范围不再局限于特殊情形。

《刑事诉讼法》第35条、第278条规定，在一些情形下被告人没有委托辩护人的，法院应当通知法律援助机构指派律师为其提供辩护。这些情形包括犯罪嫌疑人、被告人经济困难，是盲、聋、哑人或者是尚未完全丧失辨认或者控制自己行为能力的精神病人，可能被判处无期徒刑、死刑，是未成年人等。

《刑事辩护办法》在此基础上进行了突破，除了上述特殊情形外，规定其他适用普通程序审理的一审案件、二审案件、按照审判监督程序审理的案件，被告人没有委托辩护人的，人民法院应当通知法律援助机构指派律师为其提供辩护。适用简易程序、速裁程序审理的案件，被告人没有辩护人的，人民法院应当通知法律援助机构派驻的值班律师为其提供法律帮助。这标志着，只要没有委托律师辩护的，被告人均有权获得法律援助机构律师的帮助。

第二，未履行通知辩护职责属于程序违法。

《刑事辩护办法》规定，二审人民法院发现第一审人民法院未履行通知辩护职责，导致被告人在审判期间未获得律师辩护的，应当认定符合《刑事诉讼法》第238条第3项规定的情形，裁定撤销原判，发回原审人民法院重新审判。《刑事诉讼法》第238条第3项规定的是，剥夺或者限制了当事人的法定诉讼权利，可能影响公正审判的情形。从这两个条文对照可以看出，《刑事辩护办法》将律师协助定性为被告人的程序性权利，并且该权利是否被剥夺足以影响公正审判，属于二审应当关注的程序合法性问题。一旦被告人未获得律师辩护，这就预示着一审法院程序违法，二审法院应当裁定撤销原判，发回重审。

此外，《刑事辩护办法》还规定，人民法院未履行通知辩护职责，或者法律援助机构未履行指派律师等职责，导致被告人审判期间未获得律师辩护的，依法追究有关人员责任。

由此可以看出，通知被告人获得律师辩护不只是程序合法性问题，还会引发相关人员的追责问题，从而保障被告人的合法权利，确保审判公正。

三、律师辩护全覆盖任重道远

《刑事辩护办法》在试点地区全面推行审判阶段的律师辩护，这将导致原有的70%刑事案件律师缺席率被补足，值得关注的是，被补充的律师辩护质量是否过关，是"刑事"辩护还是"形式"辩护。

（一）律师准备好了吗

70%的律师缺席率被补足，意味着法律援助律师将承担大量的工作。但是，值得注意的是，刑事案件的专业化、技术化越来越明显，我们的律师是否已经做好了准备。

首先，刑事业务的专业化很强，如何提高非刑事律师的业务技能，以及如何保障刑事律师介入案件的参与度，这都是当下需要考虑的问题。办案期间，笔者就曾遇到多位律师的提问，这种案子需要同被告人如何沟通，案件的性质如何定性等。

其次，法律援助案件经费低，刑事案件工作量又非常大，这种鲜明的对比导致很多律师望而却步，不再介入。强行摊派下，我们会看到这种局面，被告人面对的是一个不情愿为他辩护的律师。

(二)审判阶段的辩护空间有多少

《刑事辩护办法》推行律师辩护介入的时段选择了审判阶段，具有重要意义，因为审判意味着被告人是否定罪，判处何种刑罚。但是，要注意的是，审判阶段留给辩护律师的时间是否充分，更重要的是审判阶段留给辩护律师的空间有多少。《最高人民法院、最高人民检察院、公安部、国家安全部、司法部关于推进以审判为中心的刑事诉讼制度改革的意见》贯彻到了何种地步，证据裁判、非法证据排除、疑罪从无是否得到了全面推进，均考验着我们的律师辩护全覆盖。

(三)绕不开的《刑法》第306条

众所周知，刑事律师被喻为"刀尖上的舞者"，这充分说明了刑事律师的高风险。提到刑事律师，离不开《刑法》第306条，该条文规定了辩护人妨害作证罪，也就是辩护律师威胁、引诱证人违背事实改变证言或者作伪证。妨害作证罪高悬于刑事律师头顶之上，有多少非刑事律师敢于参与刑事案件，参与之后是否只是形式上参与案件，而不是切实地会见被告人，为其提供有效辩护。

面对刑事案件，一旦遇到调查取证，现场勘查，刑事律师况且畏手畏脚，非刑事律师又会如何不得而知，但是自我保护是每个律师的本能。保障了被告人的律师辩护权，但是没有消除律师执业风险，被告人的权利保护、公正的审判依旧长路漫漫。

《刑事辩护办法》推行审判阶段的律师辩护，被告人的律师辩护权将作为诉讼性权利予以保障，直接影响刑事诉讼程序合法与否。值得期望的是，试点之中，律师辩护深入参与审判之中，全面贯彻以审判为中心，切实保障被告人合法权益。

第八章　律师执业的刑事风险

2019年8月2日，西宁市城中区人民检察院申请对“林某青案”撤诉，沸沸扬扬的大成女律师涉黑案件告一段落。就在前不久，合肥市中级人民法院刚刚开庭审理另一起涉黑案件，律师吕某三被检察机关认定为实施“套路贷”的团伙成员，以诈骗罪、参与黑社会性质组织罪被提起公诉。

与传统印象不同，不光是刑辩律师存在承担刑事责任的风险，越来越多的民事案件代理律师由于涉及虚假诉讼，或是在代理过程中由于疏忽，被认定为与他人共同犯罪。导致执业风险加剧的主要原因之一就是律师对违法行为的认识和界定有误。因此，如何在维护当事人合法利益的同时做好自身风险的防范，如何在处理案件时有所为有所不为，是每个律师都应当思考的问题。

近日来，律师代理民事案件被公诉、被定罪的案件逐渐引起注意。人们发现，代理民事案件背后暗藏的刑事风险未必小于刑事律师，稍一疏忽就会被认定为与他人共同犯罪。实际上，执业过程中，不论是办理刑事案件，还是代理民事案件，执业律师都有着来自方方面面的刑事风险。有些风险，律师只要不去做就可以控制，比如贿赂法官、伪造证据、包庇他人、诽谤他人，但还有令人难以捉摸、无法抵挡的风险，应当有所注意，防患于未然。

一、“套路贷案件”，涉嫌共犯最常见情形

2019年8月22日，青海省西宁市城中区人民检察院依法对林某青作出不起诉决定。林某青是一位律师，曾受聘于青海合创汇中汽车服务有限公司，作为该公司的法律顾问。该公司因涉嫌“套路贷”，并被控涉恶势力犯罪集团，林某青因其法律顾问身份被卷入案中。该案中，公诉人明显是将律师作为“恶势力犯罪集团”的一员，认定律师明知他人从事犯罪行为，还为其代理民事案件或作为法律顾问，这是在为“恶势力犯罪集团”提供帮助，应当作为共同犯罪处理。庆

幸的是，经过审查，林某青在担任法律顾问期间，主要行为包括代理公司通过民事诉讼向罗某追讨债务、为企业提供法律咨询等，没有违反《律师法》等法律法规，林某青亦并不明知其所从事的法律服务被魏某伟、宋某舟等人利用实施“套路贷”犯罪，其行为不构成犯罪，应当撤回起诉。

透过这起案件，我们应当注意到，律师代理民事案件存在被作为共同犯罪的刑事风险。共同犯罪，是指二人以上共同故意犯罪，强调的是行为人之间的共同故意、共同行为。我们应当认识到，律师执业违法违规的，可以与他人成立共同犯罪，律师身份并不当然具有共同犯罪的刑事豁免权。特别是涉“套路贷”刑事案件，其牵涉的罪名主要是诈骗罪、敲诈勒索罪。

检察机关追究律师帮助他人从事“套路贷”的刑事责任，适用的法律依据，来自《最高人民法院、最高人民检察院、公安部、司法部关于办理黑恶势力犯罪案件若干问题的指导意见》。该意见规定，明知他人实施“套路贷”犯罪，协助以虚假事实提起诉讼或者仲裁的，以相关犯罪的共犯论处。可以说，这条规定直指律师群体，律师若是明知他人实施“套路贷”犯罪，还协助以虚假事实提起诉讼或仲裁的，便会被纳入共同犯罪的规制范围之内。

“套路贷”主要是指通过制造民间借贷的假象实现非法占有他人财产的违法犯罪行为。参与“套路贷”的律师，是明知他人制造“套路贷”，了解民间借贷假象，还予以协助，以虚假事实提起诉讼或仲裁，代理民间借贷纠纷。当然，认定“明知他人实施套路贷犯罪”，要结合律师的认知能力、既往经历、行为次数和手段、获利情况、律师对他人“套路贷”情况的知悉程度等主客观因素综合分析认定。如果律师执业规范，在进行必要审核的情形下，仍然无法知晓涉“套路贷”的“事实虚假”，则无法认定律师参与共同犯罪。

2018 年，涉及虚假诉讼的刑事案件数量相比 2016 年翻了三倍，明显呈逐年增加趋势。2018 年 9 月 26 日，最高人民法院、最高人民检察院联合发布的《关于办理虚假诉讼刑事案件适用法律若干问题的解释》第 6 条明确规定：“诉讼代理人……与他人通谋，代理提起虚假民事诉讼……共同实施刑法第三百零七条之一前三款行为的，依照共同犯罪的规定定罪处罚。”《刑法》第 307 条之一第 1 款规定：“以捏造的事实提起民事诉讼，妨害司法秩序或者严重侵害他人合法权益的，处三年以下有期徒刑、拘役或者管制，并处或者单处罚金；情节严重的，处三年以上七年以下有期徒刑，并处罚金。”

基于此,律师代理民事案件,若是在起诉之前与他人通谋,捏造事实,提起诉讼,妨害司法秩序或者严重侵害他人合法权益的,会涉嫌虚假诉讼罪。

二、悬在刑事律师头上的“利刃”:辩护人妨害作证罪

办理刑事案件的律师,多被坊间称为“刀尖上的舞者”。单透过这个称呼,我们就可以想象做刑事律师的风险。司法实践中,刑事律师因伪造证据罪、玩忽职守罪、包庇罪、诬告陷害罪、诽谤罪、故意泄露国家秘密罪获刑的案例不绝于耳,最为人们广为熟知的是辩护人妨害作证罪。

《刑法》第306条第1款规定了辩护人、诉讼代理人毁灭证据、伪造证据、妨害作证罪,“在刑事诉讼中,辩护人、诉讼代理人毁灭、伪造证据,帮助当事人毁灭、伪造证据,威胁、引诱证人违背事实改变证言或者作伪证的,处三年以下有期徒刑或者拘役;情节严重的,处三年以上七年以下有期徒刑”。

最高人民法院发布的刑事指导案例就曾涉及多起辩护人妨害作证案件,明确过多个争议问题。譬如,指导案例第62号刘某妨害作证案,明确只要辩护人在刑事诉讼中,实施了威胁、引诱证人违背事实改变证言或者作伪证的行为,即可以构成犯罪。至于证人在威胁、引诱下改变了证言或者作了伪证,是否足以或者已经导致案件处理或者裁判错误,如是否已造成犯罪嫌疑人、被告人逃避刑事追究或者使无罪的人受到刑事追究等,不影响犯罪的成立。指导案例第444号肖某妨害作证案,指出《刑法》第306条规定的“证人”与《刑事诉讼法》第44条规定的证人概念不同,应当理解为广义的证人,既包括证人,也包括被害人、鉴定人。

指导案例虽已明确不少妨害作证罪认定的争议事项,但要指出的是,妨害作证罪之所以如此普遍,一方面不排除个别律师出于种种原因的违法违纪,另一方面则是“威胁、引诱证人违背事实改变证言或者作伪证”缺乏明确性或具有曲解、扩大之可能性。

首先,“引诱”这个词汇常常难以判断,何为引诱?是不是必须以物质利益或非物质利益收买、诱惑?现实的司法往往不是,而是存在扩大“引诱”涵义的情形,比如,辩护人以诱导性的设问方式获取证言的,同样存在妨害作证罪的可能。

其次,证人能否包含被告人/嫌疑人。一般来讲,证人证言与被告人供述是

刑事案件中的两类证据,但司法机关常常将证人与被告人等同,“证人”概念同样被扩大。并且,会见被告人是辩护人的常态工作,会见时辩护人如何发问,将更加考验辩护人。一旦被告人改变初始供述内容,辩护人发问方式是否属于“引诱”、是否属于“教唆”,还是只是正常地核实案情,就会变得模糊不定,辩护律师随之有着被定罪的风险。

最后,证言具有不稳定性、易变性。特别是针对控方证人或刑案中的关键证人,辩护人取证之时,证人有一番言论,检方再次取证时,证人出于自保或其他动机,往往改变证言,并将责任推脱在律师身上。

三、处理案件要拿捏有度,有所为,有所不为

不论是代理民事案件还是刑事案件,律师的刑事风险成因主要是来自三个方面:一是案件/律师本身;二是现实环境;三是专门机关个别人员。

首先,律师的刑事风险来自律师自己。譬如代理民事案件的刑事风险,关键在于共同犯罪的认定。如果律师已经深入犯罪团伙内部,或者已经确认“套路贷”团伙制造民间借贷假象的还参与其中,以律师身份从中协助或以虚假事实提起诉讼的,除非律师身份能够豁免刑事犯罪,否则必然认定为共同犯罪。

因此,律师代理民事案件,第一次接洽案件时,应当注意审核案件情况、做好谈话记录、审核委托人提交的证据,向委托人一一核实案件情况,必要时也要在律师事务所内进行汇报、分析。

正常来讲,一个犯罪组织还要区分合法经营与违法经营,遑论律师的服务范围。但是,如果律师知晓委托人既有违法犯罪行为,也有合法经营业务的,更应当予以额外慎重。因为按照刑事案件的办案流程,证据是逐步趋于充分、确实,所以合法经营与违法经营的界限在案件初期往往难以辨析,那么律师的风险也就因此埋下伏笔。

总而言之,归于一点,律师首要的是提高自身业务素质,做好初期的接案、谈案工作,准确辨别委托业务的合法性,不要为了追逐利益知法犯法。

其次,律师的刑事风险来自外在环境的影响。辩护人妨害作证罪就是一个典型个例。现实执业环境如此,我们应当有着充分的认知,不宜忽视。

在妨害作证罪高悬在律师头上的情况下,一旦律师接触过的证人存在两次相互矛盾的证言,那么律师的刑事风险便已被外化。这是因为,司法实践中,证

人出庭率低(缺乏辨别证言真实性的可靠场景),刑事案件证据标准的机械性(印证证明标准较为刻板,被告人家属、证人如果一致指称律师引诱证人做伪证,2∶1 的概率增大律师被定罪风险),控辩双方地位失衡(律师需要的是地位的平等性,如妨害作证罪的犯罪主体不包括公诉人、侦查人员等,只有律师的诱导是妨害作证)。所以,面对关键证人,办案律师要有所注意。特别需要的情况下,面对证人做调查笔录,至少要 2 名律师以上,按照《刑事诉讼法》规定的同步录音录像的方式,在律师事务所进行,还要以严格的没有任何设问、诱导、暗示的发问方式收集证人证言。

最后,律师的刑事风险与专门机关的个别人员牵连甚多。办案机关指控犯罪嫌疑人、被告人构成犯罪,相反,辩护律师要发现、寻找犯罪嫌疑人、被告人无罪、罪轻的证据。控辩双方因为角色的不同,双方的目的与诉请天然存在着对立状态。

特别是面对强大的公权力,辩护律师还要处处维护当事人的合法权益不被侵犯。比如非法证据排除问题,涉及犯罪嫌疑人、被告人是否被违法采取刑讯逼供、违法收集供述的情形。

因此,犯罪嫌疑人、被告人、证人、被害人与辩护律师会见后,改变原来的供述/证言,辩护律师很有可能就会因“毁灭、伪造证据,或帮助当事人毁灭、伪造证据,威胁、引诱证人违背事实改变证言或者作伪证”为由被起诉。即便这些指控律师涉刑的案件,最后没有被认定为犯罪,也会对律师形成致命性的打击。也就是说,律师的刑事风险,有着《刑法》第 306 条被个别人员利用的可能。因此,辩护人办理过程中,最好要尽量平和、谨言慎行、依法依规、严谨克制,同办案人员良好沟通。

律师是一个听起来很美,做起来披满荆棘的职业,既要维护当事人合法权益,又要防范自身风险。总而言之,做律师要有着较高的业务素养,处理案件必须拿捏有度、有分寸,有所为有所不为。

李　华

盈科律师事务所创始合伙人、盈科全国业务指导委员会主任。

李华律师作为盈科全国业务指导委员会主任，负责盈科体系内的专业化建设，带领盈科律师，构建出完整的专业化法律服务体系，包括研究院、专业委员会及综合性法律中心，推动盈科律师专业化的法律服务，以适应法律服务市场不断细分的需要。在此基础上，通过集成各专业委员会纵深化的法律服务能力为客户提供综合性的法律服务。

曾荣获全国律师行业优秀党员律师、北京市优秀律师、朝阳区优秀律师、朝阳区首届优秀女律师、朝阳区优秀党员的荣誉称号。

周　浩

河北衡水人，执业于北京市盈科律师事务所，长期专注于刑事案件的辩护与研究，办理了一系列在全国范围内重大、复杂、新类型的经济犯罪、网络犯罪、金融犯罪等案件，在刑事辩护、刑事合规方面有着丰富的实务经验。

先后在无讼研究院制作了“刑事法律文书写作 · 以辩护意见为例”“刑事阅卷之‘要’ · 审证据”“赌博类犯罪辩护要点解析”等公开课，精心打磨“刑事法律文书写作 · 如何从入门到精通”专栏课程为青年律师讲授刑事辩护的基本技能。其中，“刑事法律文书写作 · 以辩护意见为例”课程入选江苏省律师协会举办的实习律师培训必修课。